集人文社科之思　刊专业学术之声

集 刊 名：北大史学
主　　编：赵世瑜
主办单位：北京大学历史学系

CLIO AT BEIDA

编辑委员会（按音序排列）

安　然	曹家齐	陈博翼	陈侃理	崇　明	戴海斌	党宝海	范韦里克	贺　喜
胡　鸿	康　鹏	李隆国	李云飞	刘永华	陆　扬	罗　敏	邱源媛	石川祯浩
宋怡明	唐利国	王东杰	谢国荣	徐晓旭	张　静	赵冬梅	赵世瑜	仲伟民

主　编　赵世瑜

本辑执行主编　昝　涛　党宝海

本辑特约编辑　宋华丽

本刊投稿邮箱　beidashixue@163.com

第26辑　2023年第2辑

集刊序列号：PIJ-2021-429
集刊主页：www.jikan.com.cn/北大史学
集刊投约稿平台：www.iedol.cn

北大史学

CLIO AT 26 BEIDA

2023年第2辑

北京大学历史学系　主办

赵世瑜　主编

社会科学文献出版社
SOCIAL SCIENCES ACADEMIC PRESS (CHINA)

北大史学 第26辑
Clio at Beida 海上丝绸之路与跨国史专号

目 录

导 语 ………………………………………………… 昝 涛（1）

专题研究

8世纪东亚的书籍流动与知识往来
　　——从"奉写章疏集传目录"的年代推定说起 ……… 梁晓弈（10）
小议明代学术笔记在日本江户时代的传播、出版及接受过程
　　——以杨慎著作为例 ………………………………… 石 运（31）
从"格物致知"论管窥17世纪东亚之"返礼学"思潮
　　——以陈乾初、尹白湖、伊藤仁斋为中心 …………… 刘 莹（48）
燕行与妓戏：朝鲜后期使行途中的妓戏表演与使行的
　　戏剧化 ……………………………………………… 王元周（78）
关于元越白藤江之战的三个问题 …………………… 党宝海（105）

中日战争时期的"东亚"
　　——以尾崎秀实为中心 …………………………… 顾菱洁（123）
肥料的殖民史：日据时期台湾蔗作中的施肥博弈 ………… 史方正（138）
论哈里发运动与一战后的英国-土耳其关系 ……………… 卢宇嘉（163）
19世纪初德意志犹太人民族认同的成因
　　——以路德维希·伯尔纳为例 …………………… 邢益波（201）

学术评论

世俗主义与印度的选择
　　——评《印度教民族主义与印度殖民后期的政治语言》
　　………………………………………………………… 张　婧（216）

Table of Contents & Abstracts ……………………………………（229）

导　语

昝　涛[*]

一

2020年1月，在日本东京大学东洋文化研究所的一间小会客室里，我和东大副校长羽田正教授做了一次对谈，我们当时讨论的是"作为方法的全球史"这个话题。[①]

羽田正先生提到，全球史的研究方法追求的就是跨越单一民族国家的边界。就东亚的情况，他提到，在中国、日本和韩国等国家仍然存在一些困难，与欧洲国家相比，东亚国家的人民对各自民族国家的认同是更强烈的，结果，他们就更强调各自的民族国家的历史；但就欧洲国家的情况来说，除了各自的民族史，欧洲人至少还有一部共享的欧洲史，这是被所谓的"欧洲人民"所共享的，在欧洲人民之间，尽管也有很多冲突或观点

---

[*] 昝涛，北京大学历史学系教授。
[①] 原对话是以英文进行的，并以英文发表，对谈分为三个部分：一是关于全球史的讨论，二是对谈双方陈述了各自学术兴趣发生和发展的历史，三是加强日、中两国世界史领域交流的计划。Zan Tao, Haneda Masashi, *EAA Dialogue* 3 (on Global History and Middle East Studies)，東京：一般財団法人東京大学出版会，2020。

上的差异，但他们至少拥有共享的、作为欧洲人的观点和认同，此外，他们还可以是法国人、德国人或意大利人等。

但是，就东亚而言，羽田正指出，中国、日本和韩国的人民都坚信自己的国家长期以来是独立的，都至少有2000多年的独立史。尽管在东亚历史上存在不同部分之间的联系，但在某种意义上，他们不愿意打破那些分割彼此的障碍或边界，即便是在过去，也是如此。

羽田正教授举了一个例子，他提到一个研究日本史的朋友——研究中古日本历史的村井章介（Murai Shosuke）[①] 教授——的观点。村井教授认为，至少在倭寇历史的后期，也就是在16世纪，倭寇里面包含了很多日本人，他们来自日本或日本群岛，还有来自韩国的甚至是来自中国的人，这些族群来源不同的人构成了一个混合的群体。在当时，人们把他们叫作"倭寇"，"倭"就是日本。

羽田正强调，在韩国，人们从来不会接受村井教授的这种观点。羽田正提到，他曾对韩国学者讲过村井教授的观点，村井教授也跟自己非常要好的韩国朋友讨论过倭寇的构成问题。他跟他们说，倭寇其实是一个族群上多元的混合群体。但是，这些韩国朋友是绝不接受的。韩国的学者坚信，在当年就已经存在日本人和韩国人的清晰界限，但羽田正并不确信当年那些人已经有了自己的民族认同。

羽田正教授说，这些被称为倭寇的团伙攻击了中国很多沿海地区的居民，明朝政府把他们叫作"倭寇"。很显然，他们是当时中国政府的敌人。某种意义上，对明朝政府来说，把这些来自外部的、攻击沿海居民的人称为外国人，是切合实际的。当然，倭寇中的大部分人就是来自日本本土的人，但就像村井所说的那样，也有来自其他国家和地区的人。所以，羽田正很困惑，为什么人们在讨论这些问题的时候，仍然要坚持某种严格意义上的民族性的历史或民族的认同？在日本、韩国和中国，人们在讨论

[①] 村井章介，1949年生，东京大学教授，治学专长为日本中世史、对外关系史。代表作有：『中世倭人伝』岩波新書、1993；『東アジア往還：漢詩と外交』朝日新聞社、1995；『日本中世境界史論』岩波書店、2013；『日本中世の異文化接触』東京大学出版会、2013；『古琉球：海洋アジアの輝ける王国』角川書店、2019；等等。

中古历史的时候,为什么也是这样?

羽田正教授讲到这里,就把上面的问题抛给了我。

我当时提了个看法,我说,欧洲人有某种共同观念的原因大概可以从古希腊、罗马帝国和基督教化找源头,尽管有很多东西是后世建构的;另外重要的一点应该是欧洲长期有"他者"的存在。这个"他者"可能就是阿拉伯-伊斯兰、奥斯曼-土耳其这样的存在,而且长期威胁着它。十字军的历史虽然很混乱,但仍可以看到欧洲的某种内在一致性。远的不说,在欧洲的战争史上,为了最终的胜利,人们也强调合作,要一起打败土耳其人。在16世纪初的时候,马丁·路德也很重视土耳其人。① 欧洲最终是要解决它所谓的"东方问题"。这是早期历史上欧洲的"他者"的情况。二战结束后,法德和解,使得欧洲的团结向制度设计层面发展。直到冷战结束,仍然有一个超级大国(苏联)紧邻欧洲,在意识形态和政治制度上又迥异于欧洲,而这个超级强大的国家最后也消失了。所以,我们可以看到,欧洲既存在多种共享的过去,又有"他者"使其较容易形成政治上的一致性。而政治上的一致性会影响到历史叙事的风格。这是欧洲历史的特点。

就东亚的情况,我提到,东亚以前可以说存在一个"朝贡贸易体系",这个体系有一个中心,是围着一个中心来转的,这个中心就是历史上的"中国"这个文化-政治体。这个体系要运转得好,需要本地之中心足够强大,但东亚本地长期以来并没有域外的强大的他者存在。在和羽田正对谈时,我提到葛兆光先生发表过的一篇文章,② 讲的是庆贺乾隆帝的八十大寿,葛老师说这是东亚朝贡贸易圈的最后一次盛典,他根据安南、朝鲜等朝贡者写的笔记和奏章,发现朝贡圈的情况远不是从清王朝的角度看起来的那么美好,来贡者其实各怀鬼胎,但从中国历史视角来看,就不

---

① Martin Luther, "Law and the Gospel: Princes and Turks," in Kevin Reilly, ed., *Worlds of History: A Comparative Reader*, Vol. 2, *Since 1400*, Boston: Bedford/St. Martin's, 2007, pp. 115-117.

② 葛兆光:《朝贡圈最后的盛会——从中国史、亚洲史和世界史看1790年乾隆皇帝八十寿辰庆典》,《复旦学报》(社会科学版) 2019年第6期。

能看到这些，而只有和谐的、万国来朝的盛况。所以，从传统上来看，东亚虽然存在中国这样强大的政治体，它对周边有强大的辐射力和影响力，但那周边也还有它的"主体性"，在实践中，周边是有策略和对策的，它们有自己的方式来"消化"中国，而葛老师那篇文章讲的就是周边"消化"中国的过程中出现的现象。比较来看，欧洲的政治结构与情势在大部分情况下是不一样的，除了共享的历史，欧洲长期有外部的他者，比如阿拉伯-伊斯兰、奥斯曼-土耳其以及苏联。

在和羽田正先生对谈后的第二天，在同一个地方，我又和另外一位日本学者、汉学家石井刚教授进行了对谈，我们聊的主题是"区域研究的本土性"，[①] 除了重复上述的比较视角，我又补充了一点，即日本帝国主义对东亚各国的破坏性影响及其持久性。在俄乌战争、日本前首相安倍晋三遇刺身亡等特殊事件的背景下，我们不仅会持续关注日本右翼势力的历史观，更会密切注意日本在"修宪"等问题上的发展态势。这些问题都是影响东亚地区的学者、政治家及人民的历史观和历史叙事的重要因素。也就是说，要理解东亚地区为什么存在更为民族主义的历史观，除了久远的历史因素，可能更多地还是要讨论较近的历史与现实因素。

二

我回顾前面这些对谈，主要是想表达一种看法，即历史的书写和研究，其表现不只是学术成果，同时也构成了多种历史叙事。这当然会受到现实关切的影响，而历史学者无论是否意识到这一点，是否自觉地回应现实，那种影响大部分情况下都是存在的。羽田正先生虽然在对谈中强调了历史学家主要关注过去的保守性，但他显然不是一个典型的保守主义的历史学家。有感于民族主义在东亚史学中的过强影响，他号召要更多地发掘和研究东亚地区人民"共享的历史"。在我看来，这种努力，其实就是要

[①] 昝涛、石井刚：EAA Dialogue 4（《东亚艺文书院对谈集4》），東京大學東アジア藝文書院，東京：一般財団法人東京大学出版会，2020年6月。

建构关于东亚地区人民"共享的历史"的叙事。本辑的主题内涵是"超越'国界'的互动",更为重要的是,读者会发现,本辑的大部分文章就是关于东亚的。

主权民族国家出现以后,历史的书写和认识的确受到了很大影响。这是一种很常见的形态,它也的确遮蔽了某些历史,因为,民族国家和民族主义会使历史研究者和书写者不免对历史进行基于后世视角和政治边界的剪裁。历史事件是存在普遍联系的,尤其是在特定历史世界中,不管它是区域圈、文明圈,还是贸易经济圈,交流、联系和相互影响都是一种常态。今天,人们说的往往是国家间(interstate)的关系,但在古代历史上,并没有主权民族国家的观念和实践,那些联系又该如何界定呢?

北京大学历史学系助理教授梁晓弈的《8世纪东亚的书籍流动与知识往来——从"奉写章疏集传目录"的年代推定说起》一文研究了一份名为"奉写章疏集传目录"的古文书,除了考证其成书年代,作者还指出,8世纪日本在吸收中国典籍时,逐渐从经由朝鲜半岛的间接流入转向了由中国直接获取;而对8世纪前期或更早的日本而言,不仅隋唐王朝在文化影响力上处于绝对的优势地位,朝鲜半岛也仍然是其重要的学习对象,甚至出于地缘原因,或许新罗对日本的影响会更加迅速与直接,而中国的影响力则显得更缓慢而滞后。显然,这一研究及其推论,对我们理解东亚区域文明的跨界交流,具有重要的意义。

有趣的是,梁晓弈在其文章之末特别指出,传统的日本古代国家论,已经有越过朝鲜半岛而过度强调日本对东亚世界的影响力之嫌,近年来以"东部欧亚"取代传统东亚世界的主张,更有将中国也相对化的倾向。而梁晓弈认为,"东亚"作为日本古代史研究的观察视域,或许还是有其合理之处的。这又回到了前述羽田正先生的问题:为什么"东亚"诸国的"共享的历史"之书写更为艰难?

顾菱洁的文章《中日战争时期的"东亚"——以尾崎秀实为中心》将作为战时知识人的尾崎秀实作为研究对象,反思其"东亚"观,作者将尾崎秀实言论中的"东亚"分为"作为概念的东亚""作为现实的东亚""作为想象的东亚"三个层次。顾菱洁认为,从重视现实存在的中国民族问题到无视正在进行的中日战争，尾崎秀实以"东亚"为中心的政治思考在不断扩大的同时，逐渐转变成无视"现实"的"想象"的存在，尾崎秀实以"东亚"为中心的认识存在变质的现象。

石运的文章《小议明代学术笔记在日本江户时代的传播、出版及接受过程——以杨慎著作为例》，通过对现存馆藏及江户时代文献中所见杨慎著作的调查，从书籍交流史的视角探讨了明代学术笔记在江户时代日本的传播、出版及接受过程。作者发现，杨慎著作在江户时代得以较广泛流传，得益于频繁的商船贸易。从日本学者对杨慎学说的认知和接受可以发现，日本学者在较早时期已经开始重视从其中吸收明人经学研究的新解，这直接影响了此后江户时代的儒学发展。

刘莹的《从"格物致知"论管窥17世纪东亚之"返礼学"思潮——以陈乾初、尹白湖、伊藤仁斋为中心》是一篇深入的思想史研究文章。作者比较了同时期（17世纪）三位分属中、朝、日的思想家——陈乾初、尹白湖与伊藤仁斋，发现他们之间并没有直接的学术交流，然而，他们却几乎在同一时段对朱子学进行了非常深刻的反思与批判。作者还创造性地提出，"返礼学"思潮是介于宋学与朴学之间的过渡阶段。这一研究向我们展示了跨国界互动的更深层次，即在具有相近文明背景的基础上，东亚思想史演进的内在逻辑，用作者自己的话来说就是，随着礼制分歧的显现，回向古礼研究的必要性越发凸显，而这也是理学研究走向礼学研究的内在理路。

王元周教授的《燕行与妓戏：朝鲜后期使行途中的妓戏表演与使行的戏剧化》，关注的是朝鲜后期使行途中的妓戏表演与使行的戏剧化。作者指出，使行是近代以前朝鲜人了解外部世界的主要渠道，对于熟读中国经史的士大夫来说，使行也是一次难得的文化体验。作者关注的是沿途因迎慰使臣需要而发展起来的妓乐表演。从内容上来说，朝鲜的妓乐表演深受中华文化的影响，比如让妓生舞剑，是受到唐玄宗时公孙大娘和她的弟子李十二娘擅长舞剑的启发；《抛球乐》也源于中国，起源于唐代，宋朝时传入高丽，高丽建国后继承了一部分三国时期的乐舞，又从宋朝请用教坊之乐；《项庄舞》也称《鸿门宴》，是根据司马迁在

《史记》中所记鸿门宴情节改编而来,是剑舞与鸿门宴故事相结合的产物。从作者的研究可以看出,朝鲜对中华文化的接受并非全然被动,比如,官妓演唱时用的不是汉语,而是朝鲜语,汉语歌词只是对唱词的翻译而已。更值得注意的是,王元周教授指出,在清代,这些表演还会激发观者对朝鲜迫不得已对清事大的现实进行反思,从而激起忧国忧民之情,对朝鲜的弱国地位感到不满,进而思考朝鲜对清事大关系的合理性与正当性。

党宝海教授的《关于元越白藤江之战的三个问题》一文关注了1288年的白藤江之战。文章首先对元朝和安南的军队进行了比较研究,指出了安南方面具有多方面的优势,在研究了战争经过后,作者还专门探讨了战后的战俘处置问题,安南积极遣返元朝战俘,其目的是改善与元朝的关系。

全球史研究者通常认为,殖民史是全球史的天然研究对象,因为它必然地涉及跨越国界的互动。① 与一般的殖民主义研究不同的是,史方正的《肥料的殖民史:日据时期台湾蔗作中的施肥博弈》一文,对日据时期台湾蔗作产业中制糖会社与农民围绕施肥问题展开的博弈进行了分析,作者指出,日据时期台湾的土地制度与甘蔗农业的生产关系,为制糖会社和农民提供了博弈的空间和制度基础;尽管制糖会社采取了系统性的施肥促进政策,但由于其着眼于增产的单一目标与农民多元化的真实经济生活之间的矛盾,这一政策受到了富裕农民群体的抵抗。这一博弈,反映了日本殖民资本主义在殖民统治地区进行经济渗透时所面临矛盾的双重性质。

在本辑中,对东亚这一历史世界之外地域的关注,也鲜明地体现着跨界互动这一主题。卢宇嘉的《论哈里发运动与一战后的英国-土耳其关系》是对20世纪早期哈里发运动的研究,为我们勾勒出一幅以世界宗教为底色的、具有南亚本土背景的穆斯林政治运动的图景。一战后,奥斯曼帝国岌岌可危的局面,尤其是身处伊斯坦布尔的逊尼派穆斯林的哈里发的

---

① S.康德拉:《全球史导论》第7章,陈浩译,商务印书馆,2018。

命运，牵动着基于特定宗教情感的印度穆斯林的情绪，以此引发的哈里发运动是当时伊斯兰世界最令人瞩目的跨境互动。与前述多篇文章所揭示的东亚世界思想交流史的内容相似，这个时期伊斯兰世界内部的交流互动也呈现出普遍性与民族性并存的特点，卢宇嘉发现，哈里发运动同时具有深刻的印度语境：保卫哈里发，根本上是为了保护印度穆斯林的利益。与此同时，这场运动也与一战后英国、土耳其关系相互联系、相互作用的两个方面发生了深层次的互动：一方面是英国的对土耳其政策及实践，另一方面是土耳其的民族解放运动。

邢益波的《19世纪初德意志犹太人民族认同的成因——以路德维希·伯尔纳为例》和张婧的《世俗主义与印度的选择——评〈印度教民族主义与印度殖民后期的政治语言〉》两篇文章都与民族主义的历史有关，但他们都没有将研究对象仅仅置于德国或印度的框架下来分析。邢益波注意到，作为犹太人的伯尔纳，其民族认同的形成，有着非常复杂的欧洲历史的情境，既有中世纪欧洲犹太人移民史的因素，也有法国大革命影响的因素，更受到19世纪初德意志反法战争带来的公民权利观念等诸多因素的影响。张婧的文章是把印度政治思潮的演变置于英帝国殖民时期到后殖民时期的历史进程中加以探讨的。

三

当前，关注现实的人往往喜欢讨论全球化遭遇的挫折和质疑，但人文学术对现实的敏感性往往是滞后的，与原先乐观主义的全球化愿景紧密相关的"全球史"，其实在"新时代"并没有退潮的迹象。我们今天仍然强调书写跨越族群、跨越地域、跨越国界的历史，而且还追求"共享的历史"，这或许也在一定程度上反映了历史学家的某种理想主义。相较于人类历史来说，拥有明确边界的主权民族国家构成的世界还是较新的事物。对病疫历史的研究也告诉我们，对人类这一物种及其文明的延续和发展来说，联系和交往是极为重要的。

罗新教授在最近的一次访谈中提到，历史学所追求的可能不是什么所谓的"真相",而是一种"叙事"。① 由此说开去,全球史,或者跨国史,抑或"共享的历史",就不是关于整个地球的历史,不是赶"全球化"的时髦,也不在于发现了更多的"历史真相",而更多的可能是通过严肃的史学方法,自觉或不自觉地加入追求某种历史叙事的变奏之中。

---

① 罗新:《故事是江河,历史是海洋,人又是什么?》,微信公众号"随机波动 Stochastic Volatility",2022 年 7 月 13 日。

专题研究

8世纪东亚的书籍流动与知识往来
——从"奉写章疏集传目录"的年代推定说起

梁晓弈*

摘　要　在正仓院文书中,有一份名为"奉写章疏集传目录"的古文书,一直缺乏足够的材料推定其具体成文年代。笔者在研究《梵网经》及其注释书在日本的流传历程时,意外发现了一些论据可以作为其年代推定的旁证,将其成书年代确定为公元755~763年。在这一基础之上,指出《梵网经》的一系列注释书传入日本的先后顺序与各注释书成立的先后顺序之间存在明显差异这一事实,并指出这一事实反映的是8世纪日本在吸收中国典籍时,逐渐从经由朝鲜半岛的间接流入转向由中国直接获取的这一过程。

关键词　正仓院文书　《梵网经》　日本　新罗　鉴真

一　"奉写章疏集传目录"与8世纪的写经活动:正仓院写经所文书研究简介

目前当我们提到"正仓院文书"时,多数时候指向的其实是称为

---

* 梁晓弈,北京大学历史学系助理教授。

"写经所文书"的文书群,这一文书群之所以能够流传至今,是因为有共计一万数千件的东大寺写经所的内部账簿(时间跨度为从神龟四年至宝龟七年,727~776),与圣武天皇遗物一起被收入正仓院敕封仓(中仓)得到严密保管。这一文书群的存在,直到江户时代后期由穗井田忠友(1791~1847)开始进行整理之前,曾经一度几乎不为世人所知(除此之外,"正仓院文书"中还包括"北仓文书"与"东南院文书"等总数极少的文书群,这些文书群的集合构成了广义的"正仓院文书")。

"写经所文书"的另一大特征则是,由于8世纪纸张仍然十分宝贵,这些账簿所使用的纸张,多数是将已过废弃年限的旧公文书反故使用,例如过了法定保存年限的户籍、计账、正税账等各式公文[著名的大宝二年(702)西海道户籍群、大宝二年御野国户籍群等]。这一特征导致的一个结果,是在江户晚期至明治初年整理这一批文书的时候,首先重视的是账簿纸背的各式公文,为了复原这些公文,而破坏了账簿本身的保存形态,初期的正仓院文书研究,也以对账簿纸背的各式公文的研究为主。

然而,随着正仓院文书研究的深入发展,学界开始试图通过正面的账簿类文书,复原东大寺写经所与造东大寺司的具体活动内容与其中反映出的下层官员的生活状态,这时出现了可以想见的困难:当初为了复原纸背的公文书,正面账簿的原始形态被破坏得面目全非,出现了大量难以判断原始年代的碎片与断简。在20世纪初编纂出版的《大日本古文书》编年卷(初版于1901年,此后有追加增补)中,这些碎片与断简的排列位置是编纂者根据内容的相似度"类收"至特定年份之下的,这其中多有不当之处。为了弥补这一缺陷,此后由东京大学史料编纂所整理出版的《正仓院文书目录》记载了这些碎片与断简的文书名、年代、断裂位置等信息,还设置有"大日本古文书对照目录"一栏方便与《大日本古文书》系列进行对照。此外,《东京大学日本史研究室纪要》中也长期收录"正仓院文书写经机关关系文书编年目录"一栏记录编年整理工作的进展,然而仍然有大量无法明确其年份的文书存在,换言之,判断一份文书的年份推定是否准确，可以说是目前使用正仓院写经所文书进行研究的第一步。

附言，近年来的正仓院文书研究，已经逐渐转向为以写经所文书的研究为重，其嚆矢大致可以追溯到福山敏男对造石山寺司文书群的研究①与岸俊男对下级官员安都雄足的关注②，此后有荣原永远男③、山下有美④、山本幸男⑤、山口英男⑥等诸多学者跟进，造东大寺司与东大寺写经所的具体活动、下层官员的日常生活、经典的流通与传播等方面的相关研究都在逐渐深入。

本文将要讨论的"奉写章疏集传目录"，⑦ 就是这样一份缺乏明确断代依据、被推定为"五月一日经"某阶段的抄经目录，其被"类收"于天平胜宝五年（753）五月三日条之下。笔者曾经关注8世纪中期《梵网经》及其注释书在日本的传播状态，因此意外发现了能够推定这份文书成书上限的材料，故撰此小文以进行说明。在此基础之上，本文将通过对这份文书以及相关材料的分析，指出《梵网经》的文本及其注释书传入日本的先后顺序与其成文的时间顺序之间的差异，以此勾勒出8世纪前后东亚间书籍流动往来的复杂形态。

---

① 福山敏男『日本建築史の研究』桑名文星堂、1943。
② 岸俊男「越前国東大寺領荘園をめぐる政治的動向」「越前国東大寺領荘園の経営」「東大寺をめぐる政治的情勢——藤原仲麻呂と造東大寺司を中心に——」『日本古代政治史研究』塙書房、1966、317~348、349~374、375~399頁。
③ 栄原永遠男『奈良時代の写経と内裏』塙書房、2000；『奈良時代写経史研究』塙書房、2003；『正倉院文書入門』角川学芸出版、2011。
④ 山下有美『正倉院文書と写経所の研究』吉川弘文館、1999。
⑤ 山本幸男『写経所文書の基礎的研究』吉川弘文館、2002；『奈良朝仏教史攷』法藏館、2015。
⑥ 山口英男『日本古代の地域社会と行政機構』吉川弘文館、2019。
⑦ 由于年代所限，《大日本古文书》中的文书命名多有不准确之处，使用正仓院文书时学界往往会各自使用独自的命名，然而这更增加了检索文书原件的困难程度。本文使用正仓院文书时，统一遵循《大日本古文书》的命名，并在初出时标注《大日本古文书》收载的卷数与页数，以便参考。

二 《梵网经》及其注释书：作为"菩萨戒本"的《梵网经》

（一）菩萨戒的两大系统与《梵网经》的成书

为了解释《梵网经》的特殊性，有必要从何为"菩萨戒"这一问题入手。所谓菩萨戒，《日本国语大辞典》的定义如下："大乘菩萨所修持之戒，须以菩萨之自觉而受持。包含有止恶、扬善、利他的'三聚净戒'的一面。与小乘佛教的声闻戒不同，僧俗七众皆可受持。日本在鉴真之后，以基于《梵网经》的梵网戒最为常见。亦称为大乘戒、佛性戒、菩萨律、菩萨净戒等。"需要注意的是，根据这一定义，日本现在有"大乘戒＝菩萨戒＝梵网戒"这一等式，但是这一认识的形成是一个漫长的历史过程，而在历史上，大乘戒、菩萨戒与梵网戒分别是三个不同的概念。关于在日本历史上大乘戒、菩萨戒收敛为梵网戒的过程，笔者另有文章详述，在此不赘，仅简述菩萨戒的基本定义与流变过程。

历史用语中出现的大乘戒，所指的通常是泛泛而言的"（适用于）大乘佛教的戒律"，是菩萨戒的上位概念，例如经过南山道宣（596~667）删削之后的四分律也经常被称为大乘戒，而作为历史概念的"菩萨戒"，指的是为了遵行大乘佛教奉为理想的菩萨行而修持的戒律。最初系统阐述何为菩萨行与菩萨戒的，是大乘佛教中的瑜伽行派，其核心经典是《瑜伽师地论》；此后汉传佛教关于"菩萨戒"问题的讨论，主要围绕《瑜伽师地论》系经典与《梵网经》系经典的注释展开。下一节将集中讨论《梵网经》与传统菩萨戒之间的区别，本节则首先介绍菩萨戒的缘起。

《瑜伽师地论》本地分菩萨地一节集中阐述了"菩萨戒"的基本理念。《瑜伽师地论》全卷的翻译，是由玄奘（602~664）完成的，然而由于大乘佛教对于菩萨戒这一问题的关心，在大乘佛教传入的早期，这一部分内容就被单独节译成经，也就是北凉昙无谶（385~433）译的

《菩萨地持经》与南朝宋的求那跋摩（367~431）所译的《菩萨善戒经》。换言之，"菩萨戒"这一理念，在大乘佛教初传入中国的5世纪初，就已经为中国佛教界所知。而《瑜伽师地论》一系给出的菩萨戒定义，就是所谓的"三聚净戒"。由于译出时间的不同，各版本对"三聚净戒"的称呼也有所出入。《菩萨地持经》称其为律仪戒、摄善法戒、摄众生戒，而《瑜伽师地论》则将第三"摄众生戒"译作"饶益有情戒"。为求行文统一，下文论述以《瑜伽师地论》的翻译为中心展开，不再一一标注。

所谓律仪戒，解释的主要是菩萨戒与小乘声闻戒的关系，《瑜伽师地论》一系的菩萨戒理念将僧俗七众已经受持的戒律称为律仪戒，以此为菩萨戒的一部分。下文将会提到，围绕这一点的解释，《瑜伽师地论》系菩萨戒与《梵网经》系菩萨戒之间存在解释分歧；摄善法戒，其核心理念在于鼓励行善，而《瑜伽师地论》中并未给出具体的戒律条文；饶益有情戒，其核心理念在于鼓励利益众生，《瑜伽师地论》中列出了十一个例子。

可以说，菩萨戒区别于传统小乘声闻戒的主要部分，就在于摄善法戒与饶益有情戒：小乘戒律的理念注重修身止恶，而菩萨戒的理念更强调行善利他，为此，小乘戒律采用的是禁戒的形式，而菩萨戒理念则有不能完全用禁戒形式表达的成分。然而由于仪式层面的继承性，菩萨戒也保留了小乘戒律所采用的戒本形式，这被称为《菩萨戒本》。所谓"戒本"，是继承自小乘佛教的传统。在每月需要行布萨仪式，也就是所谓的诵戒日。诵戒的目的是提醒参与者遵守戒律，也接受犯戒后的忏悔与处置，这一用于诵读的戒律条文的集成，被称为"戒本"。这一仪式出自小乘佛教，但大乘佛教同样继承了这一仪式，因此也就出现了大乘菩萨戒所需的戒本，亦即《菩萨戒本》。

《菩萨戒本》是从一众经典中节录菩萨戒律内容而成，现存大正藏中名为《菩萨戒本》的共有两部，两者在卷首分别标有其出处，一部出自昙无谶译"地持戒品中"，一部出自玄奘译"瑜伽论本事分中菩萨地"。如前所述，这两者是同一部经典在不同时期的汉译，均属于《瑜伽师地论》系统，两者的戒相也由"四重四十三轻戒"构成。然而，史料里出现的"戒本"或"菩萨戒本"之语并非完全指向这两者，《梵网经》的下卷也具备菩萨戒本的性质，史料上单称"菩萨戒本"的，很有可能指向的是《梵网经》系菩萨戒本，需要具体分析其所指的对象，这也将在下一节中介绍。

菩萨戒的另一特征在于其受戒仪式。传统的具足戒，受戒仪式需要备齐"三师七证"的复数名参加者，而菩萨戒则没有这一规定。菩萨戒的受戒仪式大致分为从他受戒与自誓受戒两种，但是在理念上，两者都是直接从佛处受戒，而受戒的证人则是诸天佛菩萨，人类的参与者在理念上仅属于观礼者，并不是仪式必备人员。而在传入中国之后，由于依据的经典与具体执行的受戒仪式上的微妙差异，菩萨戒呈现出一种颇为复杂的状态。而最能说明这一状态的，就是敦煌文书 P.2196 号，题名为"出家人受菩萨戒法卷第一"的文书。①

根据其跋文内容可知，这份文书是在梁武帝天监十八年（519）敕写的，其在开头具体介绍了菩萨戒的源流，受戒的论理与方式、意义等内容，与天台智𫖮的《菩萨戒义疏》一起，是探讨初期菩萨戒认识的基础材料。P.2196 在开头就提到，"戒本宗流，大抵有二，一出《菩萨地持经》，二出《梵网经》"，其后指出"世间所传菩萨戒法，似欲依二经，多附小乘行事，撰菩萨戒法，乃有多家"，共列出了六种菩萨戒法，包括：（1）鸠摩罗什所出菩萨戒法，（2）高昌昙景所传授菩萨戒法，（3）长沙寺玄畅所撰菩萨戒法，（4）京师依《优婆塞戒经》撰菩萨戒法，（5）依《菩萨璎珞本业经》撰菩萨戒法，（6）依《观普贤行经》撰菩萨戒法。

---

① 土橋秀高「ペリオ『出家人受菩薩戒法』について」『戒律の研究』永田文昌堂、1980、832~886 頁；諏訪義純「梁天監十八勅写『出家人受菩薩戒法卷第一』について」「『出家人受菩薩戒法卷第一序一』について——智顗述・灌頂記『菩薩戒義疏』との関連を中心として——」「天台疏の制旨本について」『中国南朝仏教史の研究』1997、85~102、103~112、113~117 頁。

换言之，在 6 世纪初的南朝，就已经有至少六种"菩萨戒法"① 存在，而这些菩萨戒法主要依托《菩萨地持经》与《梵网经》两大谱系。在此不详细梳理各谱系的源流，只强调即使同样名为"菩萨戒"，其依据经典与受戒仪式也是多种多样的，而《梵网经》只是其中的一种。下一节则以《梵网经》为中心，介绍其与《瑜伽师地论》系统的菩萨戒理念之间的区别。

（二）《梵网经》的成书与文本：下卷先行说与新旧形文本说

《梵网经》全名为《梵网经卢舍那佛说菩萨心地戒品第十》，据传为鸠摩罗什所译的最后一部经书，据其序文，原本共有一百二十卷六十一品，《梵网经》只译出了其中的两卷一品。然而，自从望月信亨②以来，学界的基本观点认为《梵网经》是在汉语世界内形成的典型疑伪经（汉地撰述经典）。至于其成书年代，根据其与《仁王般若经》与《菩萨璎珞本业经》之间的相互引用关系，大致推定为公元 450~480 年。③ 其内容分为上下两卷，上卷叙述大乘佛教中的种种修行阶段与境地（十发趣心、十长养心、十金刚心的三十心与菩萨十地），下卷则说明共计十重四十八轻的戒条。

望月信亨很早就提出了《梵网经》上下两卷成书时间不一的假说，他认为《梵网经》的成书过程是先形成了下卷的菩萨戒本的部分，此后追加了偈赞与上卷的部分，最终形成目前所见的形态。他的这一推论主要根据各经录导出，认为天监年间（502~519）僧祐的《出三藏记集》中的《菩萨波罗提木叉》、慧皎《高僧传》中出现的《菩萨戒本》等，所

---

① 这里的"菩萨戒法"，指的主要是菩萨戒的受戒仪式，可参见天台智顗《菩萨戒义疏》。
② 望月信亨『浄土教の起原及発達』共立社、1930；「護国並大乗戒及び菩薩修道の階位関係の疑偽経」『仏教経典成立史論』法藏館、1946、425~484 頁。
③ 船山徹『東アジア仏教の生活規則　梵網経——最古の形と発展の歴史』臨川書店、2017、16~18 頁。

指的都是《梵网经》下卷,而这一经典最终定名为《梵网经》,也是在两卷内容合并为现在的形态之时,他将这一时间推断为僧祐《出三藏记集》至费长房《历代三宝记》,也就是6世纪的某个时间点。

望月信亨提出这一观点时P.2196(前节所引梁武帝天监十八年敕写《出家人受菩萨戒法卷第一》)尚未被学界广泛认知,因此这一假说中有部分内容需要根据P.2196做出修正:在同样成文于天监年间的P.2196中《梵网经》一词已经多次出现,因此不能将《梵网经》经名的成立时间置于《出三藏记集》与《历代三宝记》之间,但是P.2196所引《梵网经》内容全部出自现行的下卷部分,因此望月信亨的其他推论仍然可以成立。亦即,《梵网经》下卷以《菩萨戒本》的性质先行成书,此后追加了上卷的内容,形成目前我们所见到的上下两卷本形式,以及在一定时间内《梵网经》并不具备一个固定的称呼,而是有多种别称。

而《梵网经》之所以会有如此独特的成书过程,与大乘佛教对于菩萨戒问题的关心密不可分。以戒相(持戒的相状差别,亦即具体的戒条区分)而言,在《梵网经》成书之前译出的一系列菩萨戒本,所说各有不同。例如,《菩萨地持经》取在家与出家人之间共通的四重四十三轻戒,《菩萨善戒经》所说四重声闻、四重菩萨戒仅限于出家人,而《优婆塞戒经》所说六重二十八轻戒则仅限在家修行者,等等。各大戒经之间内容彼此出入,而《梵网经》所主张的十重四十八轻戒共通于出家人与在家修行者,在戒相层面上也统合了前述诸多戒经的内容,便于在布萨仪式中使用。船山彻认为,在菩萨戒理念传入中国之后不久就出现了仿造菩萨戒经形式的《梵网经》,其原因之一在于需要一个统筹一众理念各异的菩萨戒经、便于实践运用的版本,① 这一观点大概无误,这从《梵网经》的初期形态是以为实践目的服务的戒本形式出现而几乎不涉及教理层面的陈述也可见一斑。关于这一部分内容,更多是由一系列注释书展开与阐发的,由此也产生了区别于印度大乘佛教所说的、更为适应汉传佛教界的菩

---

① 船山彻「隋唐以前の戒律受容史」「大乗の菩薩戒(概観)」『六朝隋唐仏教展開史』法藏館、2019、215~276頁。

萨戒理念。

除下卷先行、重视菩萨戒问题之外，关于《梵网经》的成书与流传过程还有另一个需要注意的问题，亦即相较于其他大多数经典，《梵网经》的文本在流传过程中发生了较大规模的变化，且可以比较明确地勾勒出诸版本间的演变过程。船山彻通过对《梵网经》十波罗夷中的语序考察，将《梵网经》的文本大致分为两大类，[①] 亦即呈现较古旧形态的α形（开元寺版与思溪藏版等）与相对而言更新形态的β形（高丽版等）。具体而言，船山彻通过对十波罗夷中"因—缘—法—业"的语序分析指出，β形在这一类定型表现上更加统一，十波罗夷全部统一表现为"因—缘—法—业"，而α形则在形式上并不统一，在第一、第二波罗夷中使用的是"业—法—因—缘"的语序，而第三至第十波罗夷则作"因—业—法—缘"。此外，在相对早期的文本里，相关语序集中呈α形，而较晚的文本则呈β形。他由此指出，虽然无法判断从α形向β形转变的原因，但是可以认为未经过统一的α形文本是更为古老的形态，而在语序上实现统一与整合的β形则是更新一些的形态，同时他将β形的成立时间推定为成书于7世纪中期的《法苑珠林》与8世纪初的房山石经唐刻《梵网经》之间，而法藏是首先使用β形底本的学者。

值得注意的是，各注释书使用的《梵网经》底本的变动顺序并不严格依照时间排列，与法藏大致同期的一众新罗僧侣（元晓、义寂、胜庄）以及明显晚于法藏的新罗僧太贤，使用的仍然是较为古老的α形版本，在天台系统的注释书中，最早的天台智𫖮《菩萨戒义疏》依据的是古版α形而8世纪后期成书的明旷《天台菩萨戒疏》则改用β形，说明即使是同一宗派的注释书，也会随着时代的演进而改变参用的底本。以下是至8世纪末的《梵网经》注释书，根据大致成书时间排序，并标明了各自使用底本的形态。

天台智𫖮述，灌顶记《菩萨戒义疏》α形

[①] 船山彻「『梵網経』諸本の二系統」『東方学報』85号、2010年、179~211頁。

元晓《梵网经菩萨戒本私记》α形

义寂《菩萨戒本疏》α形

胜庄《梵网经述记》α形

法藏《梵网经菩萨戒本疏》β形

智周《梵网经疏》β形

太贤《梵网经古迹记》α形

法铣《梵网经疏》β形

明旷《天台菩萨戒疏》β形

（三）《梵网经》主要注释书：到"奉写章疏集传目录"成书的8世纪中叶为止

出于对菩萨戒问题的关注，最迟在隋代，已经出现了《梵网经》的注释书，亦即天台智顗述，灌顶记《菩萨戒义疏》。此后随着7世纪中后期《瑜伽师地论》全译的出现，围绕菩萨戒问题的讨论也越发热烈，在7世纪末至8世纪初集中出现了一系列《梵网经》的注释书。

吉津宜英指出，在《梵网经》的一系列注释书中，天台智顗的《菩萨戒义疏》、法藏的《梵网经菩萨戒本疏》与太贤的《梵网经古迹记》最为重要，这三人的注释书使《梵网经》在地位、经义等层面上都更为世人认知，[①] 这也可以理解为《梵网经》系统的菩萨戒理念与《瑜伽师地论》系统的菩萨戒理念之间的差异逐渐明确化的过程。在这三者之外，成书时间不晚于8世纪中期的《梵网经》注释书，还包括新罗僧侣元晓的《梵网经菩萨戒本私记》、义寂的《菩萨戒本疏》、胜庄的《梵网经述记》、唐朝僧侣智周的《梵网经疏》等。此外，元晓的《菩萨戒本持犯要记》、太贤的《菩萨戒本宗要》等著作虽然并非直接的《梵网经》注释书，也是与菩萨戒理念直接相关的论著；成书时间稍晚，但可以确认成书

---

① 吉津宜英『華厳一乗思想の研究』大東出版社、1991、第八章「法蔵の『梵網経疏』の成立と展開」、563~680頁。

于9世纪之前的，还有唐朝僧侣法铣（718~778）的《梵网经疏》与明旷的《天台菩萨戒疏》（777）。此外日本僧侣善珠（723~797）也有《梵网经略抄》传世，早于鉴真渡日的道璿（702~760）据传也写有《梵网经》注释书，然而并未传世。以下简单整理与本文直接相关的《梵网经》注释书的主要情况。①

1. 天台智顗述，灌顶记《菩萨戒义疏》

这是现存最早的关于菩萨戒的论述，目前以隋朝的天台智顗口述、门人灌顶（561~632）笔记的形式传世，然而佐藤哲英曾经指出在智顗与灌顶的相关记录中不见与该作相关的记载，并且《菩萨戒义疏》中的戒体论内容与智顗在《次第禅门》《摩诃止观》等其他著作中的主张不合，因此他怀疑该作为托名撰述，即便如此，他也承认该书的成书时间不晚于8世纪。② 近年来关于该疏的成书时间有诸多学者加以讨论，于此不赘。③

2. 元晓《梵网经疏》《梵网经私记》《菩萨戒本持犯要记》

元晓（617~686）的传奇经历无须太多说明，他与义湘同期，被视为新罗华严宗之祖。他曾与义湘共同前往唐朝学法，途中感悟"三界唯心，万法唯识，心外无法"，因此断了入唐之念，返回新罗著书立说，法藏等人多受其影响。此外，元晓以行事狂悖闻名，也是新罗著名学者薛聪之父。目前存世的元晓《梵网经》注释书，仅有续藏经中以"晓公"之名收录的《梵网经菩萨戒本私记》上卷，此外元晓与《梵网经》、菩萨戒相关的著作，还有《菩萨戒本持犯要记》。这并非《梵网经》的直接注释，更多的是阐述了元晓本人对菩萨戒的总体理解，大正藏并未将其收录于律疏、论疏部，而是收录于诸宗部，也是基于这一考虑。

---

① 更多相关内容可参见前引船山彻『東アジア仏教の生活規則　梵網経——最古の形と発展の歴史』。
② 佐藤哲英『天台大師の研究』百花苑、1961。
③ 北塔光昇「『菩薩戒義疏』における戒体説について」『印度哲学仏教学』23号、2008年、22~32頁；「『菩薩戒義疏』における三重玄義について」『印度哲学仏教学』24号、2009年、150~165頁。村上明也「『菩薩戒義疏』の天台大師説を疑う」『印度学仏教学研究』57巻2号、2009年、790~793頁。船山徹「『梵網経』の初期の形態をめぐって」『東アジア仏教研究』12号、2014年、3~25頁。

3. 胜庄《梵网经述记》

胜庄是出生于新罗的僧侣，具体的生卒年月不明，然而他以西明圆测（613~696）为师，据《宋高僧传》卷四法宝传，长安三年（703）胜庄与法宝、法藏共同在义净的译场担任证义，可以推知胜庄大致活跃于7世纪后半期至8世纪初期。胜庄所撰《梵网经》注释书目前以《梵网经述记》之名收录于《续藏经》第六十卷。

4. 义寂《菩萨戒本疏》

义寂的生卒年不详，然而从他身为新罗华严宗祖师义湘（625~702）弟子这一点推算，其活跃时间也大致在7世纪末至8世纪初。换言之，胜庄、义寂、法藏等人的活跃时代大致相同，其《梵网经》注释书的成书时间也相去仿佛。

5. 太贤《梵网经古迹记》

太贤，号青丘沙门，生卒年不详，据《三国遗事》卷四，他曾于天宝十二载（753）为新罗景德王讲《金光明经》，可知其活跃于8世纪中叶。他的著作《梵网经古迹记》中多见对前人的引用，元晓、法藏、义寂、胜庄都是其引用对象，可知《梵网经古迹记》成书时间晚于以上注释。此外《梵网经古迹记》的一大特点在于，此前所有的《梵网经》注释书都只注释了《梵网经》下卷的戒本部分，而《梵网经古迹记》则开了给《梵网经》全卷作注的先河。

6. 智周《梵网经疏》

智周（668~723）亦作知周，是慧沼的弟子、玄奘的再传弟子，法相宗的著名学僧，日本遣唐使玄昉之师。智周的《梵网经疏》，目前收录于《续藏经》第六十卷，全称为《梵网经菩萨戒本疏》。

7. 法藏《梵网经菩萨戒本疏》

法藏（643~712），世称贤首大师，是中国华严宗第三祖，也是华严教学的集大成者，有诸多著作传世，本文只关注他关于《梵网经》的注释书，亦即《梵网经菩萨戒本疏》。他的注释书目前收录于《大正藏》第四十卷。本文无意讨论该疏的义理，只需注意到该疏是最初使用β形经文为底本的《梵网经》注释书这一事实。

有了这些背景知识，我们终于可以进入正题，开始探讨"奉写章疏集传目录"的成文年代。

三　"奉写章疏集传目录"的年代推定与东亚的书籍往来

（一）"奉写章疏集传目录"的年代推定：注目于智周著《梵网经疏》

上一部分之所以详细梳理8世纪中期之前成书的一众《梵网经》注释书，是因为本部分将要通过8世纪中期这些注释书传入日本的状态，来对"奉写章疏集传目录"的成文年代进行探讨。为此还要参用另一份目录，亦即天平宝字七年（763）的"太师家牒"。以下先简述这两份目录的背景。

《大日本古文书》的编者将"奉写章疏集传目录"①"类收"于天平胜宝五年五月三日条下，主要的考虑应该是推断其为"五月一日经"抄写过程中的某一份目录而又缺乏更为明确的断代依据，因此将其与其他"五月一日经"的目录收录在一起。所谓"五月一日经"，是东大寺写经所于8世纪进行的最大的一项写经事业，是光明皇后为父亲藤原不比等与母亲县犬养三千代祈求冥福而发愿书写，由于卷末愿文结语为天平十二年（740）五月一日而得名，从天平八年（736）至天平胜宝八岁（756）前后陆续抄写了20年时间，亦称为"宫一切经""常写一切经"等，其间其他并行的小规模写经事业则被称为"间写经"或"外写经"（临时写经）等，可见其规模。关于"五月一日经"需要抄写经典的来源，自从皆川完一指出天平六年归国的玄昉与他参照《开元释教录》携带回日本的数千卷经典与"五月一日经"之间的关联性以来，②认为"五月一日经"主要以玄昉

---

① 東京帝國大學編『大日本古文書　編年文書』第十二卷、東京帝国大學文科大學史料編纂掛、522~543頁。
② 皆川完一「光明皇后願経五月一日経の書写について」『正倉院文書と古代中世史料の研究』吉川弘文館、2012、84~153頁。

携带经典为底本，一直是通说，此后山下有美做出了部分修订，指出早在玄昉归国前就已经存在大规模的写经计划，只是在玄昉携带大量经典归国后，写经所修改了行事方针，参照《开元释教录》重新选定了写经内容，在天平十五年（743）又增加了不载于《开元释教录》的章疏类、别生经等内容的写经等，在抄写过程中有过若干次路线修正，最终经律论集传部于天平胜宝三年（751）书写结束，五年奉纳于东大寺大佛，此后的勘经活动又花费了约两年时间，而律疏的抄写则一直持续至天平胜宝八岁，最终由于圣武太上天皇去世而中断，20年间共计抄写6000余部。①

目前对于"奉写章疏集传目录"的年代推定，基本只根据《大日本古文书》编者的意见，推断为"五月一日经"某一阶段的工作目录。② 我们从中抽取《梵网经》相关的注释书，共计有以下八种：

《梵网经疏》二卷，上下寂师撰，六十九张；

《梵网经疏》二卷，元晓撰，七十一；

《梵网经菩萨戒本私记》上卷，晓公造，卅；

《梵网经疏》二卷，胜庄师，八十六张；

《梵网经疏》（私记）二卷，寂法师，八十九张；

《梵网经古迹》一卷，廿三；

《菩萨戒本持犯要记》一部，元晓师，八纸；

《梵网经疏》五卷，智周师撰，一百四十五张。

这八种书目的书写时间可参见天平胜宝三年九月廿日的"写书布施

---

① 山下有美「勅旨写一切経について」『正倉院文書と写経所の研究』吉川弘文館、1999、389~503頁；「五月一日経における別生経・疑偽・録外経の書写について」『市大日本史』3号、2000年、44~73頁。关于"五月一日经"的先行研究积累较多，本文不一一梳理，详参市川理恵『正倉院写経所文書を読みとく』同成社、2017、124~128頁。

② 有富純也「正倉院文書写経機関関係文書編年目録——天平勝宝五年——」(『東京大学日本史研究室紀要』11号、2007年) 的编年整理也认为没有更多推定依据，暂时尊重《大日本古文书》的意见，将其类收于天平胜宝五年目录之下。

勘定帐"(《大日本古文书》卷一二,第42~60页),其中有"《梵网经疏》二卷寂法、《古迹》一卷、《私记》一卷、又疏二卷元晓、又二卷胜庄、又二卷寂",可知这八种著作中的六种是在此之前抄写完毕的。元晓的《菩萨戒本持犯要记》并非《梵网经》的注释书,因此其抄写时间与这一批注释书并不一致也是理所当然。所以这里的问题在于,为何"奉写章疏集传目录"中出现的智周疏,并未出现于天平胜宝三年的"写书布施勘定帐"上。我们可以先推定智周疏与这一批《梵网经》注释书并非同期抄写,那么接下来的问题就是,这里的分批次抄写是否有其他背景原因。在解释这一问题之前,可以先与天平宝字七年七月一日的"太师家牒"进行对照。

这份"太师家牒"同样是一份经典目录。时任太师(藤原仲麻吕)为了在自家抄写一切经而向东大寺写经所求借底本,"太师家牒"是将与本次经典借出与回收相关的记录集结而成的文书,① 其中涉及的《梵网经》相关书目如下:

《梵网经疏》二卷　元晓师撰　律杂一　十七;

《梵网经疏》二卷　胜庄师撰　杂一;

《梵网经疏》五卷　智周师撰　律杂一　十七;

《梵网经戒本私记》上卷　元晓师撰　杂二　十七;

《梵网经古迹记》　青丘沙门太贤举　杂二;

《梵网经上卷疏》一卷　晓公　杂二;

《菩萨戒本持犯要记》一卷　元晓师撰。

将"太师家牒"与"奉写章疏集传目录"相比较,可以发现以下两个问题:其一是在8世纪中期的日本,除了法藏《梵网经菩萨戒本疏》外的注释书几乎都传入了日本;其二则是智周疏在751年("写书布施勘

---

① 荣原永远男「藤原仲麻呂家における写経作業」『奈良時代の写経と内裏』355~399頁。

定帐"的时间点)未能确认抄写,而在763年("太师家牒"的时间点)则与其他《梵网经》注释书同样被收录于"律杂一"这一分类下保管。夹在这两者之间的"奉写章疏集传目录"(推定753年),则将智周疏单独归类,并未与其他《梵网经》注释书收录在一起,解明这12年间对智周疏的态度变迁,有助于理解这期间发生了何等变化。

问题在于,根据《唐大和上东征传》的记载,将智周的五卷《梵网经疏》传入日本的是鉴真。而鉴真登陆大宰府是天平胜宝五年(753)末,于次年二月入京,其广为人知的戒坛院授戒则发生在天平胜宝六年四月。假如我们相信《唐大和上东征传》关于鉴真带来经典的记载,那么显然将记录有智周疏的"奉写章疏集传目录"类收于天平胜宝五年是不合适的;而假如我们在正仓院文书中继续追寻智周疏的踪迹,则会在《大日本古文书》卷十一的"经疏请返帐"(《大日本古文书》卷十一,第256~262页)中看到它。这同样是一份关于经典出纳的记录,由于经历多次借出与回收,其中的记载是"《梵网经疏》五卷(中略)右,唐僧法进□□□(三字阙文,根据上下文当补'师书者'),以七岁正月十七日返送已讫"。天平胜宝七年至九年改"年"为"岁",这是仿照开元年间改"年"为"载"的纪年方式,因此这里的"七岁正月十七日"正是天平胜宝七岁的正月十七日;"唐僧法进"则是鉴真的弟子法进,他在鉴真之后继任第二代戒和尚,是鉴真僧团的重要构成人物,在渡日初期致力于教化日本僧侣,他于天平宝字五年(761)撰写的《沙弥十戒并威仪经疏》是难得的8世纪中日交涉史料。因此,法进于渡日初期抄写了智周的五卷《梵网经疏》这一事实,足以作为《唐大和上东征传》的旁证,证明智周疏是由鉴真一行传入日本的。

如此一来,"奉写章疏集传目录"的成立时间也可压缩至755~763年,此前将其类收于天平胜宝五年是不够妥当的,但是此前将其视为"五月一日经"抄写作业的阶段性目录这一推断,大体无误,甚至可以进一步确定其为"五月一日经"最末尾阶段的目录。明确这一时代推定,对于此后进一步探讨"五月一日经"抄写工作,与这一目录相关的周边文书的年代推定等方面的研究展开,都是有益处的。

然而，确认智周疏是由鉴真僧团带来日本的这一事实，其意义并不止于此。我们需要结合前述法藏疏《梵网经菩萨戒本疏》在8世纪中期尚未传入日本这一事实，才能更明确地认识到这些事实背后展示出的8世纪前后东亚书籍流动与知识往来的特质。

（二）8世纪东亚的书籍流动与知识往来：智周疏的传入与法藏疏的未传入，以及"灵春愿经"的文本形态

法藏的著作中，与华严经相关的部分在8世纪前中期已经大量传入日本，这从天平胜宝三年五月二十五日"华严宗布施法定文案"附录的"章疏目录"（《大日本古文书》卷一一，第557~568页）中收载的大量法藏著作即可窥见一斑。那么，相较于法藏华严相关著作的大量传入，同样影响极大的《梵网经菩萨戒本疏》何以未能在第一时间传入日本，已然是一个问题；更有甚者，太贤的《梵网经古迹记》中有多处对法藏注释的引用，可知其成书时间在法藏注疏之后，然而《梵网经古迹记》在8世纪前中期便传入了日本。这一传入日本的先后关系的逆转，也需要一个解释。而假如我们将智周《梵网经疏》的传入视作鉴真僧团新带入日本的特例，那么我们可以勾勒出一个比较明显的、经由新罗的传播途径。

本文第二部分曾经给出了成书于9世纪之前的主要《梵网经》注释书，将它们代入8世纪中期的日本（755~763，"奉写章疏集传目录"的推定成书时间段），我们不难认识到如下事实。（1）明旷的《天台菩萨戒义疏》成书于公元777年，明显晚于这一时期，可以暂时不加考虑；法铣《梵网经疏》虽然没有明确的成书时间，也可大致作同一考虑。此外，由于成书于9世纪初的最澄《显戒论》中已经出现了对明旷疏与法铣疏的引用，可知这两者的传入时间下限不晚于8世纪末。（2）将智周疏传入日本的是天平胜宝年间来到日本的鉴真僧团，换言之，假如将智周疏当作特例暂时排除在外，那么在8世纪中期以前没有传入日本的，就只有唯一采用β形经文为底本的法藏疏。（3）元晓之后义寂、胜庄、太贤的注疏全部传入了日本，这一系列注释书的共同特点除了在于他们使用的都是相对古老的

α形经文,还在于其作者的新罗背景。基于以上事实,我们或许可以得出如下推论:8世纪中期的日本,对于《梵网经》的接收还停留在较为早期的α形版本上,此后才逐渐吸收了成形于7世纪末8世纪初的β形版本,而在日本接收佛教知识的过程里,新罗的影响力之大或许要远远超出我们的想象,这集中呈现于成书更早的法藏疏传入日本的时间要晚于成书更晚的太贤疏这一点上。

日本京都国立博物馆收藏的一部8世纪中期《梵网经》抄本的文本状态,也可以成为佐证。

根据卷末落款,这份抄本的抄写时间是天平胜宝九岁(757)三月末,近世前的流转经历不明,曾经一度归高山寺所有,天保六年(1835)经历过一次修补,全文以墨笔与朱笔双色写成。正文以墨笔抄写,同时在墨笔正文之外有年代不明的朱笔校订及少量的训读点(京都国立博物馆将其判断为平安中期训读点),朱笔校订中有对明旷《天台菩萨戒疏》的引用。此后该写本不知何时流出高山寺,成为守屋孝藏(1876~1953)的收藏品,在守屋孝藏去世之后由京都国立博物馆保管,于1939年被指定为重要文化财产。

此前对于这一写本的关注,主要集中于以僧侣灵春为发起人的"知识愿经"这一地方僧团组织形式的层面,因此通常称这份写本为"灵春愿经";近年来船山彻通过对照《梵网经》各版本,指出这一抄本反映了《梵网经》较为古早的形态,[①] 具体而言,是继中村不折旧藏本(据跋文,这一版本成型于北周武成二年,亦即公元560年)与中国国家图书馆所藏敦煌文书B.D.1972.2(推定书写时间为7~8世纪)之后的α形古写本,同时其中的一部分修订显示了对新形态的吸纳,而β形文本的初见则是8世纪初的房山唐刻《梵网经》,以及与此大致同一时期的法藏《梵网经菩萨戒本疏》。

换言之,"灵春愿经"的文本类型,也与此前提到的8世纪中期传入

---

① 前引船山徹「『梵網経』諸本の二系統」「『梵網経』の初期の形態をめぐって」『東方学報』85号、2010年。

日本的《梵网经》注释书所依据的文本类型保持了同步。亦即，假如将鉴真带来的智周疏视为8世纪中期的最新状态，在此之前日本接受的《梵网经》，从文本类型至注释书所依据的文本类型清一色都是α形，而7世纪末8世纪初已经明确成形的β形文本，以及基于β形文本的法藏注释书则并未传入日本。

这里的问题在于，无论是《梵网经》正文文本还是注释书，传入日本的先后顺序并不严格按照文本形成的顺序。

以文本而言，抄写于8世纪中叶的"灵春愿经"，参用的仍然是较为古老的α形底本，可以推测8世纪前中期日本所能看到的《梵网经》底本，仍然以α形为主。而成立时间较晚的朱笔校正，则转而以较新的β形为正本对底本进行了校订，亦即，朱笔部分成文时，日本的《梵网经》也逐渐统一为β形。① 而β形文本的成型时间，至少早于成文于7世纪末8世纪初的房山唐刻《梵网经》与法藏疏，换言之，β形在出现半世纪之后，尚未影响日本，日本仍然保持了较为古老的α形文本传承。

以注释书而言，法藏、智周与义寂、胜庄四人注释书的成书时间相近，大致在7世纪末至8世纪初，互相之间未见明显的相互引用关系，② 而太贤的《梵网经古迹记》则明显较之稍晚，大致在8世纪前期成书，多处参用了法藏、义寂与胜庄的言论，然而成书时间更晚的《梵网经古迹记》以及义寂、胜庄的注释书都传入了日本，而法藏与智周著作传入日本的时间则明显滞后。同时，新罗一系的注释书，即使其成书晚于法藏疏，也并未使用较新的β形文本。这方面的一致性或许说明了在8世纪前中期，新罗佛教界的论述仍然对日本有较为强大的影响力。与此形成鲜明对比的是，约半世纪过后，最澄的《显戒论》中就开始出现法铣的《梵网经疏》与明旷《天台菩萨戒疏》等中国江南地区僧侣的最新论述。这一现象应当如何解释，是本文最后想要探究的问题。

---

① 前引船山徹「『梵網経』諸本の二系統」『東方学報』85号、2010年、191~192頁。
② 吉津宜英认为《梵网经》注释书的出现顺序是义寂、胜庄、法藏，原因是法藏疏中有对义寂与胜庄的批判。参见前引吉津宜英『華厳一乗思想の研究』593頁注35。

结　语

受长年来遣隋使、遣唐使研究兴盛的影响，关于7~9世纪日本文化受容的通常范式，多数在强调这一时期日本向隋唐直接学习最新的学术、宗教、统治制度的态度与倾向。强调这一直接学习的态度，很大程度上是为了与此前通过朝鲜半岛间接受容中国文化的状态，以及此后以遣唐使中止为代表的直接交流的断绝相区分，以此作为这一时期日本文化受容的主要特征。在这一范式之下，这一时期日本与隋唐以外地区之间的往来，自然被放到附属性地位，通常被视为"由于直接与隋唐沟通往来获取最新知识与情报的困难，而不得不做出的妥协与让步"，这一范式显然是过于简单化的。

对于这一范式的反思，最初始于对遣唐使活动的规模与所受限制的考证，例如榎本淳一探讨了唐代的书禁，① 由此引出了对以遣唐使为代表的官方交流活动的有限性的质疑与对民间交流活动的瞩目，这最终结集为遣唐使结束之后中日间的往来不仅并未中断，而且以民间交流的形式更为扩大化的主张，这已经逐渐成为近年来学界的主流观点。② 但是这一反思冲击的更多是以遣唐使的中断为中日间往来的断绝这一传统观点，对8世纪前后的重构则并不充分。

随着写经所文书研究的深入与展开，我们已经确认了写经所早期利用的底本中新罗学生审祥的藏书占据了很大的分量，③ 而审祥藏书流传与授受的具体经过也得到了一定程度的复原，④ 关于在此之后分批次逐渐传入

---

① 榎本淳一「唐代の出入国管理制度と対外方針」「遣唐使による漢籍将来」『唐王朝と古代日本』吉川弘文館、2008、74~93、197~233頁。
② 西本昌弘「『唐風文化』から『国風文化』へ」『岩波講座日本歴史』5册、岩波書店、2015、139~180頁。
③ 堀池春峰「華厳経講説よりみた良弁と審祥」『南都仏教史の研究　上　東大寺編』法藏館、1980、386~431頁。
④ 山下有美「東大寺の花厳衆と六宗——古代寺院社会試論」『正倉院文書研究』8号、2002年、1~62頁。

的经典的接受状态，也有一定的研究积累。① 可以说，8 世纪前后传入日本的书籍有着多个不同的来源，传入过程呈现明显的层次性，这并非一个新发现，但是这一现象应当如何评价与定义，仍然是一个值得思考的问题。至少目前看来，在承认这些事实的基础上，强调中日间直接往来的意义与经由朝鲜半岛在影响力层面的附属性地位的观念似乎仍然占主流。②

以本次的事例而言，无须多言，这一时期东亚佛教的焦点是以玄奘等诸多译经僧主导的新译经，但假如我们比较日本与新罗在译经与著述层面的参与度，我们不难意识到两者间的明显落差：新罗早在 7 世纪中后期就有诸多僧侣参与译经活动，及至 7 世纪末 8 世纪初，元晓、义湘等人已经开始在国内弘传其教义，其教理研究一方面反向影响隋唐，同时也开始向日本输出最新的研究内容，可以说，7~8 世纪的新罗，已经是这一佛教新秩序的积极参与者和建构者；相比之下，日本直到 9 世纪，才有例如灵仙、円载等少数有能力在中国参与译经活动的日本僧侣出现，此前的日本可以说一直处于比较彻底的、单方面被动接受的地位。换言之，对于 8 世纪前期或更早的日本而言，不仅隋唐王朝在文化影响力上处于绝对的优势地位，朝鲜半岛也仍然是其重要的学习对象，甚至出于地缘优势，或许新罗对日本的影响会更加迅速与直接，而中国的影响则显得更缓慢而滞后。传统的日本古代国家论已经有越过朝鲜半岛而过度强调日本对东亚世界的影响力之嫌疑，近年来以东部欧亚取代传统东亚世界的主张更有将中国也相对化的倾向，③ 然而"东亚"作为日本古代史研究的观察视域，或许还是有其合理之处的，这也是本文通过对"奉写章疏集传目录"成书年代时间的考证试图说明的内容。

---

① 大平聡「天平勝宝六年の遣唐使と五月一日経」笹山晴生先生還暦記念会編『日本律令制論集』上巻、吉川弘文館、1993、621~676 頁；栄原永遠男「鑑真将来経の行方」『奈良時代の写経と内裏』233~259 頁。

② 中林隆之「日本古代の『知』の編成と仏典・漢籍―更可請章疏等目録の検討より―」『国立歴史民俗博物館研究報告』197 号、2015 年、147~170 頁。

③ 典型代表如広瀬憲雄『東アジアの国際秩序と古代日本』吉川弘文館、2011；『古代日本外交史：東部ユーラシアの視点から読み直す』講談社選書メチエ、2014；『古代日本と東部ユーラシアの国際関係』勉誠出版、2018。

小议明代学术笔记在日本江户时代的传播、出版及接受过程[*]

——以杨慎著作为例

石　运[**]

摘　要　借助频繁的商船贸易，杨慎著作在江户时代得以较广泛地流传，诸多明清刊本之外，还有多种抄本、和刻本出现，总体具有时期跨度大、版本种类丰富的特点。从日本学者对杨慎学说的认知和接受过程来看，日本学者在较早时期已经开始重视从其中吸收明人经学研究的新解，这直接影响了此后江户时代的儒学发展。另外，受诸因影响，日人对杨慎著作以及明代学术的接受过程又具有"曲折性"和"片面性"，由此带来的"误读"与"阐发"在一定程度上触发了日本思想文化的自我形成。这也从另一个角度重新印证了柄谷行人的日本"亚周边"说之合理性。

关键词　明代学术笔记　日本　江户时代　杨慎

引　言

众所周知，日本可谓海外收藏汉籍数量最多、质量最好，且整理和

---

[*] 本文是重庆市社科规划项目外语专项"杨慎文学思想对日本近世汉文学的影响研究"（2023WYZX37）阶段性成果。

[**] 石运，重庆大学外国语学院日语系讲师。

保存状况最为完善的国家之一。日本现存汉籍的珍本多由平安至室町时期往来于两国间的使者、僧侣带回。针对这些汉籍珍本的整理、研究也成为长久以来日本汉籍研究的主要课题。值得留意的是，日本现存汉籍其实更多来自江户时期。也正因此，日本江户时期的思想文化也受到来自明清的巨大影响。而这一时期大量的汉籍流入日本，除了得益于明清交替时期人与物的流动加速，也和当时日本国内儒学研究的兴盛有着密切的关系。被誉为"江户儒学开祖"的藤原惺窝（1561~1619）自幼长于京都五山之一的相国寺，随寺内禅僧修习朱子学。当时的朱子学多作为僧人的教养之学，局限于"五山"之内。此后，惺窝受到朝鲜儒者姜沆及渡日明人的影响，接触了当时最新的研究方法和学术成果，其思想学说也发生了极大变化，并与其弟子一起致力于儒学学习，由僧转俗，为此后江户儒学的繁荣带来了深远的影响。特别是在江户中期以后，儒学的学习不再局限于个别群体及阶层，以各种方式融入百姓的生活之中。学问世界的蓬勃发展使得日本国内对汉籍的需求也逐渐增大。借助传入日本的最新汉籍，学者们不仅对唐宋之学有了新的认识，还大量吸收了明代学术的精华。譬如在惺窝与弟子林罗山关于"朱陆异同""佛儒之别"等问题的辩论中可以发现，惺窝之说中带有非常鲜明的三教兼容的思想。而这样的对明代学术的吸收不仅体现在初期，而且一直贯穿整个江户时代，并直接触发了日本思想文化的自我形成。

近年学界关于日本汉籍的相关研究，无论是对书志的基础调查抑或是对其传播路径的探索，都已经进入"深水区"，其中也不乏各国学者之间的共同研究。然而在对于汉籍在域外的接受情况及其意义的探讨这一问题上，由于问题关心的不同、学术资源的不对称，中外学者之间的成果往往难以"共时"地"共享"。譬如日本思想史的研究者虽然对江户儒学有着深刻的理解，但于明清或朝鲜儒学的了解却比较泛泛，甚至是缺乏关心。这是因为日本思想史学的成立深受丸山真男所提出的课题影响，其实并不以对江户儒学的实证性研究为主要课题，而更多地关注近代国家和社会的成立的思想路径，以及战后日本的思想重建等问题，① 因此其语境还是更多局限于日本之内。然而当我们回归到江户时代的文献本身中去时，却发现无法轻易地脱离东亚学术思想史来单独讨论。②

与此相对，中国学者对江户儒学思想史的考察，主要着眼于儒家思想在域外的传播和受容的历史，故而比较积极地评价"东亚"③ 这一文化圈域的有效性，并切实地将江户儒学放置于整个东亚儒学的大背景中探讨。④ 然而如果缺乏对江户日本历史及社会背景的深刻理解，又常常会有隔靴搔痒之嫌。如何把握双方思想的历史语境，接续彼此的问题意识，共享双方的学术成果可以说是今后的域外汉籍研究以及思想史研究的一个重要课题。本文试图通过追溯书籍的生产、传播、接受以及再生产这一动态的过程，尝试提供一个有效的角度来重新探讨此问题。

一 视角、材料及方法

江户时代传入日本的汉籍随着时间的变化，也呈现出不同特点，但主要以诗文集为主。自平安时代以来，公卿、武士之间的歌会中，除了和歌，亦有汉诗的吟咏。然而很长一段时间里，以白居易为首的唐诗的风格受到追捧，此外五山之中亦有禅诗的创作。江户初期开始，以惺窝及其弟子为首的学者开始关注宋明诗文的风格和技巧。明人的诗文集以及选集开

---

① 关于丸山真男的思想史研究以及战后日本思想史学的成立等问题，在中日学界都有比较深入的探讨。详细可参见以下研究：苅部直『丸山眞男：リベラリストの肖像』岩波新書、2006；河野有理『偽史の政治学：新日本政治思想史』白水社、2017；唐永亮《日本的"近代"与"近代的超克"之辩——以丸山真男的近代观为中心》，《世界历史》2017年第2期。
② 桂島宣弘『思想史の十九世紀——他者としての徳川日本』ぺりかん社、1999。
③ 近年来部分学者认为"东亚"这一概念本身所具有的"近代性"并非完全适用于前近代的讨论，故而亦有用"汉文圈""汉文脉"等用语代替的。然而这些用语亦不乏其局限性，譬如江户儒学所特有的和训等问题就难以包含其中。故而本文仍使用"东亚"这一用语。
④ 参见王家骅『日中儒学の比較』六興出版、1988；韩东育《日本近世新法家研究》，中华书局，2003；王青《日本近世儒学家荻生徂徕研究》，上海古籍出版社，2005；等等。

始出现在这些学者的记录之中。此时,惺窝门人(如林罗山、松永尺五等人的弟子们)纷纷于江户、京都等地开塾讲学,伴随着朱子学的热潮不断高涨,对明代经学、史学书籍的需求也日益增加。而此后陆续传入的明代白话小说等"世俗文学",也为江户时代的日本带来了新风:一方面,引发了江户中期"洒落本""黄表纸"等世俗文学的创作热潮;另一方面,难解的白话也激起了江户学者学习中文的热情,并以此引发了对诗文创作、传统经书阅读方式的质疑。可以说,以荻生徂徕为代表的江户中期的复古思潮的出现与此有着深切的关系。也正因如此,无论是传统的文献学研究,抑或文化交涉学、思想史的研究,都高度关注江户时代汉籍的传播、接受过程。这对于讨论明代学术思想对东亚世界的影响也具有重要意义。

事实上,近年已有许多先学从诸多方面对此进行了深入的考察,但主要集中于中日学者在文学上的交流。譬如台湾学者蓝弘岳在其著作中就通过对《舶载书目》《林罗山所见书目》中记录的整理,考察了李攀龙、王世贞以及其他"后七子"所著、所编诗文集流入日本的过程。①

日本学者柄谷行人在《帝国的构造》一书中将前近代的中、朝、日三者定义为"中心—周边—亚周边"的关系,以此来解释作为中华帝国的"亚周边"的日本所展现出的有别于"周边"的朝鲜的特质。② 柄谷说固然有争议未定之处,然而借此观察江户时代的日本,更容易理解其文化思想上所体现出的"似是而非"之处。因此,本文在探讨明代学术笔记在日本传播的情况这一问题之时,也尝试在理解这种"亚周边性"之上,对江户时期书籍和知识的移动和吸收中所呈现的这种"无序性"及其背景进行讨论。此外,本文以杨慎著作为例来考察明代学术笔记在日的传播、接受等状况,主要有以下两个原因。

(1)杨慎自身所具有的人物性格以及其历史特殊性,比较直观地反映晚明出版文化的一些特点。杨慎早年是忠实的朱子学说信奉者,然而

---

① 藍弘岳『漢文圏における荻生徂徠:医学・兵学・儒学』東京大学出版会、2017。
② 柄谷行人『帝国の構造:中心・周辺・亜周辺』青土社、2014。

"大礼议"风波之后,其思想也发生了变化。杨慎后半生脱离于理学、心学之外,放逐山水,寄情诗文,又酷嗜考证经史地理,留下了大量的著作,但其生前所出版的不过寥寥,现今所传大多为万历之后经后人之手整理出版的。譬如收录其著作较全的《升庵集》乃万历年间（1573~1620）由四川巡抚张士佩所订,最早有万历十年刻本,此后亦多有翻刻。另有焦竑所辑《升庵外集》以及李贽的《读升庵集》二十卷都乃万历末刊行。① 此后,天启以至清嘉庆道光年间,仍有杨慎著作之刊本面市。由此可见,杨慎之书在"大礼议"的风波完全尘埃落定之后才得以广为流传。另外,杨慎全集刊行之前,作为举世闻名的大才子,其著作学说其实早已为有识之士所重视,引用收录于其随笔杂抄之中。其中以王世贞的《艺苑卮言》,胡应麟的《少室山房笔丛》《诗薮》等书为代表,对《丹铅总录》《檀弓丛训》《升庵经说》《升庵诗话》中的经史考据之说多有引用。特别是胡应麟对杨慎颇有推崇,曾仿《丹铅录》作《丹铅新录》等书,又与批评杨慎的陈耀文进行论辩,作《正正杨》一书以驳斥陈说。到焦竑之时,更是潜心收集杨慎遗作,整理刊行。其《焦氏笔乘》中也多有对杨说的引用之处。无独有偶,焦竑的挚友李贽亦在《读升庵集小引》中直言:"余读先生文集,有感焉。夫古之圣贤,其生也不易,其死也不易。生不易,故生而人皆仰;死不易,故死而人尔思……则圣贤生死固大矣……先生人品如此,道德如此,才望如此,而终身不得一试,故发之于文,无一体不备,亦无备不造,虽游其门者尚不能赞一辞,况后人哉！余是以窃附景仰之私,欲考其生卒始末,履历之详,如昔人所谓年谱者,时时置及几桉间,俨然如游其门,蹑而从之。"② 可见其对杨慎的推崇不仅在学术之上,而且将其作为道德之模范,欲效而仿之。从这个角度来说,杨慎著作刊行传播之变迁亦是探讨明代晚期学者思想及著作状况的好材料。

---

① 关于杨慎的个人生平等介绍,参见林庆彰《明代考据学研究》,华东师范大学出版社,2015,第39~46页。
② 《读升庵集注》（一）,张建业主编《李贽全集注》第16册,社会科学文献出版社,2010,第1页。

（2）杨慎的著作在日本的传播出版过程，比较直观地反映了作为"亚周边"的江户日本在汉籍的传播受容上的"无序性"。这种"无序性"一方面使江户日本的思想世界呈现出不同于作为"周边"的朝鲜的样态；但另一方面，从更加宏观的东亚视角去关注这个问题，就不难发现这一动向的产生和展开过程都承接于近世东亚思想世界的主体脉络。譬如，18世纪初出现的"反朱""复古"的思潮往往被解释为日本学术思想史所具有的"特质"。这一观点虽然有其可取之处，但也因此忽略了杨慎等明人学术笔记所起到的启发性作用。

以下将对以杨慎著作为代表的明人学术笔记作品在域外的传播和接受过程进行详细探讨。江户时代的汉籍主要有三种：（1）明清舶来的汉籍，（2）以传入的汉籍为底本的日本抄本，（3）日本的书肆所刊行的和刻本。从明清或是朝鲜购买的书籍，直接流入市场的仍是少数，更多的是由三都（江户、京都、大阪）再加上长崎等地的书肆翻刻之后刊行。这样的书籍被称为"和刻（本）"。同时又和以假名为书写文字的"和本"有所区别。杨慎的著作的传播流通也不外乎这三种途径。因此下文将从"现存馆藏及舶载记录中所见杨慎著作的东传""江户时代所见杨慎著作的翻刻及其特点""江户时代日本学者对杨慎所著学术笔记的抄写和接受"三个方向进行详细考察。

二 现存馆藏及舶载记录中所见杨慎著作的东传

江户时代杨慎书籍的传播及接受资料，虽然不如李攀龙、王世贞、焦竑等人丰富，但想要逐一整理亦是不易。因此，本文将先以现存藏本及舶载记录等资料为中心来厘清杨慎著作东传过程的线索。

日本现存杨慎著作馆藏中比较值得留意的主要有日本国立公文书馆藏本（原红叶山文库本、林家旧藏本等）以及新潟大学佐野文库藏本。

调查公文书馆的数据库之后可知，从江户时期开始收录的杨慎著作有50余种（不含收录杨慎著作的丛书、类书），其中日本学者的抄写本共9种。其中有明确记录的抄写者或收藏者主要有林家、木村蒹葭堂以及丰后佐伯藩藩主毛利高标等人。此外高野山释迦文院及昌平坂学问所等处亦收录有杨慎著作。

原红叶山文库藏及林家所藏《丹铅总录》是现存江户时代最早的杨慎著作之一。据林罗山父子的记录，至少宽永十四年（1637）以前，此版《丹铅总录》就已收录入库。众所周知，当时幕府在长崎的通商口岸直接向往来于此的明清商船进行采购，并设立"书物改"① 一职对进口书籍进行检阅和记录。红叶山文库的汉籍大多来自此处。除此之外，还有由藩主、公卿、寺院等献上的书籍，譬如现存《升庵外集》明刊本之一就来自18世纪后期的佐伯藩藩主毛利高标的进献。文库中所藏杨慎著作刊本中除明刊本以外，清代复刻的版本亦不少见，譬如红叶山文库藏《乾隆四库全书无板本》丛书中，就收录有杨慎《古人别号》一书。公文书馆所藏杨慎著作中除汉籍刊本之外，亦有收藏一版和刻本，即正德六年（1716）京都积善堂等合刻黄克兴辑《重刻杨状元汇选艺林伐山故事》四卷。

除公文书馆之外，现存杨慎著作较丰、种类较多的还有新潟大学的佐野文库。不同于以刊本为主的红叶山文库，佐野文库则侧重于对和刻本及和抄本的收集。事实上现存日本学者所抄杨慎著作并不多，且多为部分抄写。故而佐野文库藏本在这一点上格外具有价值。此外，其收藏刊本亦极具特色，其中有乾隆五十九年（1794）重刊的芸晖阁藏版《丹铅总录》巾箱本八册，目前尚未在其他日本馆藏中发现。类似的巾箱本在国内也仅见于苏州博物馆。

除以上所详述两个文库之外，如前田育德会尊经阁文库、无穷会神习文库等私家文库，或是东京大学、京都大学图书馆等国公立图书馆亦零散收录有杨慎著作。其中虽多有重复，但也不乏珍稀价值的版本，譬如宫内厅书陵部文库中有见《丹铅余录》的朝鲜刊本一种，及以此为原本抄写的抄本两种，亦是尚未在他处发现的。

总的来说，现今调查范围内，日本现存杨慎著作的刊本总数颇丰。除

---

① 江户时期，德川幕府为了检阅商船中是否有幕府禁止传入的天主教相关书籍及物品，专门设立了对其进行检阅的"书物改"一职。最初由长崎当地的僧侣担当，1639年后此职由长崎儒者向井元升及其子孙代代世袭。向井家的学者除了对违禁书籍进行检阅，还负责调查、整理舶来汉籍的书目。

去四库、《说郛续》《函海》等丛书、类书中的收录，嘉靖（1522~1566）、万历年间的各家刊本以及清代的重刊本也皆有留存。明清之际所刊杨慎著作版本繁多，譬如《丹铅总录》等刻于万历之前的著作，到明末乃至清中期仍屡屡有重刻，故而传入日本的版本也比较丰富。

从时期上来看，前期传入的杨慎著作多为明代刊本，间有清初刊本，18世纪之后，基本上就以量多价廉的清代刊本为主了。另外，通过对购书者的考察可见，17世纪，明清刊本（当时称为唐本）由于进口渠道有限且基本维持在较高的价格，大多由幕府和各藩直接购于商船主，譬如《舶载书目》第十册所载《升庵全集》就是由幕府购于来港的宁波商船。此外，三都的大型书肆也常常联合购买刊本并分享版权进行翻刻，翻刻本价格虽然仍不算低廉，但相较于唐本来说已算便宜，成为学者购书的首选。18世纪以后，无论是清刊本还是和刻本的价格都较江户初期降低不少，此时出现了许多如木村兼葭堂、山本北山等个人藏书家。也是到了此时，如这样财力丰厚且交游广泛的大藏书家才得以凭个人之力购买全集。从内容上来看，初期以《丹铅录》《升庵全集》等主要著作为主，后期则增加了杨慎诸子学、史学、地理学、书学等方面的著作。

如前所述，杨慎生前刊行并广为流传的著作其实并不多，《丹铅总录》算其中之一。然而调查杨慎著作在日本的传播过程之后则可见，出现较早的杨慎作品其实是焦竑辑的《升庵外集》和李贽评点的《读升庵集》两种。后者在日本又被称为《读杨升庵集》《李卓吾先生读杨升庵集》。这一特点在汉籍的舶载记录中亦可以比较清楚地看到，譬如《舶载书目》中关于杨慎相关著作的最早记载是李贽的《读杨升庵集》（第6册，1703）。此后陆陆续续有诸如《翰苑琼琚》《异鱼图赞》等单著传入，但如《升庵集》《杨升庵全集》《杨升庵文集》等文集类著作则要在第10册（1707）及第15、第16册（1712）才始有登场。① 而与此形成鲜明对

---

① 此外有王世贞选编的《尺牍清裁》（又作《杨用修赤牍清裁》）一册。据其序言，乃王世贞据杨慎所选八卷之上增修之书。然而王本内容足有六十卷，又有补遗一卷，故此书已难以归于杨慎名下，此处不算入其中。

比的，则是王世贞、焦竑、李贽等人的著作。早在17世纪初期，这些晚明学者的作品已经传入日本，为日本学者所熟知了。可以说，这几人的著作事实上是在中国刊行不久之后就传到了日本，几乎可以算作两国学者同时共享了。也正是如此，日本学者对杨慎的认知，与其说是从直接接触杨慎著作开始，不如说是借由这几人的书籍才有所接触的。这一点从抄本的传播出版来看，更为清晰。

三 江户时代所见杨慎著作的翻刻及其特点

和上述江户时期所传杨慎著作的明清刊本相比，由日本书肆翻刻的"和刻本"的种类相对来说比较有限，且刊行时期大多较晚。目前确认范围之内，主要有《墨池琐录》《艺林伐山》《古音复字》《古今谚》四种可见。此外还有一些署名杨慎校正评点的著书，例如《五代史》《关尹子》等。

江户学者虽对杨慎的评价褒贬不一，然而各家藏书目录及抄本中都可见其书目的存在。特别是到了江户后期，由于考证学的流行，学者多追求博识多闻，不再局限于四书五经的学习，对小学、野史以及天文地理等杂学的兴趣也愈发浓厚。他们也对前人之说多有批评，力求另立新说。在这样的潮流之下，如杨慎等以博学多才闻名的学者的著作也随之流行，其中对杨慎所著学术笔记的偏好尤为明显。事实上从《江户时代书林出版书籍目录集成》《享保以后江户出版目录》等记载江户时代书籍出版状况的史料集中可以看到，江户前期的刻印仅有正德六年（1716）京都积善堂等合刊的《重刻杨状元汇选艺林伐山故事四卷》，以黄克兴编补明刊本为底本进行翻刻。此本刊刻前请当时京都大儒伊藤东涯作序。东涯在序文中对杨慎及《艺林伐山》皆有很高的评价："近时杨用修氏，记览极博，著撰亦富。"①

---

① 伊藤東涯「藝林伐山叙」『重刻楊状元彙選藝林伐山故事四卷』京都积善堂・弘章軒・文泉堂、1716。

而到了江户后期，对杨慎著作的翻刻无论是从数量上还是从种类上都较前期多有增加。并且与此前不同的是，这些书籍中更多是延请当时日本有名的学者进行校补之后再刊，这也往往成为书肆竞争销售时的卖点。譬如，有《古今谚》一卷，由安永六年（1777）京都菱屋孙兵卫、江户书林须原屋茂兵卫、大阪大野木市兵卫三家书肆据明刊本翻刻。付梓之前，由京都学者岩垣彦明校正，并请赤穗藩儒者赤松鸿作序。

岩垣彦明初学于古义学派的宫崎筠圃，后师从明经博士伏原宣条和古注学者皆川淇园等大家。其著作除诗文唱和外，多以经义注解考证为主，在当时的京都文坛也颇有声名。此外，此本刊行时，赤松评价此书："娓娓千言，不足解一朝之惑。而仅仅数语。忽见千古之情。言之得失。有时而然。明杨升庵所辑古今谚一卷，读之者岂能不跃然而喜。乃谚之切事情也，可见已"。① 岩垣校本此后又分别于文政元年（1818）、弘化三年（1846）重刻出版。安永版刊行七年后的天明四年（1784），又有江户嵩山房小林新兵卫联合京都、大阪的另外两家书肆重新翻刻此书。此版则由江户林家出身的学者菅井霸陵（又名菅敬胜）校补。多次的重刻刊行足以见市场对《古今谚》一书需求之盛。

总的来说，江户时代所见杨慎著作的和刻种类少于舶载刊本，且多以单卷的杂著为主。如《丹铅录》《升庵外集》等大部头的和刻不仅成本较高，并且市面上已多有刊本流传，故而不见其和刻版本。此外，和刻本多延请当时的名儒加以校点、和训，并题序跋，一定程度上可以反映当时学界对此类书籍的评价和理解。

值得注意的是，如王世贞、焦竑等较杨慎时代晚的明代学者著作，从17世纪中后期开始已经陆续由日本的书肆进行翻刻，其种类和数量都十分丰富。然而时代更早的杨慎的著作一直到18世纪晚期，乃至19世纪才由日本的书肆进行翻刻发行。此时以李攀龙、王世贞为代表的明晚期学术的热潮已经退去，清朝学者特别是考证派学者的书籍成为主流，在这时重新翻印两三个世纪之前的杨慎作品，不免让人有些意外。然而事实上这种

---

① 赤松鴻「古今諺序」『古今諺』京都菱屋孫兵衛等、1777。

需求的出现正和整个江户思想史的发展脉络切为相关。若要更深入地理解杨慎著作乃至明人学术笔记在江户日本的出版传播情况，把握江户思想史的整体脉络之重要性就不言而喻了。

四 江户时代日本学者对杨慎所著学术笔记的抄写和接受

虽然比诸舶载刊本而言，和刻本已不算高价，但对于当时的学者来说，抄写无疑是最低廉的手段。对杨慎著作的接触也多始于抄写。杨慎著作的抄本的留存虽不如刊本丰富，又多为残卷，但在其考察价值上来看未必不如刊本。特别是一些刊本未收录的缺卷、补遗类作品多有抄本。其中《丹铅总录》和《升庵外集》的经说部分的抄本现存较多。而这两部分内容又在前述的明后期的学者著作笔记中时常有所引用。尤其是大部分的杨慎著作（明清刊本及和刻本）直到18世纪之后才在江户日本逐渐流传开来，因此要考察18世纪中期之前的杨慎著作在江户社会的流传状况需要更多地关注诸多抄本。

由于这些抄本大部分出自儒者之手，因此这样的抄本往往反映了抄写者个人的问题关心。由于书籍珍贵，当时的学者时常从相识的大名或富商家中借阅藏书，借阅之时，择其中一部分卷次抄写，亦可谓常事。譬如幕府总管学问的"大学头"林鹅峰在撰写对《书经集传》的注解书时，在书后抄写了《升庵外集》经说部一卷，似是对杨慎所述《尚书》理解多有参考。[①] 当然也有许多抄本消散于历史传承之中，但大部分的抄本较于刊本毋庸置疑更能反映学者个人的问题关心所在，这也是研究抄本的重要意义之一。

目前所见日本江户时代学者的记录中，最早对杨慎及其著作有所言及的可以追溯到藤原惺窝和林罗山的阅读记录之中。此后罗山偶得梁佐校本《丹铅总录》，于宽永十四年（1637）缮写二十七卷完毕。后又得陆彟及

---

① 林鵞峰『書経集伝私考附升庵外集』第二十六卷、日本国立公文書館蔵、191-0056。

汪宗尼校本，同其子林鹅峰、林读耕斋共读，并校正两版之异同。此事见林家旧藏《丹铅总录》抄本后之手跋。罗山及鹅峰跋原文如下：

　　《丹铅总录》全廿七卷缮写了。随见随勾朱云。宽永十四年初夏念一日，夕颜巷道春（引者注：罗山）记。

　　《丹铅总录》全部二十七卷。家君往年以梁佐校本缮写之。其原本文字漫撼，执笔者稍误点画。时公务繁多不遑细考，姑藏于山房。顷日，借陆弼及汪宗尼校订本，与守胜相对侍膝下，一览读破之。考异同正乌焉云。宽永二十二年孟冬卅八莫。春斋（引者注：鹅峰）。①

除此之外，林罗山的笔记中也可见其提及杨慎学说：

　　《诗·郑风》溱洧二水名。许慎《说文》引之溱作潧，音与溱同。而溱字别出其水所出，亦不同。且《说文》所引六经字与今世所行多不同者。《容斋五笔》《骈志》《丹铅录》等往往言之。慎与郑康成异者多。然溱潧字，陆德明既言之。②

罗山学从程朱，其经论多出于理学，故而对与朱子新注颇有相异的如杨慎等明儒之说，多有轻看之处。然而，罗山又不拘泥于一经一文之中，常常强调"博学"之重要性，因此对于"大明希世博洽"之杨慎也多有蹈袭之处：

　　余顷见杨外庵名慎集有云："曾子簀萃而皖。孙炎曰：'皖漆也。'"又绕朝之策谓书策也，非鞭也。又皋比虎皮也。武王克商以后包弓矢以櫜鞬谓虎皮也。櫜与皋音同。慎以此等事为奇异……何其

---

① 林家写本『丹鉛総録』日本国立公文書館蔵、寛永十四年、307-0155。
② 林家写本『丹鉛総録』307-0155。

外庵之以为奇异哉。其外记事论事以为己始言之者，窃《容斋五笔》之所云者亦多矣。虽然，大明希世博洽之人也。①

除罗山之外，对于杨慎之说格外重视的学者不得不提到江户儒学的大家——荻生徂徕。徂徕学脱于明代复古派李攀龙、王世贞二人之主张，在17世纪末18世纪初的江户日本掀起了一股"诗文复古"之风。现今的研究者也多关注徂徕与李、王之学说的比较。这一点，也和徂徕自身对于李、王的赞美颂扬不无关系。他曾数次在书中直言，自己有幸得遇李、王之书，无异于得受"天之宠灵"。从此习得古文辞之法，得以读破论孟、六经。徂徕认为这一点是李、王二人亦无法勘破的。然而徂徕的学问转向是以何为契机触发的，其对于经书的独特解说缘何而来，仍然是困扰诸多学者的未解之谜。此外，对徂徕的学问，特别是经学方面的思想的评价仍莫衷一是。有的学者认为其古学思想是"日本特色"；亦有人发现徂徕思想中同戴震等清朝考证学者的相似，以此对两者进行比较研究，认为其考证粗陋，同清朝考证学的普遍水平相距甚远。

虽然众说纷纭，但大部分人都忽视了徂徕的《论语征》一书中，对杨慎之说的多次引用及其背后的意义。譬如对《八佾》中"夏礼，吾能言之，杞不足征也。殷礼，吾能言之，宋不足征也。文献不足故也。足，则吾能征之矣"一段的理解，徂徕援用杨慎《升庵经说》中的理解，认为"征"音通"证"，其义也应同"证"，而非古注中所训为"成"字。②

又者，在谈到《诗经·郑风》之时，徂徕说："国风徒歌也。故存郑卫。郑声者。被之于声。故放之。世有郑声。则民不好乐。所以放也。升庵说。水溢于平曰淫水。雨过于节曰淫雨。声滥于乐曰淫声……后世解郑风皆为淫诗。谬在此矣。此说为是。大抵声乐可娱之甚。谓之淫已。"③

---

① 京都史蹟会編『林羅山文集』卷七十、弘文社、1930、867頁。
② 小川環樹『荻生徂徠全集·經学1』みすず書房、1977、115頁。
③ 小川環樹『荻生徂徠全集·經学2』みすず書房、1978、233頁。

从徂徕对杨慎的积极态度可以看出，他对杨慎的著作及学说已经有了一定的认识。事实上，徂徕的经学思想同杨慎相似之处甚多。针对此点，由于篇幅不足，留待他稿进行详细讨论，此处仅举一例说明。

杨慎著作中对古人，特别是朱子之说时有怀疑："余至舞象之年，究竟六书，不敢贪古人成编为不肖捷径，尤复根盘节解，条入叶贯，间亦有晦意矣……今之所采，必有经有裨，必于古有考，扶微广异，是以取焉。匪徒以逞博縻，累卷帙而已。"① 又说，"训诂章句，求朱子以前六经"，"今之学者，谓六经皆圣人之迹，不必学……买椟而欲市珠，无筌而欲得鱼也"，② 以此强调六经复古之重要性。而荻生徂徕的经学思想中亦对宋学式的经书解释提出疑问，认为以"理气"来释经，其结论势必也将回归到这种形而上的讨论之中。

特别值得注意的是，徂徕认为宋儒之后，诸经之解皆从朱注，其内容已与三代孔子之时大异。苦读四书亦无法从中知悉先王之道："足下以为读史不如读经，是固然。然经皆为宋儒所坏尽。今之读经者，皆从宋儒注解，以求圣人之道，何以能得哉？"③ 这一点在前文所引徂徕的诗解中亦有所见。徂徕批评朱子学一派的《诗》解臆说甚多，且说不通之处多以叶韵为由牵强附会，不可为参考，因此多引先秦两汉之训诂进行辨别判断，难以决断之处则借由《尔雅》《说文解字》等另解。而这种对朱子学的批判精神以及其独特的经学理解，的确受到杨慎著作及学说的启发。

无论如何，如徂徕这样"发现"了杨慎的学者，在当时仍是少数。因此虽然徂徕并不讳言自己转引杨慎之说，但由于时人对杨慎本身缺乏认知，故而在日后反徂徕的潮流之中，此处成为主要的批判点之一。然

---

① 杨慎：《转注古音略题辞》，王文才主编《杨升庵丛书》第 1 册，天地出版社，2002，第 544 页。
② 杨慎：《升庵全集》卷七五，《文津阁四库全书》第 424 册，商务印书馆，2005，第 746 页。
③ 荻生徂徕『與藪震庵』平石直昭編『徂徠集・徂徠集拾遺』ぺりかん社、1985、248 頁。

而值得注意的是，徂徕学的盛行以及此后兴起的反徂徕的潮流事实上促进了江户学者对李、王等"后七子"著作的学习，并开始关注从江户初期开始传入的明代中后期的诸多著书。可以说，17世纪传入日本的大量明代文献，也是在这一时期才真正受到日本学者的足够重视，为其所理解。① 如最开始所说的那样，此时卷起的学明之风影响的不仅是江户的文学、思想，在艺术、医学乃至制度等社会的诸多方面都有所体现。前文所述杨慎著作在江户日本的流传和接受的过程和曲折皆应该从这一背景上加以理解。

18世纪末19世纪初，徂徕学和反徂徕之说都转入低潮。此时以大田锦城为代表的江户考证学派正蓬勃兴起。他们一方面继承了前期学者朴素考证的意识，另一方面受到清朝考证学新的问题意识及方法论的影响。如大田锦城这样的学者，则能更客观地观察徂徕与杨慎的关系。他在《九经谈》中曾道："其学出于杨用修，虚骄之气颇相肖似。经义道学固非其所长，欲出新奇，以炫耀时目。故其说浅薄无味。其言夸诞近诬……又颇知考证之学，然而其所考证往往不精。"② 虽然批评了杨慎及徂徕之学上的疏漏，但同时亦点出其学术上的进步之处。

江户学者对杨慎及其学说的关注一直持续到幕末，譬如从幕末考证派学者海保渔村的旧藏书和笔记中就多有发现对杨慎著作的阅读和引用。海保渔村师从大田锦城，因其博学多识，被称为"德川三百年屈指之大儒"。渔村一生著作颇丰，大多为诸经考证注解之书，也有文章作法，诗文评点以及随笔、读书目录等杂记留存。从这些手稿、抄本中可以窥见渔村的知识来源和治学态度。

现藏于东京大学图书馆的《三余杂识》中，就有渔村对《丹铅总录》史籍类、诗话类等卷的抄写。除了抄写原文，渔村还随勾随画，并博引出典及诸说补于栏外。此外，在渔村的《传经庐文抄》中的《周易古占法

---

① 关于此点，拙稿「十八世紀中期の儒学研究と明代学術の受容」（桂島宣弘等編『東アジア：遭遇する知と日本）——トランスナショナルな思想史の試』文理閣、2019）中有詳細討論。
② 大田錦城『九経談』江戸慶元堂、1804、13~14頁。

跋》一文里，也可看到其对杨慎疑朱子立新说行为的肯定："盖如明韩邦奇季本杨慎何楷辈。皆知疑朱说者矣。"然而对于杨慎等人的考证议论之误，渔村也不讳指出："顾其为说，率不过凭臆言之已。"同时又言清儒之说也未必全然可信，"他如清毛奇龄汪琬全祖望等之论，左传诸笺，谆谆辨义，互持一说而核之，古义终未合也"。①

总的来说，江户学者对杨慎所著学术笔记的抄写和接受有以下三个共同点：（1）从明人学术笔记中间接获得对杨慎及其学说的认知，（2）对杨慎学术笔记的抄写多集中在经史考证和诗文点评部分，（3）对杨慎"疑朱"的态度和"博考"的治学方法的肯定。

结　语

以上，本文通过对现存馆藏及诸文献记录的调查，整理了江户时期日人对杨慎所著学术笔记类作品的抄写、刊行的状况，并分析了其传播过程及江户学者对杨慎学说的吸收和接受。这一接受过程或许并非直接来自杨慎自身的著作，而是借助了较早传入日本的如焦竑、李贽等晚明士人的作品，这也使其对杨慎学说的认知和接受呈现出"曲折性""片面性"的特点。同时，这也成为江户时代日本汉籍传播史、文化交流史的一个缩影，并印证了柄谷行人对近代以前的日本在中华文明圈中位置理解的合理性。当然也应看到的是，从藤原惺窝、林罗山的首倡程朱到中江藤树、熊泽蕃山的心学之说，再到伊藤仁斋、荻生徂徕独尊古学以及晚期的折衷学派、考证学派，江户思想史的整体发展仍是顺承于从宋明理学到清代朴学的学术脉络的。

除上述内容之外，本文通过对江户时代日本学者对杨慎所著学术笔记的抄写、接受史的考察，明确了明人学术笔记，特别是其中关于经学的论述，对江户时代日本的经学研究产生了深远的影响。过往的研究对如林罗山、林鹅峰等初期的朱子学者的考察着重强调了其对朱子学说的接受与阐

---

① 海保渔村『伝経盧文抄』『崇文叢書』第 1 輯之 60、崇文院、1928、77~78 頁。

发，但往往忽略了其对明代学术成果的吸收和借鉴，而对荻生徂徕等批判朱子学、提倡复古学说的学者又往往过分强调其学说的特异性。事实上，对杨慎、焦竑等明代学者的学习也促使古学者们重新反思朱注，为其质疑其权威并提出复古新说提供了理论依据。由于本文篇幅不足，对江户思想史与明代思想史之关系这一课题尚不及深考，待在今后的研究中进一步探讨。

从"格物致知"论管窥17世纪东亚之"返礼学"思潮[*]
——以陈乾初、尹白湖、伊藤仁斋为中心

刘 莹[**]

摘 要 针对"格物致知"之说,长久以来聚讼不已,其成为思想家关注的焦点话题本身即与以《大学》为首的"四书"之升格密不可分,故历来学者多有述之。然17世纪以降,在东亚范围内出现了一股"返礼学"的思潮,其表征虽往往以反对朱子之改经呈现,然这股思潮的最终归宿却指向了复兴古典礼学,对此思潮学界尚乏深入研究。故本文以"格物致知"论为切入口,通过分析陈乾初、尹白湖、伊藤仁斋对朱注以至《大学》的批判,从而在凸显"四书学"解构过程的同时,勾勒出"返礼学"思潮的大体样态。深入解析"返礼学"思潮的动向,不仅可以启发我们重新思考宋学与朴学之间发展的内在理路,更为反思朝鲜儒学史上的"脱性理学"以及江户儒学史上的"古学"提供了新的理解路径。

关键词 格物致知 《大学》 陈乾初 尹白湖 伊藤仁斋

---

[*] 本文系2022年度教育部人文社会科学重点研究基地重大项目"日本思想的近代形成史研究"(22JJD770016)、2022年度教育部人文社会科学研究青年基金项目"儒学日本化进程研究"(22YJC720009)阶段性成果。
[**] 刘莹,中国人民大学哲学院讲师。

引　言

《大学》本为《礼记》第四十二章，陈寅恪指出："退之首先发见《小戴记》中《大学》一篇，阐明其说，抽象之心性与具体之政治社会组织可以融会无碍，即尽量谈心说性，兼能济世安民，虽相反而实相成，天竺为体，华夏为用，退之于此以奠定后来宋代新儒学之基础。"① 韩退之表彰《大学》以拒佛老，李习之则进一步将《大学》之"致知在格物"提挈出来，程朱继之。随着"四书"成为科举考试之定本，②《大学》之经典性定位亦被定格。然而，"格物"虽为《大学》"八条目"之首，却不见于先秦其他文献，故长久以来聚讼纷纭。明末蕺山先生有云："格物之说，古今聚讼有七十二家。"③ 蕺山之后，又经清三百年。及至今日，新注不绝，一词之注实可成书。④ 兹略陈其要者，明其范式之变化，以为引言。

最早对"格物"进行注释的是东汉的郑康成，其注曰："知，谓知善恶吉凶之所终始也。……格，来也。物，犹事也。其知于善深则来善物，其知于恶深则来恶物，言事缘人所好来也。"⑤ 若知善恶之所由，则吉凶自判，这与东汉时期流行的天人感应说有着内在的一致性，也成为以"感格"的方式诠释"格物"的典范。⑥

---

① 《陈寅恪集》，《金明馆丛稿初编》，生活·读书·新知三联书店，2001，第322页。
② 元朝仁宗皇庆二年（1313）十一月皇帝下诏："《大学》、《论语》、《孟子》、《中庸》内设问，用朱氏章句集注。"许嘉璐主编《元史》第3册，汉语大词典出版社，2004，第1578页。
③ 《经术·大学杂言》，《刘宗周全集》，浙江古籍出版社，2007，第657页。
④ 关于古今格致之说的梳理，可参考《"致知在格物"：一句经文说解的略史》，《毛子水全集·学术论文》，1992，第232~250页；何泽恒《大学格物别解》，（台北）《汉学研究》第18卷第2期，2000年，第1~34页。
⑤ 郑玄注，孔颖达疏《礼记正义》，李学勤主编《十三经注疏》，北京大学出版社，2000，第1859页。
⑥ 唐代李习之亦以感格之说解之，其解"格物"曰："物者，万物也。格者，来也，至也。物至之时，其心昭昭然，明辨焉而不应于物者，是致知也，是知之至也。知至故意诚，意诚故心正，心正故身修，身修而家齐，家齐而国治，国治而天下平，此所以能参天地者也。"李翱：《李文公集》卷二《复性书》，《四库唐人文集丛刊》，上海古籍出版社，1993，第9页。

有宋以来，二程之注别开新径，明道先生曰："'致知在格物'，物来则知起，物各付物，不役其知，则意诚不动。意诚自定，则心正，始学之事也。"① 此注之"格物"可视为"心正"之方，颇有心学气象，而伊川先生之注则更具理学意味："'致知在格物'。格，至也。如'祖考来格'之格。凡一物上有一理，须是穷致其理，穷理亦多端，或读书讲明义理，或论古今人物别其是非，或应接事物而处其当，皆穷理也。"② 朱子自叙"窃取"伊川之意以补"格物"之传，其文如下：

> 所谓致知在格物者，言欲致吾之知，在即物而穷其理也。盖人心之灵莫不有知，而天下之物莫不有理，惟于理有未穷，故其知有不尽也。是以《大学》始教，必使学者即凡天下之物，莫不因其已知之理而益穷之，以求至乎其极。至于用力之久，而一旦豁然贯通焉，则众物之表里精粗无不到，而吾心之全体大用无不明矣。此谓物格，此谓知之至也。③

伊川、朱子皆以穷理释格物，朱子虽重"心"之所用，即所谓"豁然贯通"，然似难脱心与理二分之嫌，④ 是故阳明欲一之，曰："若鄙人所谓'致知、格物'者，致吾心之良知于事事物物也。吾心之良知，即所谓'天理'也。致吾心良知之'天理'于事事物物，则事事物物皆得其理也。致吾心之良知者，致知也；事事物物皆得其理者，格物也，是合心与理而为一者也。"⑤ 从"格物致知"处可见朱、王思想的内在差异。⑥ 高

---

① 程颢、程颐：《二程集》，王孝鱼点校，中华书局，1981，第84页。
② 程颢、程颐：《二程集》，第188页。
③ 朱熹：《四书章句集注》，中华书局，1983，第6~7页。
④ 阳明曰："朱子所谓'格物'云者，在'即物而穷其理'也。即物穷理是就事事物物上求其所谓定理者也，是以吾心而求理于事事物物之中，析心与理而为二矣。"王阳明撰，邓艾民注《传习录注疏》，上海古籍出版社，2012，第100页。
⑤ 王阳明撰，邓艾民注《传习录注疏》，第100页。
⑥ 牟宗三以朱子为"歧出"，其判断的依据亦与此相关："吾人所以不视伊川、朱子学为儒家之正宗，为宋、明儒之大宗，即因其一、将知识问题与成德问题混杂在一起讲，既于道德为不澈，不能显道德之本性，复于知识不得解放，不能显知识之本性；二、因其将超越之理与后天之心对列对验，心认知地摄具理，理超越地律

濑武次郎指出:"本来朱王二子之差异可就种种之点见出,而最为显著者即在于《大学》一书,特别是对'致知格物'四字的解释。"① 大体说来,阳明以吾心之良知致于事事物物,是由致知以至格物,故其思维的方向是由内向外;而朱子以穷事物之理致知,其思维方式则是由外至内。再者,阳明之格物,是正心、诚意之方,强调心上做工夫,以此来为善去恶,即其所致之知不离道德上善的追求,而朱子则更强调在外物上穷理,则其所致之知更偏向经验世界,亦即更为客观。

继康成"来事"说、朱子"穷理"说、阳明"正心"说之后,清代颜习斋将"格"置于彻底的形而下之地:

> 按"格物"之"格",王门训"正",朱门训"至",汉儒训"来",似皆未稳。窃闻未窥圣人之行者,宜证之圣人之言;未解圣人之言者,宜证诸圣人之行。但观圣门如何用功,便定格物之训矣。元谓当如史书"手格猛兽"之"格"、"手格杀之"之"格",乃犯手捶打搓弄之义,即孔门六艺之教是也。②

习斋之学向有经世实学之称,其以六艺之教解"格物"之意亦从此出。此说之出亦可窥见清代以来反宋回汉之潮流。

以上诸解,虽难尽"格物"疏解之全貌,亦足以窥其一端。暂不论诸家之说何者更近于"格物"之本义,但就其思维方式大体而言,汉唐之说常以吉凶之感格立劝善之论,宋以后则颇有"祛魅"(Disenchantment)之势。而就朱、王之分来看,朱子所致之知指向了更为客观的经验世界,而阳明一系则更为关注主观内在的良知,此亦几成学界共识,毋庸赘言。

导心,则其成德之教固应是他律道德,亦是渐磨渐习之渐教,而在格物过程中无论是在把握'超越之理'方面或是在经验知识之取得方面,一是皆成'成德之教'之本质的工夫,皆成他律道德之渐教之决定的因素,而实则经验知识本是助缘者。"《牟宗三先生全集》第5册《心体与性体》(一),联经出版事业有限公司,2003,第54页。

① 高瀬武次郎『王陽明詳傳』文明堂、1904、352頁。
② 《颜元集》上册,王星贤、张芥尘、郭征点校,中华书局,1987,第491页。

以格致之纠纷为切入口，折射出的是包括《大学》在内的"四书学"的成形。梁启超以为《大学》《中庸》的升格与"道学"之精神密切相关：

> 道学派别，虽然不少，但有一共同之点，是想把儒家言建设在形而上学——即玄学的基础之上。原来儒家开宗的孔子不大喜欢说什么"性与天道"，只是想从日用行为极平实处陶养成理想的人格。但到了佛法输入以后，一半由儒家的自卫，一半由时代人心的要求，总觉得把孔门学说找补些玄学的作料才能满足。于是从"七十子后学者所记"的《礼记》里头抬出《大学》、《中庸》两篇出来，再加上含有神秘性的《易经》作为根据，来和印度思想对抗。"道学"最主要的精神，实在于此。所以在"道学"总旗帜底下，虽然有吕伯恭、朱晦庵、陈龙川各派，不专以谈玄为主，然而大势所趋，总是倾向到明心见性一路，结果自然要像陆子静、王阳明的讲法，才能彻底的成一片段。所以到明的中叶，姚江（王阳明）学派，奄袭全国，和佛门的禅宗，混为一家。这是距今三百五六十年前学术界的形势。①

在梁启超看来，"道学"最重要的精神即在建设儒家之形而上学从而与印度思想即佛教相对抗，因为"道学"之流即便学派众多，总不出"明心见性"的旨归。道学作为一种开启了有别于先秦与汉唐的新儒学，其受佛教、道教多方面的影响几成当下学界的共识。在儒释道三教的对抗与交融之中，《大学》《中庸》等文本被选为需要重新诠释的经典，其中包括"格物""致知"在内的众多词语也成为宋明儒者立论的核心依据，这一景况确实可以视为道学与禅宗交织下的副产品之一。除了与佛教、道教对抗的"外因"，从儒学自身的发展来看，古礼在实践上的困难也呼唤

---

① 梁启超：《中国近三百年学术史》（新校本），夏晓虹、陆胤校，商务印书馆，2011，第3页。

新儒学的产生,对此陈壁生评述道:

> 经书中的礼乐制度都无法真正落实于现实生活中,理学家转而追求更高的意义,即在经书的基础上,追求"道"。从二程到朱熹,发现了一个新的经学系统,即将《礼记》中的《大学》与《中庸》抽出来,与《论语》《孟子》相结合,重新构建起一个新的经学体系,展现了从凡人到圣人的学习过程,希望通过学为圣人,以圣人之心为心,去损益旧礼乐,以成新礼乐。当五经之学转化为四书之学,宋明儒家完成了经学范式的根本性转换,宋明理学家所讨论的对象,从"礼"转化为"理",从礼乐制度转化为心性良知,从国家政制人生仪轨转化为理气心性。①

虽然《大学》《中庸》在理学之前早已存在,但将其作为新的诠释文本,使其成为足以与五经颉颃之经典,却应当归功于宋明儒者尤其是朱子。传统上讲"作者之谓圣",反过来说,只有圣人才会制礼作乐,但是在这一阶段,随着"学以至圣"成为读书人的目标,继司马光《书仪》之后,朱子完成了士庶通用的《家礼》。对于《家礼》在东亚历史上的意义,吾妻重二给予了颇为恰切的评价:

> 正如"圣人可学而至"的口号所示,朱子学不是依据家庭和阶级等"出身"而是依据"学问"向人们展示发展潜能。同理,朱熹在仪礼方面也构思出能为任何人所实行的仪礼书。针对此前庶人不是仪礼之对象的这种观点,《家礼》中明确指出庶人也可成为仪礼的对象。即便将这种情况称为"仪礼的开放"亦不为过。《家礼》之在东亚得以广泛普及,可说正是由于此种"任何人都可实行"的开放性

---

① 陈壁生:《从"五经之学"到"四书之学"》,成中英、梁涛主编《极高明而道中庸:四书的思想世界》,中国社会科学出版社,2016,第37页。

特点的缘故。①

　　相较于经典中的礼，朱子的《家礼》在实践上无疑有着更为广泛的适用性，也确实促进了儒学在东亚的传播。不过，《家礼》的出现本身即意味着对古礼的修订，而这种修订本身也意味着对古礼的不满甚至在某种程度上的否定。相较于此，或许更为重要的问题在于，以程朱陆王为代表的宋明理学家在与佛教的论争中，虽然展现出了古典儒学较为缺失的形而上学世界，然迄明清之际，道学中实有暗流涌动，与后之考据诸学遥相呼应，黄梨洲、王船山、顾亭林等即卓然生于其中。不过，"格物"之讼迄明清之际渐出裂变，除了这些赫赫有名的所谓"启蒙"思想家外，此变化在朝鲜时期和江户日本的儒学之中亦有鲜明的体现。历来研究"格物"之学者，多留心于《大学》升格之过程，② 向少关注质疑"格物"以至《大学》经典地位之论，而这些言论对于理解东亚儒学格局的变迁殊为关键。故本文聚焦陈确（1604~1677，号乾初）、尹鑴（1617~1680，号白湖）、伊藤仁斋（1627~1705）所论"格物致知"，以期通过描述格致之说在他们思想中的浮沉之象，勾勒出东亚"返礼学"思潮的发展及其演变。

一　乾初：《大学》非圣经

　　对于顾、黄、王等变革期的代表儒者，前辈学者多有述之，而于"畸儒"之陈乾初，则未见详述。然乾初所著《大学辨》细论《大学》非"圣经"之由，实为后来《大学》复归《礼记》思潮之端绪，与其约略同时，朝鲜之尹白湖著《古本大学别录》，江户之伊藤仁斋著《大学非

---

① 吾妻重二著，吴震编《朱熹〈家礼〉实证研究——附宋版〈家礼〉校勘本》，吴震、郭海良等译，华东师范大学出版社，2012，第12页。
② "四书学"研究的兴起，正可见学界对此问题的关注，相关研究已有不少优秀成果，代表性研究可参看成中英、梁涛主编《极高明而道中庸：四书的思想世界》；许家星《经学与义理：朱子四书学研究》，中国社会科学出版社，2021。

孔氏之遗书辨》，二者皆对"四书"所确立的《大学》之经典地位有所动摇。如此现象或非偶然，当仔细考察，先论乾初之辨《大学》。

乾初年四十始受业于刘蕺山。其师绝食殉国后，遂弃经生业而归隐乡里。因著书久藏于家，故其说长期湮没而不为人知。同门黄梨洲以为："其学无所依傍，无所瞻顾，凡不合于心者，虽先儒已有成说，亦不肯随声附和，遂多惊世骇俗之论。"① 钱宾四先生在论梨洲思想之后，将乾初"附"于其后，以梨洲对乾初辨《大学》前后态度之转变展现梨洲思想的变迁：

> 梨洲晚年，于其往昔牢执坚守之见解，为理学传统所必争者，已渐放弃。其于乾初论学宗旨，倾倒之情，亦与年俱进也。然《大学》乃宋明六百年理学家发论依据之中心。梨洲以正学传统自负，至此乃不免谓"更改与废置相去亦不甚远"，此见学术思想走到尽头处，不得不变，尽有豪杰大力，亦无如何。乾初说经卓卓，固为开风气之先，而梨洲之虚心善变，其思想上之逐层转换，逐层迁移，正足以说明理学将坠未坠时对于学者心理上所生一种最深刻精微之变化。②

乾初所挑战的，正是居于"宋明六百年理学家法论依据之中心"的《大学》，因此其发论之初，时人多讥的情况并不难想见，其中包括以续正统为己志的梨洲。梨洲对乾初的态度虽前后有变，但始终认为乾初"其于圣学，已见头脑。故深中诸儒之病者有之；或主张太过，不善会诸儒之意者亦有之"。③ 乾初之坚决主张者大体有二，一为黜葬师，一为非《大学》：

---

① 黄宗羲：《陈乾初先生墓志铭》，《陈确集》下册，中华书局，1979，第3页。
② 钱穆：《中国近三百年学术史》（一），《钱宾四先生全集》第16册，联经出版事业有限公司，1998，第60页。
③ 黄宗羲：《陈乾初先生墓志铭》，《陈确集》下册，第7页。

> 弟近有论葬诸书，并《大学非圣经辨》一篇，欲亟梓之，以告吾党，以俟将来。一欲黜地师，复族葬，以救一时痴愚狂惑之俗；一欲黜《大学》，还《戴记》，以息宋以来五百余年学人支离附会、纷纭争辨之端；而颇为时辈所嗤。①

乾初明确表示，其著《大学非圣经辨》的目的是"黜《大学》，还《戴记》"。换言之，乾初此举以还原《大学》为手段，意在摧毁"四书"之序列，主张让《大学》回归《礼记》，实际上是要以五经取代"四书"的经典地位。为此，乾初以朱子的章句为底本详论了《大学》非"圣经"之缘由，其开篇曰：

> 陈确氏曰：《大学》首章，非圣经也。其传十章，非贤传也。程子曰"《大学》，孔氏之遗书"，而未始质言孔子。朱子则曰："右经一章，盖夫子之意，而曾子述之；其传十章，则曾子之意，而门人记之也。"古书"盖"字，皆作疑词。朱子对或人之问，亦云"无他左验"，且意其或出于古昔先民之言也，故疑之而不敢质，以自释"盖"字之义。程、朱之说如此，而后人直奉为圣经，固已渐倍于程、朱矣。虽然，则程、朱之于《大学》，恐亦有惑焉而未之察也。《大学》，其言似圣而其旨实窜于禅，其词游而无根，其趋罔而终困，支离虚诞，此游、夏之徒所不道，决非秦以前儒者所作可知。苟终信为孔、曾之书，则诬往圣，误来学，其害有莫可终穷者，若之何无辨！②

乾初拿程子之"氏"字以及朱子之"盖"字做文章，认为既然程子并未明确《大学》为孔子之遗书，而朱子在"夫子之意"前特地加上了表示推测的"盖"，那么《大学》就并非名正言顺的"圣经"。从乾初的修辞

---

① 《答萧山来成夫书》，《陈确集》下册，第612页。
② 《大学辨》，《陈确集》下册，第552页。

来看，他虽然认为《大学》非圣经贤传，但并没有直接抨击程朱的意思，他真正否定的是《大学》之"窜于禅"，即其中"无根""虚诞"等倾向。试举数例乾初之批判。

（1）批判"大学"：乾初以孔子"下学而上达"为依据，认为"学"无大小之分，所谓"大学"，当读为"太"。

（2）批判"至善"："君子之于学也，终身焉而已。则其于知也，亦终身焉而已。故今日有今日之至善，明日又有明日之至善，非吾能素知之也，又非可以一概而知也，又非吾之聪明知识可以臆而尽之也。"① 乾初在这里明确提出了"终身学习"的理念，这一点值得大书特书。其将"至善"具体到每天，就把原本形而上的"至善"落实在了今日、明日之内。既然"学"无止境，需要终身求"知"，那么不难想见乾初对于"知止"的否定："夫学，何尽之有！"②

（3）批判"诚意"：乾初以为既言"正心"，当不必再言"诚意"，而且《中庸》讲"诚身"而非"诚意"，这是说如果诚只在"意"，则是不诚。

（4）批判"格物致知"：乾初解"正心"之"正"为"敬"，认为心若"敬"，则"致知而无不致，格物而无不格"。③ 乾初坚守乃师之见，认为"主敬之外，更无穷理"，如此则"正心"当居于格致之先。乾初以罗盘为喻，认为"正心"如同指南之"针"，格致则像辨别方向之"盘"，如果指南针摇摆不定，那么方向盘再怎么精确也无济于事。再者，乾初以为"盖《大学》言知不言行，必为禅学无疑。虽曰亲民、曰齐、治、平，若且内外交修者，并是装排不根之言。其精思所注，只在'致知'、'知止'等字，竟是空寂之学"。④ 也就是说，《大学》虽列有八条目之进阶秩序，实则只在强调"致知""知止"，如此则难以到达修齐治平的境地。还有，乾初认为格致应当与学相为始终，"奈何提作一截工

---

① 《大学辨》，《陈确集》下册，第554页。
② 《大学辨》，《陈确集》下册，第554页。
③ 《大学辨》，《陈确集》下册，第556页。
④ 《大学辨》，《陈确集》下册，第557页。

夫，而谓是大学之始事乎？"①

总之，如果《大学》中以"八条目"为序的工夫论可以视为"线性"的思维方式，那么乾初的思维则体现出了一种超越"先后"的"环状"结构："道虽一贯，而理有万殊；教学相长，未有穷尽。学者用功，知行并进。故知无穷，行亦无穷；行无穷，知愈无穷。先后之间，如环无端，故足贵也。"② 正因为理有万殊，所以知行无穷，因此学者才需要不断用功，终身学习，在此语境之下，乾初反对朱子所谓的"一旦豁然"也就不难理解了。

还需注意的是，乾初主张将《大学》回归《礼记》，与阳明提倡古本《大学》之举具有本质的差异，对此乾初已有自觉，且看其论曰：

> 昔阳明子尊信古本《大学》，谓失于过信孔子则有之，非故去朱子之分章而削其传也。其言甚直，确于今日亦云然。吾又以阳明之信古本，去程、朱所见仅一间耳。盖以为《戴记》之杂文，则信古本可也，虽分章而补传，亦无不可也。以为是孔、曾之书，则分章而补传固不可也；信古本，愈不可也。故不争之于其本，而争之于其末，其争殆未可息矣。③

乾初以阳明尊信古本《大学》为例，认为阳明虽然削去朱子之分章，但其尊信《大学》的态度则与程朱无大差异。如果真正认识到《大学》不过是《礼记》中之"杂文"，那么无论是选择古本还是分章补传皆无不可，程、朱、阳明都把《大学》视为孔、曾之书，这才是根本问题所在。由此而论，乾初已经跳脱出了以程朱陆王为代表的传统理学境地，他想要做的并非对《大学》中具体词语的疏解进行小修小补，而是要取消《大学》的"圣经"地位，使其回复到《礼记》之"杂文"的位置，而这与

---

① 《答格致诚正问》，《陈确集》下册，第560页。
② 《答格致诚正问》，《陈确集》下册，第560页。
③ 《辨迹补》，《陈确集》下册，第564页。

之后清代学术转向具有重要的联系。以往学者往往留心于《大学》《中庸》等文本的升格过程，却疏于对其重返《礼记》的意义进行考察，石立善对此问题进行了较为详细的考察之后，对此现象做了正反两面的评价，值得玩味：

> 《大学》《中庸》重返《礼记》的运动，产生于古学兴起的雍正、乾隆时代，回归原典，尊经崇古是当时的潮流。《大学》《中庸》重新返回《礼记》之中，积极的意义是恢复了《礼记》的文本完整性，丰富了礼学研究的内涵，而消极的意义呢？……《大学》《中庸》重返《礼记》，与其他四十七篇降为一个等级，直接地削弱了《大学》《中庸》的权威性与特殊性，导致两者所具有的理学色彩的全面消退，经典地位大幅下降，有关两者的研究也被经学化、礼学化了。《大学》《中庸》重归《礼记》，可谓清代学术转向的重要标志，是汉学家对于程朱理学的一个反动。①

石立善将《大学》《中庸》重返《礼记》视为一种应该引起学者足够重视的运动或者潮流，并将其作为清代学术转向的重要标志，应该说这一判断是极具洞见的。不过，这一运动的消极意义不止削弱《大学》《中庸》的权威性。如果考虑到此时的朱子学已经完全官学化，那么挑战朱子学所确立起的"四书"地位，其影响就不应只局限在研究的领域。而且，这一运动并非只发生在中国，与乾初几乎同时的朝鲜性理学家尹白湖以及江户儒者伊藤仁斋都对《大学》提出了质疑，这就提醒我们如果要更为清楚地挖掘这一现象背后的深意，还需将视野扩展至东亚。以下即以"格物致知"为着眼点，分论白湖及仁斋之观点。

---

① 石立善：《〈大学〉〈中庸〉重返〈礼记〉的历程及其经典地位的下降》，成中英、梁涛主编《极高明而道中庸：四书的思想世界》，第163页。

二 白湖：“格物”与“诚意”

白湖在韩国儒学史上最为人所熟知的是"斯文乱贼"的标签，而这一讥讽出自其论敌宋时烈（1607~1689，号尤庵）。实际上，尤庵曾与白湖交好，据尤庵自述："臣与鑴戚属不远，且喜其有志于儒学。始甚亲爱，动辄相随，而又称道于师友间。"① 就二人的交往来看，尤庵不仅多次亲往公州拜会白湖，还举荐白湖担任公职，虽然白湖并未赴任，但足见尤庵对白湖其人其学的肯定。那么尤庵为何转变了对白湖的态度？

> 鑴果渐肆其诐淫，乃至诬悖于朱子，无所忌惮。既以朱子注说为不是，必以己见易之。至于《中庸》，则扫去章句，而自为新注，以授其徒。又其末终，则著说自拟于孔子，而以冉求处朱子。其始终悖谬，至于如此矣。夫朱子之道，如日中天，虽鑴万千辈，何足以一毫氛翳哉！然其为世道之害则甚矣。上自大臣，下至韦布，无不风靡，以为其学胜于朱子。传录其书，转相诳诱。其一时所谓高明者，尤中其毒。②

从以上引文可以看出，尤庵与白湖的根本分歧在于对朱子注说的态度。尤庵以为朱子之道"如日中天"，相比之下，白湖之说不过是一家之言，根本无法与朱子学说相论衡，然而问题在于，白湖之书风靡一时，大臣布衣皆习其说，即所谓高明者，亦受其蛊。不难想见，尤庵担心如果任凭这样的形势发展下去，必致朱子学之权威扫地，因此他对白湖之学展开了猛烈的攻击，认为"鑴是斯文之乱臣贼子"。③ 但问题在于，朱子学已是朝鲜的官学，而且正如郑寒冈在凭吊白湖时所言，白湖平生"言必关

---

① 宋时烈：《论大义仍陈尹拯事疏》，《宋子大全》卷一九，한국고전번역원，1901，第455页。
② 宋时烈：《论大义仍陈尹拯事疏》，《宋子大全》卷一九，第455页。
③ 宋时烈：《论大义仍陈尹拯事疏》，《宋子大全》卷一九，第455页。

闻，尤勤于礼"，① 由此看来，白湖似乎并非刻意对程朱理学展开攻讦，那么其对朱子之注究竟采取了何种态度？

白湖改朱子之注较为集中地体现在《大学》《中庸》之中，而这正是朱子整合"四书"最为关键的文本。朱子以经、传分《大学》并为其作补传，而待"四书"成为科举的标的之后，《大学章句》亦取代了古本《大学》成为"新经"。白湖之时，"四书"早已为朝鲜士人所接受并推崇，但白湖力排众议，不断表明自己主张回归古本《大学》的立场：

> 仲尼没而微言绝，七十子丧而大义乖，《大学》之书，杂于传记中，自古儒者犹不知圣人心法之在是，且千有余年矣。至宋洛闽诸君子，乃始表章是书，正缺误，发微义，以示学者，使圣人之心法，复明于天下，其功可谓盛矣。然其文字简编之序有同异，因革之不一，自先儒而有之，有伯程子之改定焉，有叔程子之改定焉，又朱子之改定焉。朱子以后，又有王鲁斋、董丞相、方正学诸贤及我朝儒先之不一其见焉。圣人传道之书，固不厌熟讲而公议，与千岁共之也。今窃以古本，分经传，考传义，则其反复抑扬之际，焯有微意弘旨，而不可泯没焉。其言似疏而实密，其序似乱而实整，其所不言者，乃所以深言之也，恐不可遽有所移易损益，以失前人传受之意也。②

在白湖看来，程朱表章《大学》，使得圣人相传之心法明于天下，自是有功于圣学，然包括程朱在内的诸贤在改订《大学》之序的同时，也有失去圣人在授受之际所蕴含深意的危险，因此白湖主张回归古本《大学》：

> 《大学》古本，见于《小戴记》，至宋伊洛诸君子，始表章之，谓是前圣遗书，仲尼曾子所诵而传之者，仍就其中讨论之。次其章

---

① 尹鑴：《附录二·行状》，《白湖全书》附录，大邱广域：庆北大学校出版部，1974，第1884页。
② 尹鑴：《读书记·大学全篇大旨按说》，《白湖全书》卷三七，第1524页。

句,补其阙误,而后是书之行天下,家传而人诵之,与六经并。然孔子称史之有阙文也,《春秋》之义,疑以传疑,信以传信,圣人之道存,且如前人恨不读不修《春秋》,以考夫子笔削之旨,则是篇者,非有古文前编,亦何以窥先儒讨论序第之意哉?今故第录因旧本如左,以视学者。略又依文句释,附注一二余义,以存古昔述异闻,使览者得考焉。①

以上引文暗含了一个非常重要的学术背景,即程朱表章《大学》,带来的直接影响是《大学》升格到"与六经并"的地位。白湖对此提出了有力的论据:在没有"古文前编"的境况之下,从理论上是不可能论定先儒讨论之序的。换言之,程朱考订《大学》之序补其阙疑,是在没有文献依据的前提之下做出的自我判断,这在根本上违背了孔子"存疑"的精神,而在此基础上完成的《大学章句》,又如何能具有如"六经"一般的权威性?

除了改订《大学》之序,朱子尝补"格物致知"传,这对于洞悉朱子之思维方式颇有帮助,但反过来思考,这也可以视为朱子对古本《大学》最为重大的改动。白湖对此展开了较为绵密的攻讦。

首先,从文体而言,白湖认为"经文格物以下,凡八条,而传之所释者,仅五条。盖传之无传者,非徒格物致知也,平天下之事,亦在不言也。是则《大学》首尾皆无传,古今说者,独以格致传为缺逸,岂未之详也"。② 也就是说,按照朱子补"格物致知"传的逻辑,那么"平天下"也应该做补传。反之,既然朱子并未对"平天下"做补传,那么补"格物致知"也并不能从朱子经传分离的逻辑中得到理解。

其次,从教学的角度而言,白湖认为:"言之为教不若不言之为教深也。传者之意正欲学者于此深求而自得之,以自蹈乎感通之域,其意固跃如也,不言而已传也。况就经文四字之义而求之,亦有可以得为学之大方

---

① 尹鑴:《读书记·大学古本别录》,《白湖全书》卷三七,第1501页。
② 尹鑴:《读书记·大学古本别录》,《白湖全书》卷三七,第1513页。

者。"① 换言之，在白湖看来，"言教"不如"身教"深刻，正因为传者主张"格物"需要身体力行才能达到感通之境，因此虽不言而意已传，故补传实非必要。

更进一步，从为学的角度而言，白湖认为"格物致知"四字蕴含着"为学之大方"，具体而言可分为两种："盖格物之道有二，一则欲收放操存齐庄静一而使本原昭旷，而物来知知（笔者按：当为'知至'）；一则欲审问精思研几极深，使真积力久，而入于神化，此皆物理感通之道也。然则是二者，实穷理明善之大方也。"② 白湖虽然明确否定程朱以"格"为"至"，指出"训格为至到，恐不若训为感通之功切而意圆也"，③ 然而从其所分格物的两种路径来看，"收放操存齐庄静一"与程朱所讲"居敬存养"具有内在的一致性，"真积力久，而入于神化"更与朱子补传所言"用力之久，而一旦豁然贯通"毫无龃龉。由此引出的问题是，白湖是否真的在反对以朱子为代表的性理学？

答案应该是否定的。实际上，白湖不仅对《大学》章句进行了考订，还对《孝经》进行了考异，据其自述，此书以孔壁古文《孝经》为底本，通过今文《孝经》补缺字，而"其章句刊误，则本紫阳朱夫子所定"。④ 也就是说，白湖考订《孝经》之刊误是以朱子所定为依据，这当然是对朱子之学在某种程度上的肯定。虽然白湖主张回归古本《大学》，但是并未彻底否定《大学》的经典性，《大学》的地位约略与《孝经》相当：

> 或曰："《孝经》非曾氏之书，后人托焉尔。"曰："否。盖孔子、曾子问答之言，而曾氏门人之所记也。尧舜之道，孝弟而已。吾夫子乐道尧舜之道，而曾氏之徒述而传之如此，与《大学》一矩也。《大学》本诸心而措之天下，此篇则因乎孝而放诸四海。"⑤

---

① 尹鑴：《读书记·大学全篇大旨按说》，《白湖全书》卷三七，第 1518~1519 页。
② 尹鑴：《读书记·大学全篇大旨按说》，《白湖全书》卷三七，第 1517 页。
③ 尹鑴：《读书记·大学全篇大旨按说》，《白湖全书》卷三七，第 1518 页。
④ 尹鑴：《读书记·孝经章句考异终》，《白湖全书》卷三八，1550 页。
⑤ 尹鑴：《读书记·孝经章句考异终》，《白湖全书》卷三八，第 1550~1551 页。

在以上引文中，白湖将"孝弟"视为尧舜即圣人之道，明确肯定了《大学》与《孝经》的经典性地位，那么白湖与朱子所注之"格物致知"根本的分歧在何处？白湖以为"《大学》本诸心"，这种对"心"的重视似乎体现出白湖受象山心学一脉影响的痕迹。事实上，关于白湖对《大学》的理解，主要有朱子学、阳明学以及古学三种立场，尤以前两种居多。① 前人多从义理进行分析，然而程朱之"理"、象山阳明之"心"在白湖的文字中皆有落脚处，因此单就朱子学或阳明学的立场进行分析必然难理其要。除此之外，李映昊指出白湖因为接纳了阳明学，故而对朱子学并没有采取绝对尊信的立场，也因此才会被尊崇朱子学的尤庵贬为"斯文乱贼"。② 这一观点虽然显示出了白湖思想中所具有的融会朱陆之处，然而并未摆脱"脱朱子学"的理论预设。更进一步，徐根植指出白湖对《大学》的解释实际上是超越朱子学、阳明学立场之外的"第三条路"，即"古学"的道路。③ 虽然此文侧重于梳理白湖对星湖学派的影响因此并未对所谓的"古学"进行系统的分析，但是这一方向却值得我们继续推进。从"古学"的立场出发再来仔细琢磨白湖对"格物"的批注：

> 博学、审问、慎思、明辨右格致之方，作圣之事，学以聚之，问以通之，思以绎之，辨以断之，加之以专笃之力悠久之功，然后理可通而心可尽矣。其当务之急者，若威仪心术之则，人伦王政之懿，圣贤学问之术，古今治乱之迹，贤邪义利之别，是非吉凶之分是也。经曰："致知在格物。"格者，诚至而通也；物者，明德新民之事也。④

---

① 关于白湖思想的先行研究整理，可参考柳素英「白湖尹鑴의『大學』해석의실천지향적성격연구-격물치지설을중심으로-」，高麗大學校大學院哲學科碩士學位論文，2010；서근식「백호(白湖) 윤휴(尹鑴)『대학(大學)』해석의신연구」『율곡학연구』제 41 집，율곡학회，2020．
② 이영호「『讀書記・大學』을통해본 白湖 尹鑴의 經學思想」『한국한문학연구』제 25 집，한국한문학회，2000，234~235 면．
③ 서근식「백호(白湖) 윤휴(尹鑴)『대학(大學)』해석의신연구」『율곡학연구』제 41 집，율곡학회，2020，193~219 면．
④ 尹鑴：《大学后说・格物致知之方》，《白湖全书》卷三七，第 1525 页。

"博学之、审问之、慎思之、明辨之、笃行之"出自《中庸》第二十章，白湖以之为《大学》"格致之方"，借此可以考察白湖以《中庸》解释《大学》的注释特点。首先，这一诠释路径源于其以子思为《大学》《中庸》共同作者的观点："又按《大学》，未著作者，考《汉书》贾逵之言，孔伋穷居于宋，惧家学不明，而先圣之道坠，作《大学》以经之，《中庸》以纬之，此固未知所据，二书实相表里。"① 白湖虽然指出贾逵之言不知所据，但依然坚持《大学》《中庸》二书互为"经纬表里"，因此以《中庸》释《大学》的手法屡见于白湖所注的《大学》之中。再者，白湖以"诚至而通"释"格"，更具体而言：

> 朱子曰："格，至也，穷至事物之理也。"今按"格"，精意感通之谓，从上文学字而来，学问之始，诚敬之力，思辨之功，使物理感通于心，如斋祀之格于神明也，故谓之格。②

白湖以"精意感通"释"格"，不仅否定了朱子所注"穷理"之"至"，③ 也未采用阳明之"正"，而在一定程度上回归了康成以"来"释"格"的"感格"传统，而这才是所谓"古学"的题中之意。正因为白湖以"诚至而通""精意感通"解释"格物"，故白湖之"格物"实与"诚意"具有极为深刻的联系，而这也可以视为白湖否定朱子补传的更为直接的原因。

白湖讲"格"即如"斋祀之格于神明"一样，祭祀在儒学之中是"人"与鬼神感通的一种方式，在祭祀之中，人通过至诚可以感通鬼神："人也者，天地之心鬼神之会也。天地鬼神，其亦若是焉而已。此古之人

---

① 尹鑴：《读书记·大学全篇大旨按说》，《白湖全书》卷三七，第1515页。
② 尹鑴：《读书记·大学古本别录》，《白湖全书》卷三七，第1502页。
③ 关于白湖反对朱子以"至"训"格"的缘由，有学者指出这是由于白湖认识到了如果仅仅将"格"理解为"至"，有可能引起认识主体和对象的二分，即物我二分的弊端，而白湖以"感通"理解"格"，则是继承了《周易》"感而遂通"的思想，而其最终的旨归是要实现天人合一的境界。이기동·함현찬「尹鑴의格物致知理解」『陽明學』제37호，2014，71~107면。

所以通幽明之故，知鬼神之情状者也。"① 白湖将"人"视为天地之心的载体，因此在"人"之上有着更为高位的存在——"天"。

"天"处于白湖思维逻辑的制高点，这从白湖所论为学之道中亦可以看出："学盖有四事焉，求道者宜识之，一曰畏天，二曰亲民，三曰尚志，四曰取善。古人以天地为父母而钦敬生焉，视四海犹一家而仁爱行焉，谓圣人与我同类而懋进道之勇焉，知天下之义理无穷而恢受善之量焉。"② 白湖主张对"天"存有敬畏之心，这种对"天"绝对权威的认可亦是促成他能对朱子学持有怀疑眼光的重要原因，对此三浦国雄颇有洞见："所谓不将朱子绝对视之，并不意味着（白湖）是反朱子学者或怀疑主义者，而是因为有着对于朱子之上位的权威的确信。私见以为，此即谓'天'。对于归依'天'之绝对权威的尹鑴，朱子不过是相对的存在。"③白湖思想中的"天"具有超越性，对此似无疑议，但有学者据此认为这种"天"已经不是程朱性理学中的哲学之"天"，而是带有宗教意义的"天"，并进一步推论出白湖的思想具有"脱性理学"的特征。④ 然而实际上，"天"的绝对权威会通过人的"敬"或者"畏"得到展现，这种"敬天""畏天"的情绪不仅发生于祭祀之"礼"中，还会辐射到"礼"的全部。可以说在白湖的思想体系中，形而上之"天"所占有的位格需要通过形而下之"礼"才能贯彻，而这才是所谓回归"古学"的本质，即复"礼"。

> 礼者，所以正天叙、立人纪、严君臣、亲父子、等上下、明是非，以之观善恶、考吉凶、省祸福、察盛衰存亡之故者也。其事则微，其义则著，其几则细，其究则巨，其渐也不足辨，其积也不可

---

① 尹鑴：《庚辰日录》，《白湖全书》卷三三，第1346页。
② 尹鑴：《辛巳孟冬书》，《白湖全书》卷三三，第1367页。
③ 三浦国雄「十七世紀朝鮮における正統と異端—宋時烈と尹鑴—」『朝鮮學報』第102辑、1982、230면。
④ 尹丝淳：《韩国儒学史——韩国儒学的特殊性》，邢丽菊、唐艳译，人民出版社，2017，第233页。

御。苟于是而失之，则人纪不立，天叙不行，在家则悖，在国则乱，殆不可苟为而已也。①

我们可以通过以上引文了解"礼"在白湖思想中的地位：天地之叙、人伦之纪、君臣父子之纲常、是非善恶之观、吉凶祸福之省、盛衰存亡之察皆可由"礼"而至。为了防止国家悖乱之事的发生，必须以"礼"治国，因此白湖不仅对庙制、冠礼、婚礼、祭礼等具体礼制进行了详细的考察，而且亲自制定了"乡约条目"，其中最为重要的是："孝父母、亲兄弟、正夫妇、别男女、逊长老、顺公上、睦族亲、和邻里、敬祭祀、笃死丧、吉庆相顾、患难相救、有无相资、本业相务。"② 白湖主张礼教，就其礼教思想的特点而言，金贤寿已经指出："尹鑴的礼教思想具有对三代之制及古制的指向性，他试图通过考证古代经典，将德制度化。"③ 就此而言，白湖的性理学思想已经超出了性理学的格局，在某种意义上甚至可以说呈现出了宋学步入"汉学"的征兆，而这也预示了儒学自身新的发展动向。

通过以上论述再来反思以往对白湖思想的评价，无论是"斯文乱贼"还是"脱性理学"均不能公允地展现其思想倾向：白湖从尊古礼的角度所展开的对朱子之注的修正，表面上是"脱性理学"的"反理学"，然而其最终的指向是"返礼学"。当然，白湖之所以能跳出传统宋明理学的架构，不仅源于其深厚的经学修养，更需要关注在西学东渐的背景下白湖视野的扩展："西洋之学，其大者有五科，一道科，二治科，三理科，四医科，五文科……以日月之所行而言，盖南北曰经，东西曰纬，日月之道升降于黄道之南北，而寒暑移焉四时成焉，所谓经天也。又出入于地面之东西，而昼夜分焉万物化焉，所谓纬地也。圣人参赞表里于天道，以之遂裁

---

① 尹鑴：《七十老而传说》，《白湖全书》卷二六，第1070页。
② 尹鑴：《乡约条目》，《白湖全书》卷三一，第1301页。
③ 金賢壽『17世紀 朝鮮의 禮教思想研究—宋時烈·尹鑴·朴世采를중심으로』，成均館大學校大學院東洋哲學科博士學位論文，2006，194면。

成辅相之业者亦犹是也。"① 由此看来，白湖不仅对西学有所关注，而且还试图找到西学与儒学之间的契合处，虽然其学问对之后学派的影响还需继续深入研究，但其开放的学问态度与实证的研究方法足以成为后世儒者的典范。

三 仁斋：《大学》非孔氏遗书

伊藤仁斋是日本江户时期古义学的开创者。仁斋著《大学非孔氏之遗书辨》，公开质疑《大学》的经典地位。然而自1685年完成《大学定本》的初稿之后，在去世之前的约二十年中，仁斋也如对待其他"三书"一样，对其进行了反复补订。对此若尾政希提出疑问："为什么仁斋会对自己所否定的书倾注如此大的心力？"② 我们或许可以从仁斋对"格物致知"的认识变化中找出些许端倪。

虽然仁斋对《大学》的认识主要体现在《大学定本》③ 一书中，然而早在《大学定本》之前，仁斋就曾撰《格物训义》（年代不详）专门对"格物致知"之义进行了阐释：

> 按：格，至也，正也。物，谓身之所处，事也。言欲致其知者，在于自知物之本末，而能先后之也。若自明本末之理，而能先后之，则真知自至，而事无不修矣。其谓"知所先后则近道矣"者，乃言知所先后，而能先后之，则近道也。犹孟子所谓"知皆扩而充之"

---

① 尹鑴：《辛巳孟冬书》，《白湖全书》卷三三，第1367页。
② 若尾政希「伊藤仁斎——非経書としての『大學』解釈」源了圓編『江戸の儒学——「大學」の受容の歴史』思文閣、1988、92頁。
③ 关于《大学定本》的版本，在天理大学附属天理图书馆古义堂文库中，有朱、朱、黑、青四次补订的《大学定本》为现存最古稿本（称"修改本"），还有用青、朱、黑三次补订的元禄十六年（1703）七月的校本（即"林本"）。另有伊藤东涯所补订出版的正德四年（1714）的"刊本"。关于仁斋文稿的版本研究，可参看石田一良『伊藤仁斎』吉川弘文館、2009；三宅正彦『京都町衆伊藤仁斎の思想形成』思文閣、1987；子安宣邦『伊藤仁斎』東京大学出版会、1982。

之"知"字。①

仁斋认为"格物"就是"先本后末",②他将"格"训为"至"和"正",似在有意折中朱王二注：

> 按：格字，先儒有单以"至"字训者，有单以"正"字训者。以"至"字训者，必谓穷至天地万物之理，以"正"字训者，必谓去其不正以归于正。若以"至"字训者，固知于致知诚意之间，功夫效验，不相接续，而非所以修己治人之先务。以"正"字训者，虽于致知诚意之间，功夫效验，自相接续，而有不明物则，而冥行妄作，以末为本之弊，皆非《大学》之原旨矣。观《大学》既不曰致知在至物，亦不曰致知在正物，而必曰致知在格物，则固知非一义之所能尽也。③

仁斋认为，朱子虽然强调穷天地万物之理，但是在致知和诚意之间，并不能"自相接续"，而阳明之说虽能将工夫与效验接续，却不能明事物之则，因此朱子之"至"及阳明之"正"皆不足以训"格"，只有将二者结合，方能集工夫与物则于一体。由此看来，此时的仁斋仍在朱王的注释中寻找解释经典的路径，尚未跳脱摇摆于朱、王之间的格局。④

---

① 伊藤仁斎「格物訓義」三宅正彦編集・解説『近世儒家文集集成第一卷 古学先生詩文集』ぺりかん社、1985、118~119頁。
② 伊藤仁斎「格物訓義」三宅正彦編集・解説『近世儒家文集集成第一卷 古学先生詩文集』119頁。
③ 伊藤仁斎「格物訓義」三宅正彦編集・解説『近世儒家文集集成第一卷 古学先生詩文集』119頁。
④ 若尾政希认为仁斋此时并未否定《大学》的经典性，其判断《格物训义》创作时间当在万治元年（1658）到宽文初年（1661）。（若尾政希「伊藤仁斎——非経書としての『大學』解釈」源了圓編『江戸の儒学——「大學」の受容の歴史』100頁）相良亨进一步指出，仁斋在写作《格物训义》之时摇摆于朱、王之间，据此可以大致判断《格物训义》的创作时间应该在宽文初年。（相良亨『伊藤仁斎』ぺりかん社、1998、26頁）

在同志会设立（宽文元年，1661）之前，仁斋的思想曾经历从专心伊洛之学到摇摆于朱、王之学的变化。宽文二年亦即同志会设立翌年，仁斋开始起草《论语古义》、《孟子古义》以及《中庸发挥》，此即所谓"三书"的注释研究。"三书"的出现表明仁斋自身学问体系的形成，而其对《大学》经典地位的质疑，则是仁斋之学非常醒目的标识。所谓"三书"，即是从朱子学的"四书"体系之中将《大学》剥离出来，至于其原因，仁斋曾在宽文八年的《私拟策问》（以下简称《策问》）中，以问答的形式回答了其质疑《大学》非孔门之书的缘由：

> 明德之名，虽屡见《诗》《书》，然《语》《孟》二书，未尝言之，而《大学》取以为纲领首。若《大学》果孔氏之遗书，则《语》《孟》皆当不绝口于此，而今无一语及之，何哉？……而其格物致知之说，先儒以为穷理之事，盖《易》"十翼"，夫子之所作也，而《说卦传》以穷理与尽性至命等相品列之，则实为圣学之极致无疑。而《大学》直以格知为"始教"，何其远近浅深之邈然相悬绝哉？①

在《策问》中，仁斋指出"格物致知"之说的矛盾，为了表述的方便，我们不妨将其逻辑略做整理如下。

> 前提 1：朱子学以"穷理"训"格物"，以为《大学》之"始教"。
>
> 格物＝穷理＝始教
>
> 前提 2：《易·说卦传》出自孔子之手，中有"穷理尽性以至于命"的表述，用来表示圣学之极。
>
> 穷理＝圣学之极致

---

① 伊藤仁斎「私擬策問」三宅正彦編集・解説『近世儒家文集集成第一卷 古学先生詩文集』100~101 頁。

> 结论:《大学》之"格物"浅近而《易·说卦传》之"穷理"深远,二者"邈然相悬绝"。

其实就逻辑而言,仁斋推论之前提并不周延。且不说因为孔子"述而不作",故《说卦传》难说出自孔子之手,单就结论而言,并不一定能推出《大学》非孔门正传之书。仁斋强调的矛盾,其实无论高远或者切近,只是入门之方即工夫论层面的差异。换言之,即便"穷理"是圣门之极,也并不意味着一定不能"始教",因为在程朱,"穷理"既是高远目标,也是切近的下手处:"凡一物上有一理。须是穷致其理。穷理亦多端,或读书讲明义理,或论古今人物,别其是非,或应接事物而处其当,皆穷理也。或问格物须物物格之,还只格一物而万理皆知。曰:怎得便会贯通?若只格一物便通众理,虽颜子亦不敢如此道。须是今日格一件,明日又格一件。积习既多,然后脱然自有贯通处。"① 当然,无论仁斋对程朱之"穷理"理解是否得当,从《策问》的表述来看,其理由还较为单薄而分散。此文末著有明确的写作时间即"宽文八年戊申春三月五日",《策问》当为同志会讨论的产物,虽不甚详尽,但仁斋以《论语》《孟子》质疑《大学》的意图已经非常明显。相较于此,仁斋系统否定《大学》经典性之名文《大学非孔氏之遗书辨》的成书时间并不明了,不过就其体系性和完备性而言,当在《策问》之后。在《大学非孔氏之遗书辨》中,仁斋以所谓"孔孟之血脉"为判断依据,从整体上对"八条目"提出了质疑:"程子以此为古人为学次第,然而愚谓孔孟言为学之条目者固多,未闻以此八事相列若此其密。"② 对以"格物致知"为首的"八条目"的批判,一直持续到仁斋的晚年,《大学定本》即是其思想成熟期之作。仁斋在《大学定本》中对"格物致知"注解如下:

---

① 陈荣捷:《近思录详注集评》,华东师范大学出版社,2007,第105页。
② 伊藤仁斎「大学非孔氏之遺書辨」吉川幸次郎·清水茂等校注『日本思想大系33 伊藤仁斎·伊藤東涯』岩波書店、1971、161頁。

致,推极也。致知,谓推致其心之所知也。格,正也。物,即物有本末之物。格物云者,即先本始而后末终之谓,指诚意等六者,得先后之序而言。言物而不言事者,省文也。按《章句》曰:"使天下之人,皆有以明其明德也。"非也,若如其说,则当曰明天下之明德,而不可曰明明德于天下。可知《章句》之解,非本文之意矣。且"博施于民,而能济众,尧舜其犹病诸",故圣人之于天下,修己以安之,使其仰事俯畜,自由于礼乐教化之中焉耳。四海之广,兆民之众,岂有能使举一世之人,皆全其虚灵不昧之体,而无一毫人欲之私耶?此势之所必不能也。盖其说甚过快,而要之事实,则实不可行也。又解致知格物曰:"物理之极处无不到也,吾心之所知无不尽也。"此于本文,不见所据。愚尝著《格物训义》一篇,后偶检《二程全书》,载明道先生一说,及明王心斋著《格物论》,亦与鄙见合。皆于本文,自有明据。若朱氏所谓穷至事物之理,其说虽不能无一般理,然证之本文,本无所考,盖出其意撰,而非作者之本旨也。夫知者固无不知也,然审其事之本末先后,而必先其本而后其末,务其急而忽其缓,知而无益者,亦不必知之也。故《论语》曰:"知之为知之,不知为不知,是知也。"又曰:"君子于其所不知,盖阙如也。"《孟子》曰:"尧舜之知,而不遍物,急先务也。"圣贤之意,亦可见矣。若朱氏之所谓,是强学者,以尧、舜、孔子之所不能也。谓是乎?非乎?其弊至今,铁锢石确,牢不可解,实斯道之大厄也。①

《大学定本》所注之"格",明显只保留了"正"的含义,可见仁斋此时已然放弃了《格物训义》中强调的"至"的侧面,明确反对朱子的章句。仁斋首先从"事实"出发,认为朱子之说是希望所有人都能"全其虚灵不昧之体,而无一毫人欲之私",这是根本无法实行的。其

---

① 伊藤仁斋「大學定本」關儀一郎編『日本名家四書註釋全書(学庸部 1)』東洋図書刊行会、1923、9~10頁。

次从文献出发,仁斋认为朱子之说"本无所考",应该是出自朱子之"意撰",而非《大学》作者之原意。仁斋最后从实用的角度立论,认为"无益"之知,"不必之知"。仁斋以《论语》《孟子》之言反对《大学章句》之注,这反映出仁斋奉《论语》《孟子》为宗脱离章句之学,完成了对古义学的建构。

再回到若尾政希提出的问题,仁斋既然否定《大学》的经典地位,又为何要在《大学》中花费诸多心力呢?仁斋之子伊藤东涯在《大学定本》的序言中提到:"先人壮岁,敦好宋学。尊信敬服,有逾鬼神。潜究多年,稍疑其不然。专信《语》《孟》二书,以为群经纲领,尝著注解。后依门人之请,为校此书。因郑氏古本,稍移动数节。间附管见,名曰《定本》。"① 东涯讲述了仁斋从早年尊信宋学到后来专信《论语》《孟子》的思想转变,并且提到仁斋的《大学定本》是依门人之请,以古本《大学》为据而作。仁斋在《大学定本》的末尾自叙:

> 右《大学定本》一册,依一门人之请,考定若此。凡改定古书,予素所不喜,何则?史之阙文,古人慎焉。在当时,犹难于定其紊乱。况以千岁之久,竹帛之所传,而有能推其行文意脉,而会不错者邪?然《大学》一书,本多错简,先儒二程、朱氏、明郑瑗、管志道等诸儒,皆有改本,今不暇论。唯朱氏《章句》,列于四书,永为学者楷式。窃以《孝经》本一篇之书耳,朱氏又分经传,与《大学》相比类,或以仙家所传先天四图,为伏羲所作,则予固不能无疑于《章句》。故今原作者之意,为之考定。又举其凿于孔孟之旨,与注家失作者之意者,逐一论议辨驳,纠缪正误,聊附各条之下。其所未详者,学者以意逆之可也。②

仁斋考订《大学》虽然是依门人之请,但是这不过是外因,对于一直不

---

① 伊藤東涯「大學定本序」關儀一郎編『日本名家四書註釋全書(学庸部1)』2頁。
② 伊藤仁斎「大學定本」關儀一郎編『日本名家四書註釋全書(学庸部1)』25頁。

喜欢改订古书的仁斋来说，真正担忧的应该是《大学》被朱子列为"四书"之一后，成为"学者楷式"，甚至"加之于《语》《孟》之上"，① 也就是说，仁斋不能容忍的是将《大学》置于《论语》《孟子》之上。在仁斋看来，《大学》不过出自战国之间熟读《诗》《书》的齐鲁诸儒之手，根本无法与《论语》《孟子》相提并论，但是《大学》位列"四书"入门之首，其地位可以说是与日俱增，故仁斋不得不一方面仔细辨别《大学》不合于孔孟之旨处，另一方面指出包括朱子在内的注家背离《大学》原意之处，通过逐一辩驳，试图纠正谬误。由此看来，仁斋费心注解《大学》并非要推崇其地位，反而意在用"孔孟之血脉"指出《大学》非孔门正统之书以及朱注之谬误，以期跳脱宋学，回归孔孟原旨。

仁斋否定了《大学》的经典地位，这无疑是对"四书学"的一种解构，而且仁斋之学号称"古义学"，其学如其名，凭借复归"古学"确实使其在一定程度上走出了宋学的框架。不过，其以《论语》《孟子》为最高权威，可以说终究没能脱离"四书"的范围。

结　语

在探讨乾初、白湖以及仁斋对朱子"格物致知补传"的批判过程中，发生在17世纪东亚范围内的"返礼学"思潮已然大体呈现出来。

首先，"返礼学"思潮的表征是"反理学"。晚清的皮锡瑞曾指出："宋人不信注疏，驯至疑经；疑经不已，遂至改经、删经、移易经文以就己说，此不可为训者也。"② 从尊经的角度而言，朱子所作"格物致知补传"确属"增经"，对此乾初已经进行了较为犀利的批判。山井涌对明末清初"经世致用"之学中的"用"进行了分疏，将之分为"实践派"、

---

① 伊藤仁斋「大學定本」關儀一郎編『日本名家四書註釋全書（学庸部1）』24頁。
② 皮锡瑞：《经学历史》，周予同注释，中华书局，2012，第189页。

"技术派"与"经学史学派"三类,① 这一区分有助于我们从更为宽广的视野理解明学与清学之间的转换。要言之,梁启超曾归纳清代学术的主流为"厌倦主观的冥想而倾向于客观的考察",② 支流则是"排斥理论,提倡实践",③ 而无论是主流还是支流,都可以被归为以上所论之"用"的层面,而这种"用"即可以视为对宋明道学之"反动"。这种"反动"正可与杨儒宾先生提出的"反理学"的思潮相应:

> 理学可作为近代东亚的代表性思潮,这样的地位是很难撼摇的。但儒学毕竟是个复杂而多元的价值体系,在儒学的共名下存在着各种异质的分流。这些分流代表的异议之声此起彼落,就发生的历史机缘考虑,可谓鲜少共谋,但全程以观,却隐约有些共识,因此不妨视为具有共同核心理念的一种思潮。但这股思潮虽有明显的共同主张,它最大的特色却是对理学的反动,所以笔者称之为反理学的思潮。反理学的思潮基本上以朱子学作为理论诤辩对象,但与东亚另一股重要的反朱之学——阳明学思潮却又嘈杂不同调。这股反理学的思潮之内容、范围、名称,目前学界并没有共识,但大体上其范围笼盖日本的古学、韩国的实学以及中国学界所说的气学。④

杨儒宾先生的研究极具洞察力,实际上乾初、白湖以及仁斋之间很难找出学术的直接交流,然而他们却在几乎同一时段对朱子学进行了非常深刻的反思以至批判。不过,所谓的"反理学"或许只是表面现象,"反理学"背后更为实质的指向是"返礼学",故而本文提出"返礼学"与之相别。当然,这并不是玩弄概念的游戏,"反理学"强调的是对朱子学的反动,这种观察视角虽然注意到了这股思潮时常以批判朱子学叙述自身的主张,

---

① 山井湧『明清思想史の研究』東京大学出版会、1980、242頁。
② 梁启超:《中国近三百年学术史》(新校本),第1页。
③ 梁启超:《中国近三百年学术史》(新校本),第1页。
④ 杨儒宾:《异议的意义:近世东亚的反理学思潮》,台北:台湾大学出版中心,2012,第1页。

却忽略了至少两个重要环节：其一，朱子学的绝对权威虽然受到了质疑，但是其正统性仍旧被批判者所尊崇，就此而言，这股"返礼学"思潮是介于宋学与朴学之间的过渡阶段，如果忽视甚至无视这一史实，则容易将这种批判引向过激的民族主义；其二，以"返礼学"的视角重新考察这股广泛出现在东亚的儒学思潮，还可以重新挖掘在传统理学研究下被掩盖的"四书学"盛行期礼学发展的境况，这对于理解明清之际学术诠释方式的转化或可提供新的路径。总之，从"反理学"到"返礼学"的观察，正可谓从形式到本质的视角切换，而对此思潮的进一步揭示，则有待于累积更多的概念以及人物思想的研究。

其次，"返礼学"的归宿是"四书学"的解体与礼学的复兴。虽然"返礼学"思潮出现的原因、进程以及影响均需进一步探讨，但我们可以先尝试从学术史的角度进行一些初步的分析。

> 唐宋变革以来，中国思想文化领域发生了两个重要变化。其一，经典学术的变化，宋儒诠释的四书体系逐渐上升到核心经典的地位，其在学术、教育方面的重要性已经超过五经；其二，东汉、魏晋以来被士族通过垄断经典解释而占有的文化权力逐渐下移，士绅们在民间社会积极从事文化普及和道德教化，儒家礼教德教被推广到下层民众生活中，新经典的思想、话语通过家训、家范、家规、家谱的形式，逐渐进入到庶民家族。①

从"四书"到"五经"的变化的确可以视为唐宋变革在儒学诠释文本上的反映，然而随着"四书"一起普及的，不唯形而上之"理"学，更有儒家的"礼教"。虽然《大学》《中庸》出自《礼记》，但是它们并不能直接指导百姓日常生活中的冠婚丧祭，因此除了"四书"，包括朱子在内的许多理学家还着手编著了不离日用之"礼"书。这一趋势本身意味着

---

① 朱汉民：《宋代儒家经典与民间教化——从〈四书〉学到家训家规的生成》，《文史哲》2020 年第 4 期，第 80 页。

在以"四书"为主要载体的理学飞速发展的同时,礼学的研究也在逐步推进,只是相较于理学之"显"尚处在较为幽微的境地。不过,随着礼学研究的不断深入,一方面指导百姓人伦日用的礼书不断出现;另一方面随着礼制分歧的显现,回向古礼研究的必要性越发显现,而这也是理学研究走向礼学的内在理路。

燕行与妓戏：朝鲜后期使行途中的妓戏表演与使行的戏剧化

王元周[*]

摘　要　清代，朝鲜赴京使臣从汉阳出发，自瑞兴起沿途各站提供房妓，并设妓乐表演，一直延续到义州，所以两西（黄海道和平安道）沿路各邑蓄官妓较多，妓乐也比较发达。大乐府，也称大三弦，是妓乐中规模比较大的一种表演形式，是戏剧的雏形，所以也称妓戏。妓乐本为迎慰使客而设，所以两西沿路各邑之妓乐表演，也常迎合使行人员的心理和情绪，而妓戏与使行关系更为密切。朝鲜后期比较有名的妓戏，如《剑舞》、《抛球乐》、《项庄舞》和《离船乐》都是两西沿路各邑官妓常为使行人员表演的节目。这些妓戏不仅因使行而兴盛，而且《离船乐》产生于使行，使使行本身成为妓戏表演的内容。妓戏表演所渲染的情绪，以及观者的心理感受，也可反映朝鲜后期社会心理的变化。

关键词　朝鲜　妓戏表演　燕行使

明清时期，使节往来是近代以前中国与朝鲜半岛人员往来的主要形式。因路途遥远，冬冷夏热，水土不服，要经历很多旅途跋涉之劳和体会离乡离国之愁，有人视之为畏途，但使行是近代以前朝鲜人了解外部世界

---

[*] 王元周，北京大学历史学系教授。

的主要渠道。对于熟读中国经史的士大夫来说,使行也是一次难得的文化体验,许多士大夫梦想参加使行。所以,使行对于朝鲜士大夫来说是一种既畏惧又渴望的存在。到了朝鲜后期,经历了"南汉下城"之耻以后,在尊周大义论的影响下,其又对使行抱以"忍痛含冤,迫不得已"的心情。因此,使行对于朝鲜后期士大夫来说,在思想和情感上也是一个复杂的存在。这种复杂性,在两西(黄海道和平安道)沿路各邑为使行人员所表演的妓戏中也有体现。

朝鲜使团从汉阳出发后,自瑞兴到义州,沿途各站皆有妓乐,沿途各邑之妓乐也因迎慰使臣需要而十分发达,黄州、平壤、安州、义州等地都以妓乐著称。由于妓乐表演的主要对象为赴燕使行人员,所以妓乐逐渐与使行结合起来,妓乐力图表达使行人和送行人的心情,甚至将使行本身作为妓乐表演的内容,而使行人的感受和评价反过来也影响妓乐的发展。大乐府,也称大三弦,是一种常见的集体表演节目,因其不仅要有多种乐器伴奏,有的还融合了歌唱、舞蹈和道白,并有一定的故事背景和情节推演,是戏剧的雏形,所以也称妓戏。本文选取使行中比较常见的妓戏,分析其与使行的内在关联。

一 《剑舞》

《剑舞》自17世纪后期起就是各地官妓最常见的妓乐表演节目。金昌业(1658~1721)《老稼斋燕行日记》载:"剑舞,我辈儿时所未见,数十年来渐盛。今遍于八道,有妓邑皆具其服色,动乐必先呈此。"使行经过的两西沿路各邑也许更为发达。金昌业在定州观看了官妓驾鹤和楚玉的表演。驾鹤当时16岁,楚玉只有13岁,居然皆能表演得非常好,所以金昌业感叹道:"如此少儿亦能为此,殆世变也。"[①]

妓生舞剑,也许是从《黄昌郎》假面剑舞演变而来的。李裕元《海

---

① 金昌业:《老稼斋燕行日记》卷九,林基中编《燕行录全集》第33册,首尔:东国大学校出版部,2001,第463页。

东乐府》中有咏《黄昌郎舞》诗，云："官昌讹误黄昌郎，史传无征击剑场。八岁眇童谋释憾，樽前惊起夫余王。"① 黄昌郎，即官昌，又名官状，是新罗武烈王时花郎、左将军品日之子。传说"官昌八岁为王谋释憾于百济，往济市舞剑，王召入宫，令舞，因揕杀之。后世作假面"。② 还说官昌少年时即参加黄山之战，为百济军所俘，百济将军阶伯有感其年少而勇猛，将其释放。但官昌引以为耻，又投入敌阵，结果再次被捕，阶伯将其斩首，然后将其头颅系在马鞍上送回新罗军中。新罗军队受其精神鼓舞，皆奋勇杀敌，终于大败百济军，杀了阶伯。高丽末期，庆州地方为纪念官昌而出现了名为《黄昌郎》的假面剑舞。李宜显（1669～1745）也有咏《黄昌郎》诗，为《东都乐府》七首中的第七首。李宜显诗中拿荆轲和聂政作比，突出官昌勇猛的一面。他说："莫言髫髦是童龆，壮气仍复兼勇骁。舞剑起兮剑如水，咫尺枝心无少慴。彼哉荆聂儿戏耳，猛厉直可山岳摇。汪踦之后见若人，群类纷纷独自超。"③ 此诗作于朝鲜肃宗十八年（1691），他当时住在广州楮岛村。李宜显于肃宗十六年五月随父亲李世白从高阳元堂移居广州楮岛，肃宗二十年四月才举家迁回汉阳。④ 在此期间，李宜显曾作古律诗上千首，还曾以92首诗描述庆尚道一带的山川和风俗。⑤

《黄昌郎》最初也由童子表演。金履万（1683～1758）《黄昌郎》诗云："垂髻舞剑气如虹，五步翻惊溅血红。堪笑千金燕匕首，荆卿虚掷祖龙宫。"⑥

---

① 李裕元：《海东乐府·黄昌郎舞》，《林下笔记》卷三八，首尔：成均馆大学校东亚学术院大东文化研究院，1961，第58页。
② 李裕元：《海东乐府·黄昌郎舞》，《林下笔记》卷三八，第58页。
③ 李宜显：《东都乐府（壬申）》其七，《陶谷集》卷一，《韩国文集丛刊》第180册，首尔：民族文化推进会，1996年影印本，第322页。
④ 李宜显：《纪年录》，《陶谷集》卷三二，《韩国文集丛刊》第181册，首尔：民族文化推进会，1997年影印本，第530~531页。
⑤ 李宜显：《余来南经年，而以时宰之斥，连章乞免，不得巡行列邑。今将递归，漫赋七绝，历叙一路山川风俗，以替游览》，《陶谷集》卷一，《韩国文集丛刊》第180册，第331~337页。
⑥ 金履万：《黄昌郎》，《鹤皋先生文集》卷四，《韩国文集丛刊续》第65册，首尔：韩国古典翻译院，2008年影印本，第82页。

《剑舞》既然来自《黄昌郎》,所以表演时也通常由年幼官妓表演,由年老官妓表演只是特例。崔成大(1691~1762)在瑞兴观看了《剑舞》表演后,有诗云:"对立似花枝,十三小女儿。剑来初不动,鼓急始相持。倏忽晴虹起,回旋乱雪疑。清光散无处,四座发嗟咨。"① 《剑舞》既然来源于《黄昌郎》,也以官昌为原型,所以官妓在表演《剑舞》时也要穿武士服装,申光洙(1712~1775)《练光亭,赠剑舞妓秋江月》中有"青鬓战笠紫罗裳,第一西关剑舞娘"之句。②

《剑舞》到19世纪更加流行,而且有比13岁的楚玉更年幼的官妓也能表演得很好。如元在明(1763~1817)《芝汀燕记》说,义州11岁的童妓菊花和绿叶皆擅长《剑舞》。纯祖四年(1804)十一月十七日他们在义州镇边轩宴饮时,"妓乐可观,有儿妓二双,年皆十一,能剑舞。最善者菊花,其次绿叶,余不记名"。③

让妓生舞剑,大概也受到唐玄宗时公孙大娘和她的弟子李十二娘擅长舞剑的启发,此事在朝鲜也因杜甫《观公孙大娘弟子舞剑器行》而广为人知,人们在观看剑舞时也会想起公孙大娘和李十二娘。李宜显曾于朝鲜肃宗四十六年(1729)和英祖八年(1732)两次出使中国,于使行途中多次观看过《剑舞》,不仅因此联想到官昌,也联想到公孙大娘的故事,因此次杜甫《观公孙大娘弟子舞剑器行》诗韵,作《观剑舞有感,次杜甫舞剑器行韵》,头两句就是:"公孙已远黄昌死,谁向妓坊传异方。"④ 金时敏(1681~1747)《申节度家观剑舞,次老杜剑器行》诗中也写道:"公孙大娘浑脱舞,千载云娥自南方。"⑤ 英祖三十七年,金谨行(1713~

---

① 崔成大:《瑞兴馆观剑舞》,《杜机诗集》卷四,《韩国文集丛刊续》第70册,首尔:韩国古典翻译院,2008年影印本,第601页。
② 申光洙:《练光亭,赠剑舞妓秋江月》,《石北先生文集》卷二,《韩国文集丛刊》第231册,首尔:民族文化推进会,1999年影印本,第235页。
③ 元在明:《芝汀燕记》卷一,《燕行录选集补遗》(中),首尔:成均馆大学校东亚学术院大东文化研究院,2008,第16页。
④ 李宜显:《观剑舞有感,次杜甫舞剑器行韵》,《陶谷集》卷三,《韩国文集丛刊》第180册,第376页。
⑤ 金时敏:《申节度家观剑舞,次老杜剑器行》,《东圃集》卷五,《韩国文集丛刊续》第62册,首尔:韩国古典翻译院,2008年影印本,第428页。

1784)作《芙蓉堂,次荷相剑舞韵》,也写道:"关河千载传遗谱,浑脱舞成忆大娘。"①

如果以公孙大娘和李十二娘的故事为原型,则由年长官妓表演舞剑亦无不可。黄梓(1689~1756)的《甲寅燕行录》为英祖十年(1734)的使行记录,其中提到这年七月二十五日他们在义州九龙亭观看过老妓表演的《剑舞》。② 申国宾(1724~1799)《凝川教坊竹枝词八章》中说,在汉阳,"云心剑舞、玉娘琴歌,俱擅名一代"。云心,一名烟儿,因此申国宾在诗中说:"烟儿二十入长安,一舞秋莲万目寒。见说青楼簇鞍马,五陵年少不曾闲。"③ 云心20岁才到汉阳,仍能享誉盛名多年,说明大家也能接受年长官妓表演《剑舞》。朴齐家(1750~1805)在一次观看了两名官妓表演的《剑舞》后,作有《剑舞记》,说他看到的还不是最好的,"近世剑舞称密阳云心,此盖弟子"。④

《教坊歌谣》是郑显奭于朝鲜高宗九年(1872)根据晋州教坊所传妓乐编撰的,其中所记《剑舞》则需要四名妓生同时表演(现在晋州剑舞表演则由八名女演员同时表演),少妓二名,着戎服,童妓二名,着黄衫,表演的节次如下:

> 四妓出拜而立,乐作,第二鼓举一袖,第五鼓举二袖,或一举一休,双双对舞,对坐戏剑,先拾一剑,次拾一剑而舞,乃起而舞,进退如数,相逐相击,终为宴丰台(即掸剑旋身周行,一名软风队),扶剑一回,挥一剑一回,挥双剑一回,刺剑一回(每一妓舞时,三

---

① 金薳行:《芙蓉堂,次荷相剑舞韵》,《庸斋先生文集》卷二,《韩国文集丛刊续》第81册,首尔:韩国古典翻译院,2009年影印本,第62页。
② 黄梓:《甲寅燕行录》卷一,英祖十年甲寅七月二十五日,韩国古典综合DB,https://db.itkc.or.kr/imgviewer/item?itemId=BT#imgviewer/imgnode?grpId=&itemId=BT&dataId=ITKC_BT_1489A_0010_010_0240,最后访问日期:2022年2月18日。
③ 申国宾:《凝川教坊竹枝词八章并小叙》,《太乙菴文集》卷二,《韩国文集丛刊续》第88册,首尔:韩国古典翻译院,2009年影印本,第46页。
④ 朴齐家:《剑舞记》,《贞蕤阁文集》卷一,《韩国文集丛刊》第261册,首尔:民族文化推进会,2001年影印本,第606页。

妓休),掷剑拜出。①

郑显奭还以乐府诗一首来描述《剑舞》表演时的情景,诗曰:"双双纤手剑光寒,斗去斗来蝴蝶团。曲终更奏软风队,飞燕身轻如转丸。"②这里不仅以"蝴蝶团"来形容以剑相斗的官妓,更联想到身轻如燕的赵飞燕,与李宜显在使行途中的观感完全不同。李宜显对舞剑场面的描述则更重视官妓所表现出的豪气。他说:"初疑骥骤绝尘骧,复似惊鹄凌云翔。撒空眩晃星宿乱,浑体闪倏霜雪光。依然壮士头虎毛,不复态色矜艳芳。一前一却互肉薄,作气鼓勇神飞扬。"更重要的是,李宜显认为妓生舞剑本身寓有深意。他说:"此技不废良有意,缅溯往事心内伤。我东虽曰蕞尔国,果敢骁猛称第一。挫师百万不足言,秉义又能尊周室。自从乾坤一反覆,委靡不振至今日。奉使此来感愤多,易水寒风更萧瑟。罗时意气可复见,抚剑悲歌涕自出。吾辈何曾异髯妇,但向燕路驱车疾。"显然观剑舞激起了他对清朝的复仇雪耻之心,因此他说:"西来我屡见此舞,对之不觉增激昂。"③

李宜显于此时想到北伐论,亦不足为奇,因为官昌故事在孝宗时即与北伐论联系起来了。有志于北伐的孝宗(1649~1659年在位)曾于王宫后苑测试武臣骑射技艺,其时李尚真(1614~1690)曾引官昌在百济王前舞剑故事以谏。④ 李天辅(1698~1761)《夜观剑舞》也能很好地表现出使行人观看《剑舞》时的感受,其中最后两句是:"关河近接燕南路,侠气依然在女娘。"⑤

---

① 郑显奭:《剑舞》,《教坊歌谣》,刊行年未详,韩国学中央研究院藏书阁藏,D6B-29。
② 郑显奭:《剑舞》,《教坊歌谣》,刊行年未详,韩国学中央研究院藏书阁藏,D6B-29。
③ 李宜显:《观剑舞有感,次杜甫舞剑器行韵》,《陶谷集》卷三,《韩国文集丛刊》第180册,第376~377页。
④ 《显宗实录》卷一一,显宗五年六月十一日壬寅,《朝鲜王朝实录》第36册,果川:国史编纂委员会,1973年影印本,第415页。
⑤ 李天辅:《夜观剑舞》,《晋庵集》卷二,《韩国文集丛刊》第218册,首尔:民族文化推进会,1998年影印本,第157页。

二 《抛球乐》

　　西路各邑迎送使臣时所表演的妓戏有多种，如纯祖二十九年（1828）三月朝鲜冬至使回程途中，三月十七日到了宣川，在倚剑亭观看了《项庄舞》。二十五日回到黄州，次日三使又在体仁阁观看妓戏，表演的节目有《狮子舞》、《鹤舞》、《牙拍舞》、《铮江舞》、《鼓舞》、《献蟠桃》、《处容舞》、《关东舞》、《鸿门宴》和《船乐》等十种。① 《船乐》，即《离船乐》，也称《发棹歌》。宪宗十四年（1847）十一月初七日，冬至副使宋持养在安州百祥楼设妓乐，所表演的节目即为《抛球乐》、《发棹歌》和《项庄舞》。参加了这次使行的李遇骏说："此数件事，盖乐府女伶所戏，而每岁使行沿路楼台之处，地主必设此以娱。"② 果然，十一月十九日，义州府尹邀请冬至三使到镇边轩观看妓乐表演，节目中也有《抛球乐》、《发棹歌》和《项庄舞》。③ 哲宗四年（1852）四月，进贺兼谢恩使一行在黄州和平壤观看了《抛球乐》和《发棹歌》，在安州又观看了《项庄舞》和《发棹歌》。④

　　《抛球乐》来源于中国，历史悠久，起源于唐代，宋朝时传入高丽。高丽建国后继承了一部分三国时期的乐舞，又从宋朝请用教坊之乐，《抛球乐》大概就是这一时期传入高丽的。文宗二十七年（1073），《抛球乐》始用于八关会，此后也用于宫廷宴会，并用于接待中国使节。⑤ 徐居正（1420~1488）所编《东文选》卷一〇四收有《抛球乐致语》，即为《宴宋使时女队念语》中的一部分。洪汝河（1620~1674）说："盖自高丽，杂用唐乐，有《献仙桃》《清平乐》《五羊仙》《黄河清》《抛球乐》《临

---

① 朴思浩：《燕蓟纪程》，《心田稿》（一），林基中编《燕行录全集》第85册，第347页。
② 李遇骏：《梦游燕行录》，林基中编《燕行录全集》第76册，第383~386页。
③ 李遇骏：《梦游燕行录》，林基中编《燕行录全集》第76册，第401~402页。
④ 姜时永：《輶轩三录》卷一，林基中编《燕行录全集》第73册，第354、355、357页。
⑤ 参见徐利华、刘崇德《〈抛球乐〉传入高丽考》，《北京舞蹈学院学报》2017年第5期；陈伟庆《宋朝舞蹈对高丽的影响》，《寻根》2014年第6期。

江仙》《西江月》等曲。其乡乐有《动动》《西京》以下二十四篇,及三国时乡乐,皆非先王正声,故今不备录也。"① 李瀷(1681~1763)也说:"今俗有《抛球乐》者,寻常不晓其义,笔谈中有之,能省觉耶。此从胜国时已有之。胜国大晟之类,悉自中土传来故也。"②

朝鲜朝建立后,一开始仍沿用高丽乐,其中包括《抛球乐》。太宗二年(1402),礼曹与仪礼详定提调共同对唐乐和俗乐重新加以选定,仍将《抛球乐》列入国王宴使臣乐和国王宴宗亲兄弟乐之中。③ 到世宗(1419~1450年在位)朝,以朴堧(1378~1458)为惯习都监,负责校正乐部,仍设两个教坊,左教坊名叫东京,右教坊名叫成都,其乐大同小异,合称三韩乐府。世宗十三年秋,礼曹议定会礼乐章,也有《抛球乐》。世宗十四年三月十六日,世宗对参赞官权孟孙说:"《抛球乐》则杂技也,历代无不用之,今中朝亦奏杂技,不可废也。"④ 但是九月十九日确定会礼乐时,还是决定将第七爵的"《抛球乐》之伎,改《五羊仙》之伎"。⑤ 世宗三十一年十月初三日,议政府又根据礼曹的建议,删定宗庙、朝会、公宴之乐,《抛球乐》呈才四声又被保留下来。⑥ 宪宗十四年编撰的《(戊申)进馔仪轨》在《抛球乐》条下注释说:"宋时女子队舞有《抛球乐》,丽朝以端午节为《抛球乐》,女妓当殿唱词。我朝宴礼也仿用之。"⑦ 直到近代,《抛球乐》都是宫中宴会时常用的唐呈才乐舞节目之一。

---

① 洪汝河:《乐志》,《木斋先生文集》卷一〇,《韩国文集丛刊》第124册,首尔:民族文化推进会,1994年影印本,第521页。
② 李瀷:《与李来庆(乙丑)》,《星湖先生全集》卷一五,《韩国文集丛刊》第198册,首尔:民族文化推进会,1997年影印本,第324页。
③ 《太宗实录》卷三,太宗二年六月初五日丁巳,《朝鲜王朝实录》第1册,第235页。
④ 《世宗实录》卷五五,世宗十四年三月十六日乙亥,《朝鲜王朝实录》第3册,第377页。
⑤ 《世宗实录》卷五七,世宗十四年九月十九日甲戌,《朝鲜王朝实录》第3册,第418页。
⑥ 《世宗实录》卷一二六,世宗三十一年十月初三日庚戌,《朝鲜王朝实录》第5册,第149页。
⑦ 《(戊申)进馔仪轨》卷一《乐章·抛球乐》,宪宗十四年,韩国奎章阁档案馆藏,奎14372。

根据沈括《梦溪笔谈》记载,《抛球乐》来源于海州士人李慎言梦见一处水边宫殿中有宫女戏球的故事,《抛球乐》表演时有两行花筵,洞天景色。朝鲜妓生表演的《抛球乐》也试图表现这种情景。

《燕行录》中有不少描述《抛球乐》表演情景的内容,如李遇骏《梦游燕行录》载:"设彩几于堂中,两妓对舞,各持一木丸,大如钟子,贯以赤绳,所谓龙邬也。几高数丈,而上穿一孔,离髻数尺,其状呀然。以丸仰投其中,入者,旁有一妓,以彩花一枝,即插其髻以赏之。不中者,即以黑笔抹其面以罚之,观者大嘘。"① 赵冕镐(1803~1887)也说,表演时,"结球门,用彩球抛从球门,中者赐花插髻,不中者罚,用墨圈于额,奏折花三台抛球词,左右队自第一筹至第八筹成"。赵冕镐更有诗曰:"玉纤高指尽轻柔,球子春风第几筹。八队折花齐敛手,君王万岁又千秋。"② 因球如果没能抛中球门,则在妓生的额头或右腮画上墨圈或墨点,所以李裕元(1814~1888)《海东乐府·抛球乐》诗云:"宋教坊名置第三,碧城老士梦魂酣。误堕翻看腮点墨,众中欢笑佳人惭。"③ 而郑显奭在《教坊歌谣》中描述抛中者的诗云:"手把红球向架楣,几回拟掷故迟迟。终看透过风流眼,喜得簪花免画眉。"④《教坊歌谣》说表演时,参加抛球的有少妓三对,童妓二对,另有老妓执笔,准备为不中者点墨点,彩花十支插在门柱上。具体表演节次是:

> 诸妓置球门于轩中。诸妓出拜,乐作,双双对舞。每二妓分坐于球门东西,弄球而起(余妓休),执球而舞,左手抬头,右手抬头,右手仰抛于风流眼中(屡拟乃抛)。中者插花于髻,不中者点墨于

---

① 李遇骏:《梦游燕行录》,林基中编《燕行录全集》第76册,第384页。
② 赵冕镐:《呈才十咏·抛球》,《玉垂先生集》卷五,《韩国文集丛刊续》第125册,首尔:韩国古典翻译院,2011年影印本,第148~149页。
③ 李裕元:《海东乐府·抛球乐》,《嘉梧藁略》册一,《韩国文集丛刊》第315册,首尔:民族文化推进会,2003年影印本,第19页。
④ 郑显奭:《抛球乐》,《教坊歌谣》,韩国国立中央图书馆藏抄本,1941,第286页。以下所引《教坊歌谣》版本与此同。

腮。若球未及坠而还执，更抛又不中者，亦如之。若球于眼中而不坠者，无赏无罚。余妓双双分抛如上仪讫，齐拜齐舞而出。①

《抛球乐》表演最惹人发笑的就是这画墨点的情节，但是从《高丽史》的记载来看，过去好像没有这个情节，只是"中则全队拜"，也没有投进绣球则赏花的情节。②《（戊申）进馔仪轨》的说明是："用朱漆木作球门，画龙凤，饰以纹缎。门上开一孔为风流眼，以彩球仰抛。女妓二人奉竹竿子前进，相向，一人奉花，立于球门之东，一人奉笔，立于球门之西。二人分六队，前队二人各执彩球，舞而仰抛，中队后队随前队舞退，次次进舞。"③ 既然有人拿着花和笔，应该已经有了赏花和画墨点的情节。因为增强了竞赛和戏谑的成分，所以往往能令观众哄堂大笑。所以，李殷相（1617~1678）《观抛球乐口占》中有"各效才能论胜负，满堂谐笑乐贤豪"之句。④

《抛球乐》从高丽时期就一直用于迎接中国使节，所以也留下一些中国使节观看《抛球乐》的记载。朝鲜太宗三年（1403）四月十三日，太宗在无逸殿宴请明朝敕使黄俨、曹天宝、朱允端、韩帖木儿等人，黄俨和曹天宝态度倨傲，太宗有意冷落，所以二人心里有点不高兴。观看《抛球乐》表演时，东边靠近敕使的一队投中了四个球，西边靠近太宗的一队一个球也没有投中，黄俨等人很高兴，让人对太宗说："吾边皆中，国王边如何不中乎？"有取笑太宗的意思，虽然太宗一笑置之，此事仍记入史草，编入《太宗实录》。⑤

明成化十一年（1475），明朝遣户部郎中祁顺为正使，行人司左司副

---

① 郑显奭：《抛球乐》，《教坊歌谣》，第286页。
② 郑麟趾：《高丽史》卷七一《乐志》，西南师范大学出版社、人民出版社，2014年标点校勘本，第2217~2220页。
③ 《（戊申）进馔仪轨》卷一《乐章·抛球乐》，宪宗十四年（1848），韩国奎章阁档案馆藏，奎14372。
④ 李殷相：《观抛球乐口占》，《东里集》卷八，《韩国文集丛刊》第122册，首尔：民族文化推进会，1994年影印本，第493页。
⑤ 《太宗实录》卷五，太宗三年四月十三日己未，《朝鲜王朝实录》第1册，第262页。

张瑾为副使到朝鲜颁诏。次年二月二十日抵达汉阳,于景福宫颁诏敕如仪。二月二十四日,朝鲜成宗国王在昌德宫仁政殿宴请两天使。酒过三巡之后,让官妓表演《抛球乐》,八人皆不中,于是正使祁顺说:"昔宋仁宗会群臣钓鱼,群臣皆钓得鱼,独帝不得。群臣赋诗,有'鱼畏龙颜上钓迟'之句。前日太平馆抛球皆能中,今于殿中皆不能中,正畏龙颜也。"祁顺让成宗换一拨官妓再表演一次,成宗答应了,结果新上场的官妓皆能投中。祁顺和张瑾笑着说:"兵法有之,'强则示之以弱,弱则示之以强',正谓此也。"① 此事也引起朝鲜君臣的不快。明嘉靖十六年(1537),明使龚用卿、吴希孟到朝鲜。三月十四日,中宗劝大臣们包容明使的悖戾之举,因此提到:"祁顺于成宗朝观《抛球乐》之戏,而至发戏言。华使所为,何可责乎?唯善别而已。"② 也许说的就是上面所提到的这次出使。

三 《项庄舞》

《项庄舞》,也称《鸿门宴》,是根据司马迁在《史记》中所记鸿门宴情节改编而来,也是剑舞与鸿门宴故事相结合的产物。闵胄显(1808~1882)《观剑舞》诗即云:"公孙去后剑还魂,红妓双双翠袖翻。怪杀昔时霸王宴,不教虞女舞鸿门。"③

《项庄舞》形成于何时尚不清楚,朝鲜官妓本来就擅长剑舞,将剑舞与《史记》所载鸿门宴故事结合起来,也是顺理成章的事情。朝鲜文人一般都要读《史记》,对《鸿门宴》自是耳熟能详。朝鲜士人对《史记》的热爱,可以从成侃和成伣兄弟二人身上略见一斑。成侃(1439~1504)

---

① 《成宗实录》卷六四,成宗七年二月二十四日戊戌,《朝鲜王朝实录》第9册,第318页。
② 《中宗实录》卷八四,中宗三十二年三月十四日癸巳,《朝鲜王朝实录》第18册,第50页。
③ 闵胄显:《观剑舞》,《沙厓先生文集》卷一,《韩国文集丛刊续》第129册,首尔:韩国古典翻译院,2011年影印本,第64页。

形容说:"夫六经,如五谷之精者也。《史记》,如肉胾之美者也。"① 成俔之次兄成侃(1427~1456)嗜书如命,"常购《史记》不得,闻孝宁大君有善本,躬谒白其所以,大君嘉其笃学而与之。先生以带缠而负之,行过大市,忽带断,乱坠于地,市人争咻之曰:'狂措大也。'先生徐而整之,不顾而去"。② 纯祖元年(1800)三月初二日,丁若镛(1762~1836)在流配途中,于荷潭写信给自己的两个儿子,也劝他们读《史记》,作史论。他说:"今冬须更读《尚书》及《礼记》之未曾读者为好,亦须习见《四书》及《史记》也。史论间作几许篇耶,厚培根基,而韬琐琐之光棱,至望至望!"③ 柳致皜(1800~1862)甚至觉得朝鲜学童读《史记》太早。他批评说:"今人教小儿,必先《史记》,所以自幼稚时,心便外驰了。"④

不仅读书人普遍爱读《史记》,朝鲜国王也把它列为应读书目。成宗在读《史记》的时候,需要参考《战国策》,而王宫内没有收藏,于是下教访求,金䜣(1448~1492)将所藏吴师道校注《战国策》一部献给了成宗。⑤ 哲宗四年九月,李源祚(1792~1871)在经筵席上也劝哲宗国王读《史记》。他说:"帝王之学,异于韦布,以一身而应万机之烦,以一心而为万化之原,故必欲先明乎六经,以立其本,次通乎《史记》,以达其用。"⑥

熟读《史记》,自然知道鸿门宴故事,朝鲜文人之间甚至对项伯是否

---

① 成俔:《村中鄙语序》,《虚白堂文集》卷七,《韩国文集丛刊》第14册,首尔:民族文化推进会,1988年影印本,第474页。
② 成俔:《真逸先生传》,《虚白堂文集》卷一三,《韩国文集丛刊》第14册,第525页。
③ 丁若镛:《寄二儿(辛酉三月初二日到荷潭书)》,《与犹堂全书》第一集二一卷,《韩国文集丛刊》第281册,首尔:民族文化推进会,2002年影印本,第449页。
④ 柳致皜:《思问录》,《东林先生文集》卷七,《韩国文集丛刊续》第124册,首尔:韩国古典翻译院,2011年影印本,第134页。
⑤ 金䜣:《遗行》,《颜乐堂集》卷四,《韩国文集丛刊》第15册,首尔:民族文化推进会,1988年影印本,第279页。
⑥ 李源祚:《经筵讲义(癸丑九月,往参宪两朝追上尊号贺班,拜左承旨)》,《凝窝先生文集》卷六,《韩国文集丛刊续》第121册,首尔:韩国古典翻译院,2011年影印本,第134页。

应该掩护刘邦逃走形成争论。一派认为项伯掩护刘邦逃走是对项羽不忠,而李滉的门人朴光前(1526~1597)则专门作《项伯翼蔽沛公论》,认为项伯翼蔽刘邦是为了避免项羽因杀刘邦而失去民心,褒项伯而贬范增。① 后来崔有渊(1587~1656)也作《范增论》,反驳苏轼的观点,认为范增在鸿门宴后说将来夺项王天下者必沛公也,有违君臣大义,不应该在楚怀王还在位的情况下将天下视为项羽之天下,首倡弑逆之谋。② 到朝鲜肃宗四十六(1720)年,金昌翕(1653~1722)仍说:"项羽之失天下,由其不仁,未必由不杀沛公也。"③ 但是金昌翕也承认,鸿门宴为项羽成败之一大转机,这次没有除掉刘邦这个劲敌,是项羽失败的重要原因之一,所以《史记》才要详细描述鸿门宴的情景。

朝鲜文人也留下了不少吟咏鸿门宴故事的诗作。如丁寿岗(1454~1527)很早即在《鸿门宴》诗中表达了与金昌翕类似的观点,该诗的最后四句写道:"宽仁自是天所佑,肯令慓悍为民主。山河富贵竟归汉,四百年来临率土。"④ 描绘鸿门宴情景的《鸿门宴图》在朝鲜也流传甚广,因此也留下了不少咏鸿门宴图的诗赋。16世纪,李植(1512~1571)即有《鸿门宴图赋》,金八元(1524~1569)也有《鸿门剑舞图》诗,其诗云:"龙跳虎跃一筵中,高宴军门剑气雄。项庄舞罢虞姬舞,霸业潜从舞袖空。"⑤ 到17世纪,徐必远(1613~1671)也有《古诗长篇·题鸿门宴图后》诗。⑥ 赵文命(1680~1732)说,他伯祖父赵相愚家里也挂有《鸿

---

① 朴光前:《项伯翼蔽沛公论》,《竹川先生文集》卷四,《韩国文集丛刊》第39册,首尔:民族文化推进会,1989年影印本,第332~337页。
② 崔有渊:《范增论》,《玄岩遗稿》卷四,《韩国文集丛刊续》第22册,首尔:民族文化推进会,2006年影印本,第544~545页。
③ 金昌翕:《漫录》,《三渊集》卷三六,《韩国文集丛刊》第166册,首尔:民族文化推进会,1996年影印本,第189页。
④ 丁寿岗:《鸿门宴》,《月轩集》卷四,《韩国文集丛刊》第16册,首尔:民族文化推进会,1988年影印本,第246页。
⑤ 金八元:《鸿门剑舞图》,《芝山先生文集》卷一,《韩国文集丛刊续》第3册,首尔:民族文化推进会,2005年影印本,第346页。
⑥ 徐必远:《古诗长篇·题鸿门宴图后》,《六谷先生遗稿》卷一,《韩国文集丛刊》第121册,首尔:民族文化推进会,1994年影印本,第530~531页。

门宴图》,并命子侄与诸孙各自赋诗,以观察他们的才气。①

《鸿门剑舞图》是以图画来表现鸿门宴故事,大三弦《项庄舞》则是由官妓来演绎鸿门宴的故事情节。所以朴思浩(1784~1854)在宣川倚剑亭观看了《项庄舞》之后说:"有《项庄舞》,排铺鸿门宴。项羽、沛公、范增、张良、项伯、樊哙,俨然列坐,玉斗卮酒,拥盾直入之状,无不毕具。其中一健妓,着假面带剑,请舞。翩然起舞,剑势闪闪,睥睨进退,其意在沛公。项伯又起舞遮之。一妓为沛公像,无限受困。舞罢,怫然作色曰:'从今以往,宁死不愿为沛公。'有若耻事者然。举坐莫不捧腹。"②

李遇骏在安州观看了《项庄舞》表演后,也有非常详细的描述:

> 众妓以戎装罗立左右,军令严明,一如俄者所睹。又一妓身着青天翼,头戴黑笠子,虎裳鱼服,东向而坐者,所以象项王也。又一妓衣蓝佩玉,侍立于旁者,所以象亚父也。有一妓具帽带章服西向而坐者,沛公也,眉端隐然有忧色。又一妓着道服侍立于后者,子房也,从容妇貌,不失其本色焉。又一妓以绿襦红裙行酒于前,乃所谓虞美人也,柳腰蛾眉,谓之真虞可矣。酒三行已毕,所谓亚父数举所佩玉以示之,乍出而复入,俄而一妓来跪于前曰:"军中无以为乐,请以剑舞。"遂两手各持一剑,跐跐乱舞,舞袖常近于沛公。又一妓起而对舞,有以身翼蔽之状。已而所谓子房乍出旋入。忽有一妓带剑拥盾,以银锉金甲,批帷直入,不问可知,为樊哙也。项王令虞姬酌酒以赐,立饮数卮,又拔剑贯肉而啖之,其状可观。满座注目以瞩之际,不知沛公何时出去。既而张良来跪,数语而毕。③

---

① 赵文命:《从大父东冈先生挂鸿门宴图,命子侄与诸孙赋进,盖欲以诗占他日云》,《鹤岩集》册一,《韩国文集丛刊》第192册,首尔:民族文化推进会,1997年影印本,第380页。
② 朴思浩:《燕蓟纪程》,《心田稿》(一),林基中编《燕行录全集》第85册,第337页。
③ 李遇骏:《梦游燕行录》,林基中编《燕行录全集》第76册,第385~386页。

《教坊歌谣》也记载了《项庄舞》表演情景，首先是"项王出坐，执事禀初吹、二吹、三吹，军物前排，鸣金，大吹打。二旗作辕门。沛公到，项王迎入，相揖而坐"。除了项庄舞剑等情节，还有许多人物对话。最后，在张良退出后，"乐作，剑舞讫，执事禀鸣金，大吹打而止，禀退前排"，表演结束。①

由于关注《史记》所记载的鸿门宴故事，自然喜欢观看《项庄舞》。宪宗十四年的冬至使在安州和宣川都观看了《项庄舞》表演。书状官尹哲求的伴倘李遇骏早已听说只有安州和宣川的官妓擅长表演《项庄舞》。②他们在安州和宣川观看了《项庄舞》之后，李遇骏觉得宣川官妓表演得更好，并提到宣川的"《项庄舞》素有名称，仪貌节次尤备焉"。③早在纯祖二十九年（1829）十一月，进贺兼谢恩使一行在宣川观看了《项庄舞》之后，书状官姜时永就觉得宣川官妓的表演水平为"列邑所罕"。④《燕辕日录》也载："此是宣川之所著名于诸邑者也。"⑤观看之后，觉得果然名不虚传：

> 诸妓相与分班剑舞，剑光闪烁，寒气射人，非比他邑寻常之舞也。盖扮演时，其为项籍、沛公、张良、范增，虽属容易，至于项庄伺隙，项伯遮护，委的是难，况樊哙之一场施威者乎？以若娇滴滴的二八美娥妆出雄赳赳的武勇健儿，少无难色，毫不错谬，几千年鸿门宴事恍如目击，非娴且熟焉，其谁能焉？安州虽有此舞，便是俱体而微者也，岂可同日而语哉。宣川之戏，独占第一者良有此也。⑥

也许正因为宣川的表演水平最高，所以直到近代，宫中有宴会时，还

---

① 郑显奭：《项庄舞》，《教坊歌谣》，第 326 页。
② 李遇骏：《梦游燕行录》，林基中编《燕行录全集》第 76 册，第 386 页。
③ 李遇骏：《梦游燕行录》，林基中编《燕行录全集》第 76 册，第 391 页。
④ 姜时永：《辀轩续录》卷一，林基中编《燕行录全集》第 73 册，第 31~32 页。
⑤ 未详：《燕辕日录》卷六，林基中编《燕行录全集》第 95 册，第 232 页。
⑥ 未详：《燕辕日录》卷六，林基中编《燕行录全集》第 95 册，第 235~236 页。

要求宣川选派官妓到宫中表演《项庄舞》。① 李能和《朝鲜解语花史》也说宣川妓善《项庄舞》。② 所以，使臣到了宣川，照例都要观看《项庄舞》。宪宗十一年（1844）三月，朴永元（1791～1854）以远接使到平壤，四月返回汉阳，途中在宣川观看了《项庄舞》，有诗云："对垒鸿门剑盾张，画葫谁遣入教坊。元来刘项当年事，真是人间一戏场。"③ 哲宗十一年（1859），冬至兼谢恩使申锡愚（1805～1865）在宣川倚剑亭观看了《项庄舞》表演，也有诗云："娘子军容大合围，鸿门演舞剑双飞。良真好女人争艳，伯反新婚事亦稀。巾帼亦闻军旅未，须眉应愧丈夫非。决雌竟是风流局，一曲虞兮泪湿衣。"④

其实，不仅安州和宣川，其他地方的官妓也会表演《项庄舞》。朝鲜宪宗十四年的冬至使一行其实在义州也观看过《项庄舞》表演，李遇骏有诗云："春营红王设鸿门，刘项分排各样存。酒后仙仙双剑舞，纤腰宛带楚心魂。"⑤ 龙川也有官妓能表演《项庄舞》。朝鲜正祖八年（1784）四月，进贺兼谢恩使一行到了龙川，晚上龙川府使在天渊亭设夜宴招待三使，让兰心和柳爱等几名小妓表演了《项庄舞》。兰心和柳爱身着戎装表演剑舞。二人舞罢，一个名叫学蟾的官妓又出来舞剑，又有一妓坐在当中，学蟾的手势目光不断投射到坐在当中的官妓，扮作项庄欲击沛公之状，俄而一小妓从栏外倏然舞剑而至，做翼蔽之状。她们表演的情节虽然有所简化，亦自可观。⑥ 正祖十五年（1791）十一月初九日冬至兼谢恩使一行抵达龙川馆后，晚上三使在听流堂观看妓乐，兰心这时已经十七岁

---

① 1902年，朝鲜为庆祝高宗即位四十周年举行进宴，即要求宣川派十名以上擅长歌舞的官妓上京表演《项庄舞》，参见壬寅《进宴仪轨》卷二，光武六年（1902），韩国奎章阁档案馆藏，奎14479。
② 李能和：《朝鲜解语花史》，首尔：新韩书林，1968，第192页。
③ 朴永元：《宿宣川，夜观妓乐，有所谓项庄舞者，偶吟一绝》，《梧墅集》册三，《韩国文集丛刊》第302册，首尔：民族文化推进会，2003年影印本，第274页。
④ 申锡愚：《海藏集》卷一五《入燕记·韩使吟卷·倚剑亭》，《韩国文集丛刊续》第127册，首尔：韩国古典翻译院，2011年影印本，第547页。
⑤ 李遇骏：《梦游燕行录》，林基中编《燕行录全集》第76册，第402页。
⑥ 未详：《燕行录·天渊亭剑舞》，林基中编《燕行录全集》第70册，第122～123页。

了，又为使臣表演了《项庄舞》。①

《项庄舞》后来也成为宫中宴会呈才乐舞之一，到近代还为驻朝鲜的外国使节表演过。赵冕镐有《各国人齐会于禁卫营，张乐观项庄舞》诗，曰："有如新世界，特大朝鲜名。风隧千旗偃，月轮万国明。冠裳殊制度，襟袾各音声。刘项今虽远，足令后辈惊。"② 朝鲜高宗三十年（1893）编撰的《呈才舞图笏记》仍载有《项庄舞》。

但是，也有人对《项庄舞》评价不高。朝鲜纯祖三十二年（1832）十一月初九日冬至兼谢恩使在宣川倚剑亭观看了《项庄舞》后，书状官金景善就觉得"太怪拙，且不经莫甚"。③ 哲宗十一年四月，进贺兼谢恩使到宣川时，因正使任百经有私忌而未设大三弦，八月回到宣川时才观看了《项庄舞》。也许因为他们在北京看了中国的戏剧表演，两相对照，反而也觉得《项庄舞》没有什么意思了。朴齐寅（1818～1884）评论说："诸妓皆着戎衣，或称沛公，或称项羽，或称张良、范增、樊哙，鼓噪一场而罢。较之燕中唱戏，亦不知为降杀几层，无足可玩。"④

四 《离船乐》

朴思浩所说的《船乐》，在别的《燕行录》和其他文献中还有《离船乐》《离舟曲》《发棹歌》《游船乐》《船游乐》《泛舟戏》《发船戏》等许多称呼。名称之所以如此不统一，大概因为本来名称为朝鲜语，所以翻译成汉文时各有不同。朴思浩在介绍黄州官妓表演的大三弦时说："其中又有《船乐》，维其曲方言如云船离也。"⑤ 朴趾源《热河日记》直接将

---

① 金正中：《燕行录·奇游录》，林基中编《燕行录全集》第74册，第102页。
② 赵冕镐：《各国人齐会于禁卫营，张乐观项庄舞》，《玉垂先生集》卷二六，《韩国文集丛刊续》第126册，首尔：韩国古典翻译院，2011年影印本，第145页。
③ 金景善：《燕辕直指》卷一，《出疆录》，林基中编《燕行录全集》第70册，第282页。
④ 朴齐仁（朴齐寅）：《燕槎录》地，林基中编《燕行录全集》第76册，第250~251页。
⑤ 朴思浩：《燕蓟纪程》，《心田稿》（一），林基中编《燕行录全集》第85册，第347页。

其称为"排打罗其曲",这正是朝鲜语名称的音译。① 这里为了叙述的方便,统一称之为《离船乐》。

一般认为《离船乐》起源于明朝末年朝鲜"水路朝天"时。金养根(1734~1799)有咏《离舟曲》诗,并说明《离舟曲》乃当年海路朝天时,为朝天使送行时所唱的歌曲。② 朴思浩也认为,《离船乐》"始于水路朝天时"。③ 李遇骏也说,《离船乐》所描述的场景,"此乃皇明时我使以水路朝天之事也"。④ 李晚用(1792~1863)和金命喜(1788~1857)在观看了《离船乐》表演之后,也说:"盖水路朝北时所制。"⑤ 金允植(1835~1922)也说:"俗传朝天时所作。"⑥《教坊歌谣》中也有诗曰:"锦帆高挂彩船轻,举碇炮声鼓角鸣。焉知此去何时返,洽是朝天驾海时。"⑦

李晚用说《离船乐》为西京乐府之一。西京乐府本来有十八舞,其中六种早已失传,还剩下十二种,《离船乐》为其中一种。⑧ 但是,《离船乐》也许并非起源于平壤。纯祖二十九年(1829)进贺兼谢恩使书状官姜时永(1788~?)在黄州、平壤和宣川都观看过《离船乐》表演,觉得宣川官妓表演得最好。他认为这大概因宣川是当年水路朝天的出发地。他说:"至于发船戏,音节寥远,有别离之想,绝胜于黄冈、箕城之所见。意者航海朝天发船于此,故其遗风余曲上有所传而然矣。"⑨ 既然宣川是水路朝天的出发地,那么宣川也许是《离船乐》的发源地。

---

① 朴趾源:《热河日记·漠北行程录》,《燕岩集》卷一二,《韩国文集丛刊》第252册,首尔:民族文化推进会,2000年影印本,第205页。
② 金养根:《离舟曲》,《东埜集》卷四,《韩国文集丛刊续》第94册,首尔:韩国古典翻译院,2010年影印本,第70页。
③ 朴思浩:《心田稿》(一),林基中编《燕行录全集》第85册,第347页。
④ 李遇骏:《梦游燕行录》,林基中编《燕行录全集》第76册,第384~385页。
⑤ 李晚用:《离船乐歌》,《东樊集》卷二,《韩国文集丛刊》第303册,首尔:民族文化推进会,2003年影印本,第536页。按:《离船乐歌》的创作是李晚用和金命喜共同参与的,但因收在李晚用的文集中,故署名只有一人。
⑥ 金允植:《江北唱和集,题李山甫朝天帖》,《云养集》卷二,《韩国文集丛刊》第328册,首尔:民族文化推进会,2004年影印本,第250页。
⑦ 郑显奭:《船乐》,《教坊歌谣》,第306页。
⑧ 李晚用:《离船乐歌》,《东樊集》卷二,《韩国文集丛刊》第303册,第536页。
⑨ 姜时永:《輶轩续录》卷一,林基中编《燕行录全集》第73册,第31~32页。

但是，姜时永对各邑《离船乐》表演水平的评价，也许只能代表其个人观感，或者某一特定时期的情况。纯祖三年（1803）冬至使书状官徐长辅的伴倘、《蓟山纪程》的作者，就认为还是平壤官妓表演得更好。他说："（平壤）妓有《离舟曲》《旋风舞》，为沿邑最。"① 纯祖二十八年，朴思浩等人在黄州观看了《离船乐》表演之后，朴思浩认为黄州官妓表演得更好。他还提到，李英运曾作《水路朝天歌》，后来李羲玄做黄州府使时，曾对李英运所作歌词加以修改，让黄州官妓们学唱，"故今黄冈解缆之曲，独异于他处"。② 朴思浩所说的李英运，应该是李运永（1722～1794），号玉局斋，有《水路朝天行船曲》等六首歌词传世，而李羲玄（1765～1828）是李运永之子。纯祖二十七年，朴思浩与李仲善等人游览黄州月波楼，那时的黄州府使正是李羲玄。李运永也许正是在观看《离船乐》表演之后，感受至深，因此创作了《水路朝天行船曲》，李羲玄让黄州官妓学唱，在为使行人员送行时歌唱。③

不管《离船乐》是否产生于明末水路朝天时的送别歌，其内容确实反映了当年水路朝天启航时的送别情景。至于明末水路朝天时的启航仪式，我们可以从赵翊（1556～1613）和洪翼汉（1586～1637）的描述中略知一二。朝鲜宣祖三十二年（1599）九月，赵翊以书状官出使明朝，其《朝天录》中有诗云：

> 绝塞登临鬓易幡，临风抚剑意如何。
> 孤城已闭翻秋柝，画角初鸣发棹歌。
> 作客宁论肠似铁，消愁聊喜酒如河。
> 燕山此去知无日，正耐归程落叶多。④

---

① 李海宁：《蓟山纪程》卷一《出城》，林基中编《燕行录全集》第66册，第33页。
② 朴思浩：《燕蓟纪程》，《心田稿》（一），林基中编《燕行录全集》第85册，第348页。
③ 参见李昇馥《〈水路朝天行船曲〉的创作背景与意义——以与离船乐的关系为中心》，《国语教育》第115辑，2004年，第455～480页。
④ 赵翊：《朝天录（己亥九月）·次韵》，《可畦先生文集》卷二，《韩国文集丛刊续》第9册，首尔：民族文化推进会，2005年影印本，第339页。

之所以后代有许多记载以"发棹歌"为题，大概来源于此。洪翼汉《花浦先生朝天航海录》也说，当起航之时，"篙师一时发棹歌，举帆，鼓角亦甚凄切。诸邑守令及大小人员，俱送行于浦口，至有掩涕者。解缆转远，而抬眸林麓之际，戛然歌吹之声，远飘洲渚之间，认是诸守宰张乐作欢，欲慰远游之怀也"。① 虽然明清交替以后，朝鲜与中国的使节往来走陆路，但是出使日本的通信使仍有类似的启航仪式。如南龙翼（1628~1692）《扶桑日录》载："辰初开洋，高坐船楼，鼓角齐鸣，初放举碇炮，仍唱挂帆歌，青旗锦帐，照耀初日，亦是男儿一壮游也。"② 赵翊和洪翼汉描述的情景相似。

从这些简单的描述中，可以看出朝天使和通信使乘船离港时的启航仪式包括鸣鼓吹角、放举碇炮、唱发棹歌或挂帆歌、挂帆、解缆等环节，同时岸边有妓乐表演，唱送别歌。而《离船乐》表演也有初吹、鸣金、二吹、三吹、举锭炮等环节。如朴趾源描述说：

置画船于筵上，选童妓一双，扮小校，衣红衣，朱笠贝缨，插虎须、白羽箭，左执弓弭，右握鞭鞘，前作军礼，唱初吹，则庭中动鼓角。船左右群妓，皆罗裳绣裙，齐唱渔父辞，乐随而作。又唱二吹、三吹，如初礼。又有童妓扮小校，立船上，唱发船炮，因收碇举航，群妓齐歌且祝。其歌曰：碇举兮船离，此时去兮何时来，万顷沧波去似回。③

朴思浩的描述与朴趾源所说大同小异，他说：

置画船于筵上，选童妓一双，扮作小校，朱笠贝缨，插虎须、红

---

① 洪翼汉：《花浦先生朝天航海录》卷一，林基中编《燕行录全集》第17册，第112页。
② 南龙翼：《扶桑录》，《扶桑日录》，乙未六月初九日壬戌，民族文化推进会编《（国译）海行总载》第3卷，首尔：民族文化推进会，1975，第262页。
③ 朴趾源：《热河日记·漠北行程录》，《燕岩集》卷一二，《韩国文集丛刊》第252册，第205页。

天翼、白羽箭，左执弓弭，右握鞭鞘，前作军礼，唱初吹。出立轩头，唱鸣金二下，大吹打。庭中动鼓角。群妓皆罗衫绣裙，绕船齐唱解缆之歌，又唱二吹、三吹讫，一童妓扮作小校，红衣羽笠，立船上，唱举锭炮，庭中放一炮，仍收锭举帆。船作转轴，徐徐转之，作行船形。群妓又绕船齐歌且祝之。其曲凄怅，令人断肠。其歌曰：碇举兮船离，此时去兮何时来。万顷沧波兮，平盘贮水去似回。①

但是李遇骏的描述稍有不同，他所看到的《离船乐》表演，节次为初吹、二吹、三吹、鸣金等。他说：

> 其一曰发棹歌。堂中置小舟，长一丈许，画以五彩青雀黄龙，设锦缆牙樯。有两小妓戴毡笠，穿黑靴，具戎服弓矢刀鞭，以军礼来谒于前，举声告曰："初吹。"喉音清戛。已而复来曰："二吹。"又曰："三吹。"又曰："鸣金。"以下大吹打。每一出令，堂下锣角齐发，一如行军号令之状。于是舟中载着童妓数名，众妓环行，四隅摇橹齐唱，其声悽咽。②

《离船乐》在18世纪末也成为宫中俗乐呈才节目之一。正祖十九年（1795），宫中举行进馔礼时，俗乐呈才节目中已列有这一节目，称为《船游乐》。③ 不称之为《发棹歌》，也不称之为《离船乐》或《离舟曲》，而称之为《船游乐》，大概由于也可以将其与泛舟游兴联系起来，所以《（戊申）进馔仪轨》也称之为《船游乐》，并记"世传自新罗时有之"。④

---

① 朴思浩：《燕蓟纪程》，《心田稿》（一），林基中编《燕行录全集》第85册，第347~348页。
② 李遇骏：《梦游燕行录》，林基中编《燕行录全集》第76册，第384~385页。
③ 《日省录》第二一册，正祖十九年闰二月十一日癸巳，首尔：首尔大学校图书馆，1990年影印本，第798页。
④ 《（戊申）进馔仪轨》卷一《乐章·船游乐》，宪宗十四年，韩国奎章阁档案馆藏，奎14372。

《(戊申)进馔仪轨》关于《船游乐》表演的情况有如下介绍：

> 设彩船，诸妓分立，为行船样，曳缆绕船而舞。……两童妓登船，分立于帆前帆后，女妓二人戴朱笠，插羽，着天翼，佩剑弓矢，立于船前，作号令执事，舞妓六人分立于船边左右，各执船索，作内舞，二十四人环立，作回舞。①

这个介绍比较简略，几乎看不出是否有吹角、鸣金等节次。只是作为宫中表演节目，其参与表演人数被固定下来。朝鲜时代末期，《呈才舞图笏记》所记《船游乐》也有初吹、二吹、三吹、鸣金、行船等节次，与朴趾源、朴思浩、李遇骏等人所描述的《发棹歌》表演情况相似。《呈才舞图笏记》并记其参与表演的人员构成为执事妓二名，内舞妓十名，外舞妓三十二名，参与人数也比《(戊申)进馔仪轨》所记载的要多。

《教坊歌谣》所记《离船乐》表演则复杂得多，除了有执事两名，还有兵房军官两名，还要有少妓和童妓负责牵缆绳。在初吹之前也增加了一些情节，而且彩船也不是事先置于厅中，在三吹和鸣金之后，才由诸妓拖入厅中：

> 执事入禀，兵房军官现谒入呼，巡令呼（呼兵房军官现谒入），又呼行步促巡令手，大唱三声。兵房以军礼现。执事禀，兵房军官不善举行，奏记过。乃呼刑吏，刑吏应（兵房军官附过）。兵房禀初吹、二吹、三吹，军物前排入禀，坐起吹呼，钲手鸣金二下，大吹打。又禀，鸣金三下，吹打止，诸妓曳船入置。兵房禀举碇炮，呼号，炮手放炮一声。兵房分立船上，挂锦帆，执事分立船头尾，歌妓绕船簇立，众唱……②

---

① 《(戊申)进馔仪轨》卷一《乐章·船游乐》，宪宗十四年，韩国奎章阁档案馆藏，奎14372。
② 郑显奭：《船乐》，《教坊歌谣》，第306页。

朴思浩所说的解缆之歌，也许就是朴趾源所说的《渔父词》。有时在结束时，也由群妓合唱《渔父词》，如李晚用看到的《离船乐》表演就是"离船乐曲将终，以渔父词为乱"。唱完《渔父词》后，"须臾舞罢红灯静，恍如碧海为桑田"。①《呈才舞图笏记》所记《船游乐》表演，也以《渔父词》为结尾曲调，只是在唱完《渔父词》之后，还有"执事妓入跪，鸣金三下，取禀而出，号钲手鸣金三下，号令（打钲三次），乐止，退"的环节。②

赵冕镐说："船游乐，俗乐，唱至掬忽后山词，绕船使撑桡而动之。发船时，用军行节制。"③"至掬忽"也是《渔父词》中的用词，是形容摇船的声音的象声词，李贤辅《渔父歌九章》中每章也皆有"至掬恩至掬恩于思卧"之句。④按照赵冕镐的记载，收碇举帆之后，还有群妓合唱《渔父词》，因此赵冕镐有诗云："霭云滟潋涨丹墀，三次喏啰放缆迟。至掬匆时娇玉腕，香风一阵后山词。"⑤《教坊歌谣》也说在唱完"锭举兮船离"几句之后，又唱《渔父词》初篇，然后"乐作，吹打，乃行船，兵房舞于船上，执事以鞭推船头尾左旋行，诸妓展左袖绕船行，唱《芝花紫》。船凡五周而止，乐止，歌妓簇立，唱《渔夫辞》中篇"。唱完《渔父词》中篇后，"乐作，吹打，又行船，右旋，诸妓展右袖，凡五周而止，乐止，歌妓簇立，又唱《渔夫辞》终篇"。唱完《渔父词》终篇，"乃落帆下船，诸妓曳船出。乐作，执事、兵房俱舞拜止，兵房禀罢坐吹，鸣金，大吹打而止。执事禀军物前排退，又禀兵房军官下直"，表演到此结束。⑥

---

① 李晚用：《离船乐歌》，《东樊集》卷二，《韩国文集丛刊》第 303 册，第 537 页。
② 金荣淑：《离船乐歌研究》，《岭南语文学》第 12 辑，1985 年，第 65 页。
③ 赵冕镐：《呈才十咏·船游乐》，《玉垂先生集》卷五，《韩国文集丛刊续》第 125 册，第 149 页。
④ 李贤辅：《渔父歌九章并序》，《聋岩先生文集杂著》卷三，《韩国文集丛刊》第 14 册，第 416 页。
⑤ 赵冕镐：《呈才十咏·船游乐》，《玉垂先生集》卷五，《韩国文集丛刊续》第 125 册，第 149 页。
⑥ 郑显奭：《船乐》，《教坊歌谣》，第 306 页。

通常所说的《离舟曲》，大概指的就是朴趾源和朴思浩所说的举碇炮以后群妓合唱的一段歌词。朴思浩的记录有所不同，大概正是经过李羲玄修改的结果，但是原词似乎更为流行，李晚用《离船乐歌》也说歌词中有"万顷沧波去如回"之句。① 金允植《江北唱和集，题李山甫朝天帖》诗中有"明月舟发石多山，惆怅离歌几日还"之句，即根据《离船乐》里这段歌词改写的。②《教坊歌谣》记载的歌词是："碇举兮船离，万顷沧波，夜半收缆，今去兮何时还，飞也似回，声叹断肠。"③

但是，官妓们演唱时用的不是汉语，而是朝鲜语，汉文歌词只是对唱词的汉文翻译而已。《（戊申）进馔仪轨》也提到《离船乐》的"歌词真谚相杂，故不载"。④ 也正因为如此，歌词不固定，与《离船乐》有关的歌词，有文字记载和民间流传的多种版本。⑤ 李晚用说，他看到的《离船乐》表演中还唱《月出曲》，所以在其《离船乐歌》中有"渡口月出帆徐悬，船头月高帆影正"之句。⑥ 但是《月出曲》的情况不明。

水路朝天，有很大的危险性，所以金养根说："孤舟水路，多生死别恨。"⑦ 徐庆淳在跟人谈起使行途中离别之难时也说："昔水路朝天之人，举碇发船之际，箫鼓乱鸣，歌筵迭奏，之菊之声，助人别怀。于斯时也，父子兄弟之临江送别者，倘作何心，千古流想，亦足堕泪。"⑧ 所以，《离船乐》曲调也非常哀婉、凄凉。李晚用说："（《离船乐》）声调悽惋，形容万里沧海离船远别之状，令人黯然下泪。"因此他在观看之后深受感动，遂与金命喜一起创作了《离船乐歌》，以记录《离船乐》表演情景，

---

① 李晚用：《离船乐歌》，《东樊集》卷二，《韩国文集丛刊》第303册，第537页。
② 金允植：《江北唱和集，题李山甫朝天帖》，《云养集》卷二，《韩国文集丛刊》第328册，第250页。
③ 郑显奭：《船乐》，《教坊歌谣》，第306页。
④ 《（戊申）进馔仪轨》卷一《乐章·船游乐》，宪宗十四年，韩国奎章阁档案馆藏，奎14372。
⑤ 参见金荣淑《离船乐歌研究》，《岭南语文学》第12辑，1985年，第55~76页。
⑥ 李晚用：《离船乐歌》，《东樊集》卷二，《韩国文集丛刊》第303册，第537页。
⑦ 金养根：《离舟曲》，《东埜集》卷四，《韩国文集丛刊续》第94册，第70页。
⑧ 徐庆淳：《梦经堂日史》编一，林基中编《燕行录全集》第94册，第165~166页。

并抒发自己的情感,"以寓我东古今兴替之悲"。① 李遇骏说,观看了《发棹歌》,"虽非真境,令人有远别惆怅之意"。② 朴思浩也说,"其曲凄怅,令人断肠"。③ 哲宗十一年十月,申锡愚在黄州观看《发棹歌》后,有诗云:"红榜初离锦帆张,金钗十二学船郎。如今不似朝天日,犹使行人泪数行。"④ 朴趾源在讨论离别之苦时,也说:"我东壤地狭小,无生离远别,不甚知苦,独有水路朝天时,最得苦情耳。故我东大乐府有所谓排打罗其曲,方言如曰船离也。其曲悽怆欲绝。"因此认为:"此吾东第一堕泪时也。"⑤ 在清代,朝鲜使行已经不用走水路,而是走陆路到北京,而以水路朝天为背景的《离船乐》流行,正是要借此为使行渲染出凄婉的气氛。

不仅如此,《离船乐》也试图于悲愤之中激发朝鲜人的忧国之情。本来,朝鲜乐调多偏于哀楚。宣祖七年(1573)五月二十三日,许篈(1551~1588)在平壤观看了《抛球乐》《响钹》《舞鼓》等表演后,在其《朝天记》中评论说:"我国之乐,歌曲淫亵,声音哀楚,使人心悲伤。而其舞蹈进退之节,轻浮急促,不可正视。世之人方且以为欢喜而观之,穷昼夜不厌,亦独何心哉?以若所为求以和神人,秩上下,不亦异乎?"⑥ 这种特点由来已久。高丽时,郑叙被贬归乡,作《郑瓜亭曲》,即极其凄婉。⑦ 所以,崇尚朱子学的朝鲜士大夫,一直觉得朝鲜俗乐难登大雅之堂。金樑(1653~1719)认为:"我国燕享所用,有雅乐焉,有俗乐焉。其雅乐则不成节奏,殆同儿戏。俗乐则全用妓艺倡优之戏。而所谓歌词,

---

① 李晚用:《离船乐歌》,《东樊集》卷二,《韩国文集丛刊》第303册,第536页。
② 李遇骏:《梦游燕行录》,林基中编《燕行录全集》第76册,第384~385页。
③ 朴思浩:《燕蓟纪程》,《心田稿》(一),林基中编《燕行录全集》第85册,第347页。
④ 申锡愚:《入燕记·韩使吟卷·倚剑亭》,《海藏集》卷一五,《韩国文集丛刊续》第127册,第546页。
⑤ 朴趾源:《热河日记·漠北行程录》,《燕岩集》卷一二,《韩国文集丛刊》第252册,第205页。
⑥ 许篈:《荷谷先生朝天记》(上),林基中编《燕行录全集》第6册,第53页。
⑦ 郑叙:《郑瓜亭二绝》,《鸣皋先生文集》卷二,《韩国文集丛刊续》第71册,首尔:韩国古典翻译院,2011年影印本,第391页。

又掇拾古今诗词，杂以俚语，故辞理不续，徒乱人耳。桑濮之音，亦未必如此也。"① 李裕元也评论说："所谓俗乐，娼妓之戏，傅粉施朱，百媚千态，恣淫亵之心，销正雅之气，莫此若也。"② 然而，正如金养根所认为的那样，《离船乐》跟其他朝鲜歌曲有所不同，《离船乐》"哀而不怨，能得国风之体，遂为东方乐府云"。③ 李晚用和金命喜观看之后即感慨道："呜呼一歌声悲壮，天下弱国吾朝鲜，每岁筐篚执壤路。"④ 由此看来，《离船乐》能引起人们对事大体制的反思，从而激发其忧国忧民之心。

结　语

妓乐在高丽武臣政权以后逐渐发展起来，到朝鲜朝更为发达。官妓主要为迎慰使客而设。然而正如朴趾源所言，朝鲜壤地狭小，本无生离远别，而真正算得上生离远别的，那就是出使中国或日本。使行沿途必有房妓、随厅妓，并常设妓乐表演。世祖时期，崔汉良说过："奉使之乐虽多，而离别之苦亦深。"⑤ 这里所说的苦与乐，皆与妓生和妓乐有关。《项庄舞》《离船乐》这样的大三弦表演正是因使行往来而发展起来的，《离船乐》的题材更直接来自明朝末年朝鲜水路朝天故事。出使日本须航海，明末到中国也有航海朝天的经历。海路更加凶险，送别时也更加伤感，所以描绘明末航海朝天时送别场面的《离船乐》也非常凄凉、哀婉。即使是走陆路，也难免有去国离乡之思。许荍说朝鲜歌曲多声音哀楚，使人心悲伤，然而这种哀楚的曲调也许更符合使行人的心情。但是，也正如金养根所说的那样，最为哀伤的《离船乐》也能做到"哀而不怨"，观者往往将其与朝鲜迫不得已对清事大的现实联系起来，从而产生忧国忧民之感，

---

① 金楺：《丁戊琐录》，《俭斋集》卷三一，《韩国文集丛刊续》第50册，首尔：韩国古典翻译院，2007年影印本，第634页。
② 李裕元：《海东乐府·弦坊》，《嘉梧藁略》册一，《韩国文集丛刊》第315册，第12页。
③ 金养根：《离舟曲》，《东埜集》卷四，《韩国文集丛刊续》第94册，第70页。
④ 李晚用：《离船乐歌》，《东樊集》卷二，《韩国文集丛刊》第303册，第537页。
⑤ 李能和：《朝鲜解语花史》，第82页。

对朝鲜的弱国地位感到不满,进而思考朝鲜对清事大关系的合理正当性。

《项庄舞》演绎的是鸿门宴故事,本来与朝贡使行无关,但是也正如我们在申锡愚的诗中所看到的那样,它同样能引起使行人员的古今之思。《剑舞》更唤起有关新罗少年英雄官昌的历史记忆,使行人员因此明显希望朝鲜成为一个武强的国家,改变对清事大的现实。

由此看来,妓戏表演迎合朝贡使行人员的心情,在渲染离愁的同时,也能激发使行人员的忧国之情。如果说朝鲜后期对清认识在很大程度上受尊周大义论的支配的话,则尊周大义论的维系也是通过多种途径和形式来实现的,妓戏应该也可以作为其中的一种形式。真正参加朝贡使行的人更能体会到义理上的排斥清朝与现实中的对清事大的紧张关系,促使他们积极地认识世界,思考世界秩序以及朝鲜的国际地位,而他们的这种情绪和思考也会因《燕行录》的传播而扩散到社会上。演戏与观戏因使行往来而延续与繁荣,然而随着岁月流逝,使行人员乃至整个社会的心理也在逐渐发生变化。所以,从妓戏表演和观者的感受中,也能体会到朝鲜后期社会心理的变化。在这种心理背景下,尊周大义论遂逐渐成为朝鲜民众之民族意识觉醒的刺激因素。

关于元越白藤江之战的三个问题

党宝海[*]

摘　要　1288年的白藤江之战并不是第二次元朝与安南战争的关键战役。在白藤江战役之前，元军已经处于败退状态。在白藤江之战中，元朝水军惨败，主要原因是水军失去了陆军的掩护和策应。负责运粮的水军万户张文虎没有参加白藤江之战。在战争中，安南俘虏了大量元朝官兵。战后安南积极遣返元朝战俘，但谋杀了被俘的元朝主要将领乌马儿和樊楫。

关键词　白藤江之战　安南　张文虎　乌马儿　樊楫

至元二十五年（1288）三月元朝与安南的白藤江之战是元越第二次战争（1287～1288年）中的重要战役。有的越南史学家把它的重要性提升到"战略决战"的高度。[①] 中、越、日等国的学者对白藤江之战做过不同程度的研究，其中较早对整个战役进行全面研究的是日本学者山本达郎，[②]

---

[*]　党宝海，北京大学历史学系副教授。
[①]　潘辉黎等：《越南民族历史上的几次战略决战》，戴可来译，世界知识出版社，1980，第46～85页。
[②]　山本达郎：《安南史研究Ⅰ：元明两朝的安南征略》，毕世鸿等译，商务印书馆，2020，第170～199页。该书的日文原著出版于1950年。

结合实地调查深入揭示战役过程的是越南学者潘辉黎等。① 由于史料尚有进一步发掘的空间，关于白藤江之战仍有待发之覆。

本文拟重点讨论三个问题：(1) 白藤江战役之前元、越军队的比较；(2) 白藤江战役的背景和过程，尤其是元朝参战人员的情况；(3) 白藤江战役后安南对元军战俘的处置。

一 白藤江战役之前元、越军队的比较

此次元朝参战军队大多参加过灭宋战争，将士作战经验比较丰富。但是，最高统帅仍是1284~1285年的败军之将、忽必烈之子镇南王脱欢。他实战历练不足，军事才能平庸，对战场形势的整体把握、将领的指挥调度都很不成熟。

参战的大部分元朝将领是1284~1285年元越战争的参加者，其中没有伯颜、阿术、阿里海牙等灭宋战争中的方面军统帅。越南阮朝嗣德帝在《越史通鉴纲目》中有这样的批注："元人二次来侵，所遣皆非名将，亦陈家之幸也。"② 实际上，这不是偶然的。这与当时元朝所面临的战略形势有关。1285~1286年，海都、笃哇等窝阔台汗国、察合台汗国之王在西北发动了对元朝的进攻，占领了北庭、高昌等天山北路地区。而且，蒙古东北藩王乃颜与海都暗中联络，发动了大规模叛乱。1287年上半年，忽必烈亲征乃颜，迅速平定了叛乱，消灭了海都在东方的战略盟友，使元朝避免了西北、北方、东北的大规模战乱。③ 当时元朝的国防重心在北方，伯颜、阿术等重要将领和大量精锐部队也被调派到漠北、西北地区。参加

---

① 潘辉黎等：《越南民族历史上的几次战略决战》，第46~85页。国内有两部汉译越南学者的通史著作，对白藤江之战都有论述，但不及潘辉黎等人的著作详细。可参阅陈重金《越南通史》，戴可来译，商务印书馆，1992，第106~111页，越南文原著为西贡1954年第5次修订版；明峥《越南史略（初稿）》，范宏科、吕谷译，三联书店，1958，第98~101页，越南文原著为河内1954~1955年版。
② 潘清简等编修《越史通鉴纲目》正编卷八，陈仁宗重兴四年，1884年刻本，第6页a。
③ 党宝海：《元代火州之战年代辨正》，余太山主编《欧亚学刊》第3辑，中华书局，2002，第217~229页；李治安：《忽必烈传》，人民出版社，2004，第462~474页。

过元越战争的大将阿里海牙已于 1286 年亡故。① 总之，忽必烈难以对进攻安南的军事指挥层和参战部队做出大的调整，仍旧以其子镇南王脱欢为统帅。

另外，此次参战的元朝主要将领存在自大轻敌思想。忽必烈在至元二十四年（1287）八月"谕镇南王脱欢，禁戢从征诸王及省官奥鲁赤等，毋纵军士焚掠，毋以交趾小国而易之"。②

从白藤江战后安南披露的资料看，这次参战的重要将领参知政事乌马儿、樊楫都带了家属和仆人。

至元二十六年，元朝派使团赴安南，主要任务是对 1288 年元越战争后的两国关系做必要的处理，索还战俘。使团成员徐明善撰有《天南行记》，抄录了多篇元朝、安南的外交文书，特别是安南国王表文和元世祖圣旨，这些外交文书是研究当时元越关系的第一手史料。③《天南行记》收录至元二十六年三月安南国王陈日烜给元朝的表文，其中写道：

> 去年小国百姓送遗军，微臣亲问只得昔戾机大王、乌马儿参政、樊参政三名，……微臣深自芘护，厚加给养，妻妾完全，衣食充到，先备行物，特差使臣从义郎阮盛，随昔戾机大王同唐兀歹等赴阙。……樊参政忽遭热病，……不可渐，致身亡。微臣火葬修功德讫，因给马匹付它妻妾，驮其香骨。千户梅世英、薛文正等为之护

---

① 《元史》卷一二七《伯颜传》、卷一二八《阿尢传》《阿里海牙传》，中华书局，1976，第 3113~3114、3124、3128 页。
② 《元史》卷一四《世祖纪十一》，第 300 页。
③ 徐明善：《天南行记》，陶宗仪编《说郛》一百二十卷本，卷五六；该文另题为《安南行记》，收入《说郛》一百卷本的卷五一。这两种《说郛》后都收入上海古籍出版社 1990 年出版的《说郛三种》，分见第 5 册，第 2603~2607 页；第 2 册，第 812~814 页。本文的引文主要据一百二十卷本《说郛》的《天南行记》，个别文字据一百卷本《说郛》的《安南行记》改。著名学者张宗祥利用其他抄本对一百卷本《说郛》做的校勘记，见《说郛三种》第 2 册，关于《安南行记》的部分见校勘记第 60 页。本文个别文字也参考了张宗祥校勘记。《全元文》第 17 册徐明善部分漏收这篇重要文献。据笔者所见，最早利用徐明善《天南行记》（《安南行记》）考史的是《越史通鉴纲目》，见该书正编卷八，第 10 页 b~12 页 a。

送，一并还家。乌马儿参政期当续后回去，……舟为水漏，参政身材长大，难于拯援，遂致溺亡。小国人夫寻亦俱死。它之妻妾、小僮几陷没，赖乎轻小，救之得免。微臣火葬，修之功德。天使郎中眼所亲见。其或不恭，有妻妾在，难可掩藏。微臣谨具还礼，亦付之妻妾。一同舍人郎中，续后回国。①

携带女眷、家仆参战，是蒙古的旧俗。在成吉思汗时期，蒙古军队就有这样的做法。② 到元世祖统治时期，这一传统依然存在。这在元朝进攻南宋和日本的战争中有所体现。蒙古军官马马其，先后参加了对南宋、日本的战争，每次都带他的汉族妻子张氏同行：

> 方南征时，诏军将各以其家从行，故公自江上之战，县君获与之俱，持身以严，侍公以谨，而饮食衣服之奉无少阙。虽居军伍之中，悯其夫之劳苦，未尝以惊惧为辞。及征日本，大风之夕，公方以王事为重，莫恤其家，而县君独在舟中，身绾印章，未尝舍去。及舟坏，乃抱折樯得达于岸，是岂寻常者所能及哉！③

蒙古将领马马其带妻子张氏参加攻打南宋、日本之战。我们可以据此判定，"军将各以其家从行"的做法在元军进攻安南时同样存在，否则难以解释为何樊楫、乌马儿的妻妾、小僮都成了安南的俘虏。

尽管"军将各以其家从行"是蒙古军事制度的遗存，但到13世纪后期，带家属参战已经不合时宜。这些非战斗人员的存在，不仅妨碍军队的快速行动，而且不利于将领专注于战场局势的研判和指挥作战。此外，元

---

① 参见徐明善《天南行记》，《说郛三种》第5册，第2605页下栏~2606页上栏。
② 赵珙《蒙鞑备录》记载："其俗出师不以贵贱，多带妻孥而行，自云用以管行李、衣服、钱物之类。其妇女专管张立毡帐，收卸鞍马、辎重、车驮等物事，极能走马。"《王国维遗书》第十三册，上海古籍书店，1983，第17页b。
③ 苏天爵：《滋溪文稿》卷二一《元故赠长葛县君张氏墓志铭》，陈高华、孟繁清点校，中华书局，1997，第360页。

朝将领携带女眷、家仆参战，本身就是"以交趾小国而易之"、自大轻敌的表现。

另据战后安南国王表文，元朝将领没有重视世祖忽必烈"毋纵军士焚掠"的警告，烧杀抢掠，军纪很差。徐明善《天南行记》收录至元二十五年四月安南国王表文，其中控诉元朝将领的暴行："至元二十四年冬，又见大军水陆进伐，焚烧国内寺宇，开掘祖先坟墓，掳杀民家老小，摧破百姓产业，诸残负行，无所不为。时臣怕死，先已逃去。……乌马儿参政又领船军，别出海外，尽捕海道边民，大者杀之，小者虏去，至于悬缚解剖，身首异处，百姓逼死，辄兴穷兽之祸。"为了证明表文所述为真，安南国王还提出可以让送归的被俘蒙古宗王作证："百姓送到昔戾机大王一名，称系大国贵戚。臣于是日平礼相待，极加尊重。……若乌马儿所行酷虐，大王眼见，微臣不敢妄道。"① 至元二十六年三月安南国王的表文提到："大军屡伐，杀伐尤多。"② 我们不能排除安南统治者夸大元军暴行的可能，但是，从蒙古、元朝军队在战争中的一贯表现来看，安南表文中的记载恐怕并非厚诬之辞。

与元朝军队相比，陈朝将领和军队具有很多优势。

第一，军民保家卫国，士气很高。早在1284年元越第一次战争之前，陈圣宗曾调查民间对战争的态度，是年"十二月，陈甫自元回，言元帝遣太子镇南王脱欢、平章阿剌及阿里海牙等领兵，托以假道征占城，分道入寇。上皇召天下父老，会于延洪阶，赐食问计。皆曰战，万人同辞，如出一口"。③

第二，经过1284~1285年战争，安南军队的整体作战水平有较大提高。至元二十三年六月，陈圣宗"命王侯宗室各募兵，统领其属。帝问兴道王国峻曰：'今年贼势如何？'对曰：'我国太平日久，民不知兵。是以前年元人入寇，或有降避。赖祖宗威灵，陛下神武，克清胡尘。彼若又

---

① 徐明善：《天南行记》，《说郛三种》第5册，第2603页。
② 徐明善：《天南行记》，《说郛三种》第5册，第2605页上栏。
③ 吴士连编纂《大越史记全书》本纪卷五《陈纪》，孙晓等标点校勘，西南师范大学出版社、人民出版社，2015，第1册，第291页。

来，我士习于攻战，彼军惮于远行，且惩恒、璀之败，无有斗心。以臣观之，破彼必矣。'"①

第三，以兴道王陈国峻为首的安南将领对元军的军情判断准确。至元二十四年二月，安南得到元军大举进攻的准确情报："执政请选壮充军，增多其数。兴道王曰：'兵贵精，不贵多。纵如苻坚百万，亦何为哉。'"十一月十四日，安南富良关受到元军攻击，"帝问兴道王：'贼至如何？'对曰：'今年贼闲。'"②安南君主和将领斗志顽强，有克敌的信心。兴道王等将领善于指挥，这在白藤江之战中得到了充分体现。

第四，安南制定了正确的战略，将元军放进来打，切断元军的粮食供应线，对进犯之敌不断袭扰。从战争进程来看，元军从一开始就陷入了被动。

元军攻安南分陆、水两路。黎崱《安南志略》记载："至元丙戌春三月，制封陈益稷为安南国王……至元丁亥，朝廷复兴师送安南国王就国。上命平章奥鲁赤等将江淮、江西、湖广、云南四省蒙古、汉军，广西峒兵，海南黎兵，海道运粮万户张文虎等十万师，受镇南王节制。冬九月，师兴自鄂。十月二十八日乙酉，至来宾，分道：参政乌马儿、樊楫率万八千人；乌未及张玉、刘珪等统兵数万、战船五百、运船七十艘自钦州进。"③

首先与安南军队交战并出现重大失误的是水军。黎崱《安南志略》记载："十一月十一日戊戌，舟师先进，经万宁水口，彼将仁德侯陈椰，伏兵浪山，将断我后。觉之，即夜围山，迟明击走，溺死者众数百人，获船数十艘。乌马儿乘胜前驱，不顾粮船居后，失援粮陷。"④

安南军队采取节节防御，诱敌深入，坚壁清野打持久战的策略。时间一长，元军陷入困境：军队断粮，不断遭到袭击，疲于应战。元军对当地

---

① 吴士连编纂《大越史记全书》本纪卷五《陈纪》，第1册，第297页。
② 吴士连编纂《大越史记全书》本纪卷五《陈纪》，第1册，第298页。该书自注：闲，犹言易也。
③ 黎崱：《安南志略》卷四《征讨运饷》，武尚清点校本，中华书局，1995，第90页。
④ 黎崱：《安南志略》卷四《征讨运饷》，第90页。标点稍有改动。

气候、环境不熟悉,且天气日益炎热,军中疾病和瘟疫流行。军队统帅镇南王没有坚定的战斗意志,决定撤退。《安南志略》记载:"神弩总管贾若愚献言曰:'师可还,不可守。'王亦曰:'地热水湿,粮匮兵疲。'遂班师。"① 傅若金《江浙等处行中书省参知政事护军追封上党郡公谥忠定樊公行状》(以下简称《樊公行状》)一文也记载:"粮匮,王命退师。"② 《元史》记载:"诸将因言:'交趾无城池可守、仓庾可食,张文虎等粮船不至,且天时已热,恐粮尽师老,无以支久,为朝廷羞,宜全师而还。'镇南王从之。"③

到此时,即使没有白藤江之战,元朝业已战败。

二 白藤江之战的过程与参战元军

究其实质,白藤江之战是元军撤退过程中水军遭遇惨败的一次战役。此役可分为两个阶段。

第一阶段,由水、陆军队协同撤离到水军孤军奋战、陷入困境。元朝水军将领弃船陆行的方案未获批准。元军用骑兵部队在岸上掩护水军撤退,但中途不断遇到安南袭击,水、陆协同的撤退战术失败。

《安南志略》记载,在决定班师之后,"水道将校告曰:'粮舰两入俱陷,不若毁舟从陆,为上计。'王欲听,左右阻之。三月三日丁亥,右丞程鹏〔飞〕、金省达木④,率骑兵逆舟师⑤,过东湖市⑥,阻水,乃还。故桥梁皆为彼断,以俟我战。程右丞即询所获乡老,夜引从他道驰及⑦。"⑧

---

① 黎崱:《安南志略》卷四《征讨运饷》,第91页。
② 该文收入《全元文》第49册,凤凰出版社,2004,第318页。底本为嘉业堂丛书本。另见傅若金《傅与砺文集》卷九,《北京图书馆古籍珍本丛刊》,影印洪武十七年刊本,书目文献出版社,1991。
③ 《元史》卷二〇九《安南传》,第4648页。
④ 《元史》卷二〇九《安南传》第4648页作"塔出",则"达木"当为"达尤"。
⑤ 据下文引傅若金《樊公行状》,"逆"当为"送"。
⑥ 据傅若金《樊公行状》,当为"东潮"。按,越南今地名,仍有东潮市。
⑦ 据傅若金《樊公行状》:"自他道驰及镇南王军。"义较长。
⑧ 黎崱:《安南志略》卷四《征讨运饷》,第91页。

傅若金《樊公行状》记载："粮匮，王命退师，众以海道险绝，请弃舟，俱陆行以还，王不果听。于是，舟师自排滩分道出内傍关。贼伏兵断关口，公与万户塔剌赤、刘世英击溃之，斩其二将。右丞程鹏飞别以兵并江送舟师至东潮，阻水，乃夜自他道驰及镇南王军。"①

《元史·安南传》记载，在决定撤军之后，镇南王"命乌马儿、樊楫将水兵先还，程鹏飞、塔出将兵护送之"。②

显然，元军原计划是水陆协同，由程鹏飞、塔出率军掩护水军撤退，但是，途中不断遇险，桥梁被安南军队破坏，骑兵无法顺利渡河，还有被安南军队伏击的危险。程鹏飞率军在夜晚快速返回镇南王军中，从陆路成功撤回元朝境内。③ 程鹏飞率军脱离沿河战场，意味着元朝水军失去了陆军的保护和策应，陷入更加危险的境地。

第二阶段，战役展开和结束。关于这一阶段，值得研究的最主要问题是元朝参战军队的情况。元朝和安南的史料，提到了元朝昔戾机大王、参知政事乌马儿、参知政事樊楫、保定水军上万户张玉、万户刘珪、万户答剌赤、万户刘世英、平章政事奥鲁赤、海路运粮万户张文虎及参政岑段、田元帅等将领以及他们指挥的水军。但是，奥鲁赤、张文虎是否参加了白藤江之战大有疑问。我们先看有关史料。

《安南志略》记载："七日辛卯，舟师至竹洞，彼兵进战，刘珪击退，获二十艘，乌马儿不由海还，却由白藤江。遇敌，乌马儿自领粮兵逆战。樊参政获峰为应，潮退军陷。"④

傅若金《樊公行状》记："贼追至，公力战却之。至竹洞，贼复大至，公又与万户刘珪击走之。三月壬辰，至白藤江，闻日烜以精兵数千出我后，公亟会将士逆战。天忽大风，潮水遽落，舟不得进退，贼乘风以小舟数百合步卒翼两岸击我军。四面矢下如雨，公被大创十余，犹奋臂督将

---

① 《全元文》第49册，第318~319页。
② 《元史》卷二〇九《安南传》，第4648页。
③ 黎崱：《安南志略》卷四《征讨运饷》，第91~92页。
④ 黎崱：《安南志略》卷四《征讨运饷》，第92页。按，引文中"粮兵"当为"精兵"之误，据影印文渊阁四库全书本改。

士力战,而贼益滋,军陷,公遂执……"①

《元史》卷一六六《樊楫传》载:"楫与乌马儿将舟师还,为贼邀遮白藤江。潮下,楫舟胶,贼舟大集,矢下如雨,力战,自卯至酉,楫被创,投水中,贼钩执毒杀之。"②

《元史·张玉传》记载,保定水军上万户张玉,至元十五年"袭父职,为怀远大将军、诸路水军万户",参加元朝灭宋之战,历任都元帅兼水军万户、保定水军上万户。至元二十四年,"从参知政事乌马儿征交趾,累战有功。二十五年,师还,安南以兵迎战,大战连日,水涸舟不能行,玉死焉"。③

苏天爵《故承事郎象山县尹李侯墓碑》记载,参加白藤江之战的还有湖广行省的水军部队。李天佑曾任荆湖行省水军招讨司知事,后升为湖广行省掾。"至元二十四年,又诏湖广省臣将兵征之。侯(李天佑——引者注)掌文书从行。是冬,兵会廉州,泛舟于海,次安邦,与交人遇,斩首二千余级,获船六十余艘。明年春,兵次塔山洋,与世子战,败之。……三月,次白藤港,交人横战舰江中,以拒我师。值潮退,舟不能进,兵溃。侯等被执。"④

越南官修史籍《大越史记全书》记载了战争经过,与汉文史料多有出入。重兴四年(戊子,1288)三月八日:

> 元军会白藤江,迎张文虎等粮船,不遇。兴道王击败之。先是,王已植桩于白藤,覆丛草其上。是日乘潮涨时挑战佯北,贼众来追,我军力战,水落,贼船尽胶。阮蒯领圣翊勇义军与贼战,擒平章奥鲁赤。二帝将军继至,纵兵大战,元人溺死不可胜计,江水为之尽赤。及文虎至,两岸伏兵奋击,又败之。潮退甚急,文虎粮船阁桩上,倾

---

① 《全元文》第49册,第319页。万户刘珪曾经参加元朝第一次安南战争。当时就是万户,与乌马儿同军。战争中接应从占城方向北上会师的唆都。后唆都战死,乌马儿、刘珪从水路逃回。见黎崱《安南志略》卷四《征讨运饷》,第89页;《元史》卷二〇九《安南传》,第4645页。
② 《元史》卷一六六《樊楫传》,第3909页。标点稍有改动。
③ 《元史》卷一六六《张荣实传(附子玉传)》,第3906页。
④ 苏天爵:《滋溪文稿》卷一八《故承事郎象山县尹李侯墓碑》,第298页。

覆殆尽，元人溺死甚众，获哨船四百余艘。内明字杜衡获乌马儿昔戾基（玉）[王]献于上皇。上皇命引登御舸，同坐与语，欢饮卮酒。……十七日，俘贼将昔戾基（玉）[王]、元帅乌马儿参政岑段、樊楫、田元帅、万户、千户，献捷于昭陵。①

《大越史记全书》这段记述的疑点颇多。

首先，文中提到"阮蒯领圣翊勇义军与贼战，擒平章奥鲁赤"，不确。奥鲁赤从陆路撤回元朝，并未被俘。② 据奥鲁赤碑传资料，他"征交趾，贼惧避匿，乃梗我归路，转战全师而出，驲召面筹者三，慰劳温至，锡赉优渥"。③《元史·奥鲁赤传》也记载："二十三年春，拜湖广等处行中书省平章政事。夏四月，赴召上都，命佐镇南王征交趾……至交趾，启王分军为三，因险制变，蛮不能支，窜匿海岛，余寇扼师归路，奥鲁赤转战以出。改江西行省平章政事。"④

其次，是元朝水军运粮万户张文虎是否参加了白藤江之战的问题。⑤ 最早质疑《大越史记全书》的是《越史通鉴纲目》，书中说："今查之

---

① 吴士连编纂《大越史记全书》本纪卷五《陈纪》，第299页。原文昔戾基王写作"昔戾基玉"，整理者未出校。日本学者山本达郎已怀疑"昔戾基玉"当为"昔戾基王"，见山本达郎《安南史研究Ⅰ：元明两朝的安南征略》，第199页。在明峥《越南史略（初稿）》的汉译本中，范宏科、吕谷指出，昔戾基玉为昔戾基王，见该书第100页。陈重金《越南通史》汉译本，译者戴可来也做了纠正，见该书第110~111页。潘辉黎等《越南民族历史上的几次战略决战》第80页无误。
② 最早质疑《大越史记全书》的是《越史通鉴纲目》，书中说："奥鲁赤乃元步将，与脱欢以兵陆还，何曾一至白藤而为阮蒯所擒？"见《越史通鉴纲目》正编卷八"陈仁宗重兴四年"，第8页a。
③ 许有壬：《至正集》卷四七《有元扎剌尔氏三世功臣碑铭》，《元人文集珍本丛刊》，影印清宣统三年石印本，台北：新文丰出版公司，1985，第230页下栏。
④ 《元史》卷一三一《奥鲁赤传》，第3192页。
⑤ 日本学者山本达郎、华裔学者罗荣邦都采信《大越史记全书》。见山本达郎《安南史研究Ⅰ：元明两朝的安南征略》，第195页；Lo Jung-pang, *China as a Sea Power, 1127-1368: A Preliminary Survey of the Maritime Expansion and Naval Exploits of the Chinese People during the Southern Song and Yuan Periods*, edited and with commentary by Bruce A. Elleman, NUS Press, Hong Kong University Press, 2012, pp. 300-302。陈重金《越南通史》、明峥《越南史略（初稿）》、潘辉黎等《越南民族历史上的几次战略决战》均未采信张文虎参战的记载。

《元史类编》，张文虎粮船既没，脱欢以乏食始谋引还，则文虎之败乃在云屯之战，而是役则邀击元军之还也。"① 《大越史记全书》记载"元军会白藤江，迎张文虎等粮船"。元军已经做出了撤军的决策，而撤军的重要原因就是粮食匮乏。为什么已经决定撤军，还要迎接张文虎的粮船呢？如果元军已经接到张文虎运粮船即将到达的情报，至少不必仓促撤军，相应的军事安排也会从容得多。《大越史记全书》又说："及文虎至，两岸伏兵奋击，又败之。潮退甚急，文虎粮船阁桩上，倾覆殆尽，元人溺死甚众，获哨船四百余艘。"显然，越南史家认为张文虎是参加了白藤江之战的。然而，实际情况并非如此。

检读史料可知，元朝原计划由三位万户指挥船队运粮："海道运粮万户张文虎、费拱辰、陶大明运粮十七万石，分道以进。"② 从战争的具体过程来看，元朝曾两次从海上向安南运粮。第一次在至元二十四年十一月，"乌马儿、樊楫以兵由海道，经玉山、双门、安邦口，遇交趾船四百余艘，击之，斩首四千余级，生擒百余人，夺其舟百艘，遂趋交趾"。③ 据《安南志略》，乌马儿、樊楫率水师在十一月十一日出发，后接运粮船队，他们在途中与安南仁德侯陈椰交战，"获船数十艘"。此后乌马儿等冒进，"乘胜前驱，不顾粮船居后，失援粮陷"。④ 《大越史记全书》也记载了元朝军粮被劫之事：

> 时元舟师犯云屯，兴道王一以边务委云屯副将仁惠王庆余。庆余战失利。上皇闻之，遣中使锁庆余回阙。庆余谓中使曰："以军宪论，甘受罪谴。愿假二三日，以图后效，归伏斧锧未晚。"中使从其

---

① 《越史通鉴纲目》正编卷八，"陈仁宗重兴四年"，第8页a。
② 《元史》卷二〇九《安南传》，第4647页。
③ 《元史》卷二〇九《安南传》，第4647页。
④ 黎崱：《安南志略》卷四《征讨运饷》，第90页。十一月第一阶段的海上作战有其他史料可资印证。傅若金《樊公行状》："公与参政乌马儿以舟师出钦州，十一月戊戌次绿水口，遇贼船五百艘，公分兵击走之。明日复战，又败之，俘百余人，获船数十艘，斩首千级，溺死者甚众。"《元史》卷一六六《樊楫传》："楫与参政乌马儿将舟师入海，与贼舟遇安邦口，楫击之，斩首四千余级，及生擒百余人，获船百余艘、兵仗无算。"（第3908页）

请。庆余料知虏师已过，运船必在后，乃收集残卒待之。少顷，运船果至。击败之，获虏军粮器械不可胜计，俘虏亦甚多。即驰书以闻，上皇释前罪不问，曰："元兵所资者，粮草器械。今既为我获，恐彼未知，犹或陆梁。"乃纵其所获人至元营具告。元人果退。故是年百姓疮痍非前年之惨，庆余预有功焉。①

粮船被劫，元军粮食短缺。至元二十四年十二月，元朝第二次派出船队送粮，这次由海道运粮万户张文虎等负责。运粮船队和元朝远征军在海边的会合时间当在至元二十五年正月。据《元史》，张文虎的船队在至元二十四年十二月到达安南附近海域。而镇南王则于二十五年正月命令乌马儿"将水兵由大滂口迓张文虎等粮船"。但是，张文虎的船队遭到安南水军的袭击，丢弃粮食，逃归海南岛。"张文虎粮船以去年十二月次屯山，遇交趾船三十艘，文虎击之，所杀略相当。至绿水洋，贼船益多，度不能敌，又船重不可行，乃沉米于海，趋琼州。"其他两位运粮万户的船队遇到大风天气，运粮任务也未完成："费拱辰粮船以十一月次惠州，风不得进，漂至琼州，与张文虎合。徐庆粮船漂至占城，亦至琼州。凡亡士卒二百二十人、船十一艘、粮万四千三百石有奇。"由于运粮船队的任务失败，乌马儿未能接到粮船，"乌马儿由大滂口趋塔山，遇贼船千余，击破之；至安邦口，不见张文虎船，复还万劫"。②乌马儿、张文虎两军未能会合，在《安南志略》中也有明确记载："至元戊子正月四日己丑，王还

---

① 吴士连编纂《大越史记全书》本纪卷五《陈纪》，第298~299页。该书所记陈庆余两个阶段的作战情况和黎崱《安南志略》的记载基本相同，应是海上截击元军第一批次运粮船队的战斗。山本达郎《安南史研究I：元明两朝的安南征略》（第189~190页）、陈重金《越南通史》（第107~108页）、明峥《越南史略（初稿）》（第99页），均将其视为劫夺元军第二批次运粮船队。恐不确。
② 《元史》卷二〇九《安南传》，第4648页。《元史》卷一五《世祖纪十二》也记载：二十五年春正月，镇南王"命乌马儿将水兵迎张文虎等粮船"；二月，"乌马儿迎张文虎等粮船不至，诸将以粮尽师老，宜全师而还，镇南王从之"。（第307~308页）《元史》卷一六六《樊楫传》载：二十五年正月，"交人皆匿其粟而逃，张文虎馈饷不至。二月，天暑，食且尽，于是王命班师"。（第3908页）潘辉黎等《越南民族历史上的几次战略决战》认为张文虎参加了元军第一批次运粮。（第50页）恐不确。

旧屯，乌马儿由海道出迎张文虎续进粮舰。十一日丙申，与彼战于多鱼口，潮落而散。张文虎先遇敌于安邦口，粮陷，乘单舸走还钦州。"①

综上，元朝向安南元军海道运粮前后共有两次，分别在至元二十四年十一月和二十五年正月。《安南志略》除"张文虎续进粮舰"的说法外，还有一处明确提及这两次运粮的情况，在镇南王决定班师后，水道将校告曰："粮舰两入俱陷，不若毁舟从陆，为上计。"② 据《元史·安南传》，张文虎在至元二十五年正月遭安南伏击，运粮失败之后再未出战。他根本没有参加白藤江之战。

值得一提的是，《大越史记全书》所记参政岑段、田元帅等事迹不详，元越外交文书也未提及此二人，具体情况待考。

三 陈朝对元朝战俘的处置

徐明善《天南行记》收录至元二十五年四月安南国王陈日烜写给元世祖的表文，表文对战争经过没有具体涉及，重点讲了优待战俘的情况。文中说："闻见百姓送到昔戾机大王一名，称系大国贵戚。臣于是日平礼相待，极加尊重。敬与不敬，大王必知。……小国水土甚恶，炎瘴实繁。臣虑住坐久淹，或生疾病。虽微臣尽于奉养，亦不免贪利边功诬奏流言之罪也。微臣谨具行路礼物，差人前就界首，递送大王归国。"③

安南国王期望通过优待"大国贵戚"昔戾机大王，缓和两国关系。但是，事情并非如他所期待的那样。至元二十五年十一月，元世祖回复了一道措辞强硬的诏书，其中写道："昔戾机忝为族属，以被遣适。彼乃有过谪戍之人，譬如以此饰情。合将乌马儿拔都军府官等发送回来，方表忠顺。诏书到日，乌马儿拔都军官等一同来见。"④

---

① 黎崱：《安南志略》卷四《征讨运饷》，第91页。
② 黎崱：《安南志略》卷四《征讨运饷》，第91页。
③ 徐明善：《天南行记》，《说郛三种》第5册，第2603页下栏。
④ 徐明善：《天南行记》，《说郛三种》第5册，第2604页下栏。这道诏书又收入黎崱《安南志略》卷一二《大元诏制》，第51~52页，多有误字、缺文。

这番文书往来，使昔厹机大王的身份逐渐清晰。他虽然是"大国贵戚"，但在世祖看来，其"忝为族属"，"乃有过谪戍之人"。比起大将乌马儿，他的重要性相差甚远。结合这些情况，我们可以推定此处的昔厹机大王就是蒙哥汗之子昔里吉。① 他长期反叛元朝，后被元朝擒获，流放到南方，又受命到前线作战赎罪。在第二次元越战争之前，元世祖曾命令有罪的蒙古诸王参加镇南王脱欢的军队，至军前作战抵罪。② 这些"从军自效"的叛王中就有昔里吉。昔里吉没有死于残酷的战争，他被俘后，凭借黄金家族的高贵血统，得到安南国王的优待。由于战败，元世祖对昔里吉的命运并不关注，只要求安南尽快送回被俘的大将乌马儿等人。

事情并未就此结束。善待昔里吉成为安南向元朝示好的一个重要说辞，在此后的外交文书中再次提及。至元二十九年，元朝兵部尚书梁曾、侍郎陈孚等出使安南。至元三十年二月二十一日，他们致书安南国王仁宗陈日燇，要求送还被俘的全部元朝官兵，"就帅往者落南官军将佐及奉所侵疆土祈哀请罪，天其或矜，朝廷从而矜之"。③ 随后，他们接到陈仁宗写于至元三十年二月二十五日的回信：

> 官军将佐或有遗落乎敝邑者，孤父在日，已尽搜索。如昔厹机（夫）［大］王部属乌马［儿］、樊参政老少、孙路蛮、何奉御、唐兀［歹］、瓮吉䍐（氏）［歹］、唐万户、胡英、郭全及万户、千户头目官军等辈，并已随次送还讫。其余或瘴死，或逃归者，则孤所不知也。张尚书至日，已尝言之。孤寻问村落诸处，至今未有所得。④

---

① 具体论证见党宝海《昔里吉大王与元越战争》，《西部蒙古论坛》2013年第4期，第3~8页。
② 《元史》卷一四《世祖纪十一》载，至元二十四年八月"己巳，谪从叛诸王赴江南诸省从军自效"（第300页）。
③ 陈孚：《陈刚中诗集》附录"元奉使与安南国往复书"，《全元文》第20册，据影印文渊阁四库全书本收录，江苏古籍出版社，2000，第568页。
④ 陈孚：《陈刚中诗集》附录"元奉使与安南国往复书"，《全元文》第20册，第569页。"昔厹机夫王"未校。唐兀［歹］、瓮吉䍐（氏）［歹］，据徐明善《天南行记》所收元世祖回复安南国王诏书校补。

值得注意的是,由于昔里吉的特殊身份,他在安南国王书信中的排序仍在乌马儿等将领之前。这反映了安南国王对昔里吉地位的错误认识,对元朝谪戍出军制度缺乏了解。

据笔者所知,汉文史料对昔里吉被送回元朝后的下落没有记载。不过,依外交文书,元世祖对这位昔日叛王、安南俘虏的看法并没有什么大的转变。根据至元二十五年四月安南国王的表文,昔里吉是由元朝战俘唐兀歹等人陪同,先期返回元朝的,"特差使臣从义郎阮盛,随昔戾机大王同唐兀歹等赴阙"。但是,从至元二十五年十一月元世祖回复安南国王的诏书来看,忽必烈接见了返回的唐兀歹等人,而并未提及召见昔里吉,诏书写道:"省所上表,已尽来情。又唐兀歹、哈散剌、瓮吉剌歹口奏事,亦以听悉。"① 据此推测,元世祖仍未改变对昔里吉的态度,拒绝和他见面。蒙古伊利汗国的历史巨著《史集》讲述了昔里吉的最后结局:"他谪居于一座空气十分恶劣的岛上。他在那里度过残生,最后死掉了。"② 据毛海明的研究,这座岛是高丽的人物岛(又名仁物岛)。③

参知政事兼水军统帅乌马儿是地位最高的元军战俘。至元二十五年四月安南国王的表文控诉了乌马儿的暴行,已见前文征引。安南深恨乌马儿,最终将他暗杀。

徐明善《天南行记》记载,至元二十六年三月二日,"世子(即安南陈朝圣宗陈日烜——引者注)遣翰林等来言:乌马儿参政将北归,往辞兴道(世子之弟),夜卧舟中,为风涛所溺"。稍后,陈圣宗上表提到:"去年小国百姓送遗军,微臣亲问只得昔戾机大王、乌马儿参政、樊参政三名,……先备行物,特差使臣从义郎阮盛,随昔戾机大王同唐兀歹等赴阙。其间,二参政落后,缘于大军才退,意恐参政未息怒心,必兴祸害,是以慢留。方行津遣,岂期微臣无福,事与愿违。……乌马儿参政期当续后回去,彼以归路由万佃,因请先就兴道资其行具。水土程中,夜困火

---

① 徐明善:《天南行记》,《说郛三种》第5册,第2604页上栏。
② 拉施特主编《史集》第二卷,余大钧译,商务印书馆,1985,第317页。
③ 毛海明:《元初诸王昔里吉的最终结局》,刘迎胜主编《元史及民族与边疆研究集刊》第34辑,上海古籍出版社,2017,第117~120页。

融，舟为水漏，参政身材长大，难于拯援，遂致溺亡。小国人夫寻亦俱死。它之妻妾、小僮几陷没，赖乎轻小，救之得免。微臣火葬，修之功德。"①

从表文来看，乌马儿由于中途船只漏水，没能得到及时援救而被淹死。安南救出了乌马儿家属，隆重安葬了乌马儿。天灾难避，礼数周到，安南似乎没有任何过失。可事实并非如此。据越南官修史籍《大越史记全书》，乌马儿是被安南暗杀的：重兴五年（己丑，至元二十六年）春二月，"遣内书家黄佐寸送乌马儿等还国，用兴道王计，以善水者充船夫，夜钻船沉水，乌马儿等溺死"。②

大将樊楫也死于安南，安南官方给出的原因是病故。前文述及，安南国王表文中写道："樊参政忽遭热病，微臣尽其所有药物，购彼部下医人，疗之不可，渐致身亡。微臣火葬修功德讫，因给马匹付它妻妾，驼其香骨。千户梅世英、薛文正等为之护送，一并还家。"③

然而，根据元代文献，樊楫是被安南杀害的，并非病亡。傅若金《樊公行状》记载："军陷，公遂执，念不死必灭安南。明年使者至，求公等。会公已被毒，既见使者，言状既，北面拜，稽首语使者，且必归吾尸，遂趣装倚马而死。使者以其丧还，时年四十有九。事闻，上惊悼久之。"④《元史》卷一六六《樊楫传》所记近似："楫被创，投水中，贼钩执毒杀之。"⑤

从昔里吉的生和乌马儿、樊楫的死，我们可以认识到三人在元朝军中的不同地位，乌马儿和樊楫是统率大军的主将，对安南造成了巨大破坏，

---

① 徐明善：《天南行记》，《说郛三种》第5册，第2605~2606页。
② 吴士连编纂《大越史记全书》本纪卷五《陈纪》，第301页。王德毅等编《元人传记资料索引》收录一名乌马儿，以万户伐宋，积功擢总管、都元帅，宋平，领泉府、市舶两司，又以水军从征安南，授安南行省参政。桑哥用事，奏授江淮行省参政，桑哥败，被诛。见《元人传记资料索引》第4册，中华书局，1987，第2518页。此处记载明显有误。作者把两个乌马儿的事迹混淆了。参加安南战争的乌马儿已经死于至元二十六年。
③ 徐明善：《天南行记》，《说郛三种》第5册，第2605页下栏。
④ 《全元文》第49册，第319页。
⑤ 《元史》卷一六六《樊楫传》，第3909页，标点稍有改动。

被俘遇害。昔里吉是前线赎罪的谪戍叛王,虽然在军队中属于非常次要的角色,但由于血统高贵,受到了安南的优待。

安南俘虏了大量元朝官兵。安南国王给出了两个数据。一处见于至元二十五年四月安南国王写给元世祖的表文:"大军遗亡者殆千余人,臣已发令归了,或后别有见之,臣亦寻教回去。"① 另一处见于至元二十六年三月安南国王表文:"在前数陷微臣所军人通计八千余人,其间或有头目,皆不知之。今蒙诏谕,微臣更行搜索,所得军人头目若干名、军人若干名,并从天使回者。别后尚有遗亡,犹未尽到,微臣亦当发遣,不敢一留。"②

由此可见,在多次战争和冲突中,元朝大量普通官兵被俘。在1288年之后,这些战俘被安南送回元朝。但是,从被俘到被遣返之间,他们的境况是悲惨的。这些战俘中至少有一人留下了姓名。

苏天爵《故承事郎象山县尹李侯墓碑》记载:白藤江之战,李元佑被俘,"乃断其发,或绝其食,凌辱困苦万方。侯执守益坚,不少慑屈。久之,防禁少弛,侯脱身拔归,昼伏夜行,掇草木实食之,数日始达吾境"。③

有的元朝战俘在被释回国的路上,遭到安南军队的袭击。《大越史记全书》记载,重兴五年(己丑,1289)四月,定平元之功。"兴智王不许进秩,以有诏'元人归,诸将勿遏',而犹邀击之也。"④

有的返国战俘最初并未受到元朝的优待,后来经过申诉,才获得了较好待遇。李元佑就有这样的经历。他从安南历险逃回之后:

> 行省以其事闻,时朝廷初改钞法,重其职守,以侯提领绍兴路平准库,阶将仕郎。凡再考,代者始至。元贞初,调衢州录事。民讼于

---

① 徐明善:《天南行记》,《说郛三种》第5册,第2603页下栏。
② 徐明善:《天南行记》,《说郛三种》第5册,第2606页上栏。
③ 苏天爵:《滋溪文稿》卷一八《故承事郎象山县尹李侯墓碑》,第298页。山本达郎也注意到这条史料,见《安南史研究Ⅰ:元明两朝的安南征略》,第199页。
④ 吴士连编纂《大越史记全书》本纪卷五《陈纪》,第302页。

庭，立决遣之。满考赴调入京。侯以向陷交趾，备极艰苦，至是吏部止积月日，与从七品。先时行省郎官有以从征升一官者，掾之同被陷者亦受从七品官，独侯循序而进，众为之不平。乃自陈于政府，于是即与正七品，阶承事郎，庆元路象山县尹兼劝农事。①

对参战官兵予以适当的优待，是古今通例。虽然在执行过程中有所疏漏，元朝毕竟也奉行了这样的政策。

受限于当时蒙古帝国内部矛盾激化的态势，元朝第二次进攻安南的战争准备仓促，统帅平庸，将领轻敌，而安南的战争策略正确，军民斗志顽强，将领指挥得法，在白藤江战役之前，元军已经处于败退状态。

白藤江之战是元朝水军的一次惨败，水军失去陆军的掩护和策应是战败的原因之一。元朝向安南元军运送粮食共有两次：第一次在战争之初就被安南截获；第二次运粮以海路运粮万户张文虎的船队为主，但遭到安南水军的攻击而粮、船尽失。张文虎并没有参加白藤江之战。

在战争中，安南俘虏了大量元朝军官和士兵。战后，安南礼送蒙哥汗之子昔里吉返回元朝，但谋杀了主要将领乌马儿和樊楫。为了改善与元朝的关系，安南比较重视遣返元军战俘，也有战俘越狱逃归。按照元朝的制度，被俘虏而返回的元朝官员在官职升迁方面可以得到一定的优待。

---

① 苏天爵：《滋溪文稿》卷一八《故承事郎象山县尹李侯墓碑》，第298页。

中日战争时期的"东亚"
——以尾崎秀实为中心

顾菱洁[*]

摘 要 在中日学界以"东亚"为课题进行历史对话之时,作为战时知识人的尾崎秀实是重要的研究对象。本文以"东亚"概念为核心,将尾崎秀实言论中的"东亚"分为"作为概念的东亚"、"作为现实的东亚"和"作为想象的东亚"三个层次,试图重新解读尾崎秀实的"东亚"论。具体而言,从重视现实存在的"中国民族问题"到无视正在进行的中日战争,尾崎秀实以"东亚"为中心的政治思考在不断扩大的同时,逐渐演变成无视"现实"的"想象"的存在。因此,尾崎秀实虽然比同时代的知识人更表现出某种革命性,但是也不能否认其以"东亚"为中心的认识存在变质的现象。

关键词 尾崎秀实 东亚 中日战争 亚洲主义

在中日学界以"东亚"为课题进行历史对话的时候,尾崎秀实[①]是重

---

[*] 顾菱洁,北京大学历史学系博士研究生。
[①] 尾崎秀实(おざきほつみ,1901~1944),朝日新闻社记者、中国问题评论家与昭和研究会成员。在20世纪30年代,尾崎以其对西安事变发展趋势的准确判断,成为在当时备受瞩目的中国问题评论家。在1941年,尾崎因佐尔格事件被捕入狱,于1944年11月被执行死刑,终年44岁。

要的研究对象。尾崎以其中国问题评论家的身份闻名，在中日战争期间围绕"东亚"发表过诸多言论。日本学者多将尾崎视为"共产主义革命者"，表明其思想与同时代的知识人相比呈现出明显的共产主义倾向。① 中国学者亦通常持有类似的观点，指出尾崎具有亚洲团结和社会革命的视野。② 在中日战争期间作为近卫内阁对外宣传标语的"东亚新秩序"构想乃是中日学者共同关注的历史问题，而以尾崎秀实为对象，中日学者往往从相似的角度和立场出发进行论述，得以形成日本学者三谷博所说的某种"历史认识的共有"。③ 而日本学界对尾崎的研究始于二战结束，至今有半个多世纪，成果丰富。与之相对，中国学者则直到21世纪才开始真正关注尾崎的思想。两者相隔半个世纪左右。在此意义上，中国学者对尾崎的认识或多或少会受到日本学者所塑造的尾崎形象的影响。

在1945年第二次世界大战结束以后，日本的共产主义者最先对尾崎其人进行定位。他们否认尾崎的国际间谍身份而刻画出"为实现共产主义理想而献身"的尾崎形象。④ 到60年代，风间道太郎从民族主义的角度出发，塑造出兼有民族主义思考和共产主义理想的尾崎形象。⑤ 这一双重形象影响了之后日本学者对尾崎的"东亚"论的探讨。米谷匡史和米

---

① 竹内好在《亚细亚主义》一书中专门列出尾崎的两篇文章，并在序言中称其为"在无产阶级、国际主义和亚细亚主义之间架起桥梁的特例"。竹内好編『アジア主義』筑摩書房、1963、52頁。

② 参考赵京华《社会革命与亚洲改造的大视野——尾崎秀实的现代中国论》，《开放时代》2018年第2期；胆红《围绕"东亚协同体"论——战时日本的中国论》，《中国研究月报》第61卷第10期，2007年；汪力《"东亚协同体论"再考："帝国话语"中的"近代"、"超近代"和"社会革命"》，《外国问题研究》2017年第3期。

③ 三谷博・金泰昌編『東アジア歴史対話』東京大学出版会、2007、13~15頁。

④ 以1946年12月1日松本慎一的评论为起点，战后的共产主义者将尾崎视为"有着深刻的死亡觉悟"的"共产主义运动的坚决实践者"。（松本慎一「日本帝國主義と尾崎秀實」尾崎秀樹編『回想の尾崎秀実』勁草書房、1979、24頁）神山茂夫继承松本的立场，在1963年发表的文章中将尾崎视为"最后的共产主义者"、"为粉碎天皇制军阀侵略战争而奋斗的日本和世界革命运动的一员"和"为了共产主义不惜赌上其生命的革命家"。[神山茂夫「事実と真実のあいだ——尾崎秀実の評価をめぐって」『みすず』5（7）（51）、1963年7月、38~41頁]

⑤ 風間道太郎「尾崎秀実論」『思想の科学』第5次（57）、1966年12月、64頁。

原谦将尾崎在战前发表的"东亚协同体"论、"东亚共荣圈"论与其在狱中提出的"世界革命"论相结合,不仅强调其思想的连续性,还指出在尾崎的认识中,亚洲主义的心情和世界革命的理想达成微妙共振的状态。① 如此一来,在以尾崎的"东亚"论为对象的研究中,浮现出"共产主义式的东亚革命者"的尾崎形象。

21世纪的日本学者站在"现在"的立场上探究位于日本战时言论空间中的尾崎的"东亚"论,重视尾崎对"中国民族问题"的分析,试图从中找到能够真正实现"亚洲团结"的思想原石。而中国学者则有必要重新认识日本学者通过长期的学术积累而塑造出来的尾崎形象,重新评价后者试图以尾崎为对象进行中日间历史对话的做法。故而,本文以"东亚"概念为线索,以1938年11月近卫首相发表"东亚新秩序"宣言和1940年8月松冈外相提出"大东亚共荣圈"计划为时间节点,将尾崎的"东亚"论分为国际秩序论、中日关系论、世界秩序论三个部分进行探讨。在此基础上,本文试图将尾崎言论中的"东亚"分为"作为概念的东亚"、"作为现实的东亚"和"作为想象的东亚"三个层次,不以"共产主义式的东亚革命者"的尾崎形象为认识基础,而是直接考察尾崎以"东亚"为中心的政治思考的变化过程。

一 "东亚危机"论的形成

1937年4月,尾崎秀实连续发表《战争的危机与东亚》《东亚之中的战争的危机》两篇文章,并在标题中首次使用"东亚"一词。1937年7月,中日战争全面爆发。从淞沪会战到武汉会战,由于中国军民的奋勇抵抗,日军在中国战场上的进攻态势被不断遏制,逐渐陷入长期战争的旋涡之中。

---

① 详见米谷匡史「尾崎秀実の『東亜協同体』批判」石井知章・小林英夫・米谷匡史編著『一九三〇年代のアジア社会論:「東亜協同体」論を中心とする言説空間の諸相』社会評論社、2010;米原謙『日本政治思想』ミネルヴァ書房、2017。

尾崎秀实加入近卫文麿的智囊团（即昭和研究会），亦是在1937年4月。作为新闻记者的尾崎从国际关系的角度出发观测东亚社会的形势，提出了所谓的"东亚危机"论："自1929年至1930年刮来的世界经济恐慌的台风完全改变了世界的样貌。……既然不能做出根本性的变化来消解战争的危机，也不能找到对策，那么就不能忘记战争危机的存在。战争随时都有可能爆发，不如说具有决定性意义的大规模战争已初现端倪。"① 尾崎指出，在这场经济危机爆发以后，资本主义制度的弊端愈发显露出来，在欧洲已出现法西斯化的进程（他认为这与其说是在展现自己的强势，不如说是在显示自身的虚弱②）。虽然欧洲的战场确实硝烟弥漫，但在尾崎看来，"如今，东亚被认为是战争的危机潜伏最多的地区"。③ 确实就在此三个月后，中日战争全面爆发，而以中国为中心的东亚局势则越发混乱。

不论是在1937年4月的文章中，还是在此之前的文章中，尾崎所说的"东亚"均指代以"半殖民地支那"④为中心的广大地域，其言论对象亦是以中国为势力争夺对象、在中国领土上具有明显利益冲突的几大"外来成员"（日、英、美、苏）。在1936年12月的《支那的国际关系的新局面》中，尾崎说道："从上述观点来看位于东亚中心位置的半殖民地支那，可谓'妙处'颇多。以支那为舞台的列国争霸战争变得非常深刻，可谓理所当然。"⑤ 细究尾崎所论及的在"东亚"战争危机最多的四点理由⑥，亦可

---

① 尾崎秀実「戦争の危機と東亜」『尾崎秀実著作集』第一卷、勁草書房、1977、5頁。
② 尾崎秀実「戦争の危機と東亜」『尾崎秀実著作集』第一卷、5頁。
③ 尾崎秀実「戦争の危機と東亜」『尾崎秀実著作集』第一卷、8頁。
④ 尾崎在其著作中基本使用"支那"一词来指称中国，为反映史料原状，本文在直接引用尾崎原话时使用这一用语。"支那事变""日支事变""日支关系"等语词，同样在直接引用时保留其原状。
⑤ 尾崎秀実「支那に於ける国際関係の新局面」『尾崎秀実著作集』第一卷、26頁。
⑥ 尾崎指出四点理由：其一，远东是如今在列强的瓜分下仅存的广大区域，自然也就会成为诸国在世界经济危机以后再瓜分的对象；其二，日本激进的大陆政策在中国的发展；其三，东亚是日苏两国的直接接触范围；其四，受到苏维埃同盟势力扩大的影响，以殖民地解放为目标的民族运动逐渐高涨。尾崎秀実「戦争の危機と東亜」『尾崎秀実著作集』第一卷、8頁。

知在说到"东亚"的时候，尾崎基本是在探讨以所谓的"半殖民地支那"为中心的国际关系问题。

在此基础上，尾崎眼中的"东亚"国际关系以日英美三国为核心，与其外交政策息息相关。首先，尾崎认为日本在中国实行的所谓"大陆政策"，必然会与在中国有密切利益要求的英美两国发生冲突。然而，虽然日本在中国的侵略行为相当活跃，但是作为推进战争的中心力量，奉行"大陆政策"的军部指导者的"真正的危险"在于对"中国问题"的复杂性始终缺乏充分的了解，反而呈现出一种浅薄粗鄙的"中国停滞论"的认识。① 在批判日本政治现状的同时，尾崎强调日本的指导者需要采取科学的方法来正确看待中国，其重中之重则是不能忽视中国的民族问题，此即"中国人民战线问题"。在他看来，中国人民战线运动是包含广泛阶层在内的民族运动，其以自我解放为使命，具有不可估量的巨大潜力，然而无论是正处于战争旋涡之中无法自拔的军部，还是沉迷于国内胜利报道而过分乐观的日本国民，都很难真正地意识到中国民族运动所具有的重要意义，而若是仅仅将目光放在以国民党为首的政治力量上的话，日本的对华政策终将失败。战争的发展将尾崎的担忧变成现实。随着战争的深入，陷入僵局的军部根本无法以继续推进战争以外的方式改变现状，因而在1937年11月以后的言论中，尾崎屡屡提到，日本"不存在有退缩或改变方向的可能，除了全力前进以外别无他法"。②

其次，尾崎将中国范围内的日英、日美之间的冲突与交涉视为东亚世界的基本旋律。③ 尾崎的解说如下。一方面，在中国拥有最大经济利益的英国绝不会容许日本横插一脚，二者的对立将成为列强在华利益追逐战中最基本、最具有决定性意义的对立。然而，虽说日英两国的和解遥

---

① 尾崎秀実「対支政策と輿論の貧窮」『尾崎秀実著作集』第三巻、勁草書房、1977、309~310頁。
② 尾崎秀実「長期戦下の諸問題」『尾崎秀実著作集』第二巻、勁草書房、1977、108頁。
③ 尾崎秀実「戦争の危機と東亜」『尾崎秀実著作集』第一巻、8頁。

遥无期，但是固守大英帝国整体安危的英国由于不具备开战的勇气，而只能选择在妥协的过程中出让部分在华利益，与日本维持微妙的平衡。另一方面，在中国并不具备政治基础的美国则拥有强大的实力，试图在中国分一杯羹，但亦因据守传统的"孤立主义"政策而不会过多地干涉日本在中国引发的争端。在如此互相对峙的东亚局势之下，尾崎明确指出各国外交政策的制定必须基于其对中国民众动向的把握。① 然而就现实观察到的情况，无论是采取进攻姿态的日本，还是宣称门户开放的美国，抑或试图维持中立的英国，尾崎都断定它们终会因采取错误的外交政策（即过于重视国民政府而忽视中国民族运动的内在潜力）而趋于失败。

除了上文提到的日本与中国之间的侵略与反侵略战争以及帝国主义国家之间的冲突，尾崎认为在中国通常还被认为存在第三种更深层次的战争危机，即日苏在意识形态上的对立。尾崎在《战争的危机与东亚》中就说道："日苏战争的危机流传已久。在北铁转让以后，迫在眉睫的战争危机似乎已渐趋缓和。然而事实上，不如说是在这之后，尤其以最近的政变为分界点，危机反而更加激化。"② 在 1937 年 11 月出版的《从国际关系来看支那》的第五章"东亚内部战争的危机"中，尾崎亦指称，"虽然我们看到战争的危机存在于列强的角逐之中，但事实上，最根本的危机依然存在于日苏关系的未来之中"。③ 在资本主义与共产主义的敌对态势中，尾崎强调中国是双方利益争夺的重要对象，同时也是意识形态冲突的核心对象。因此，他指出中国共产主义在中国的传播不仅是其内部问题，更是完全意义上的国际问题。④ 在 1936 年至 1937 年，针对中国共产党，尾崎撰写了《防共问题的多面性》《支那终将赤化吗》等多篇文章，告诫日本领导者必须重视中国的"赤化"。在 1936 年 1 月的文章中，尾崎已提到中国的统一可能朝着非资本主义的方向发展："在当今世界的诸问题中，支

---

① 尾崎秀実「支那とソ連邦」『尾崎秀実著作集』第一卷、48 頁。
② 尾崎秀実「戦争の危機と東亜」『尾崎秀実著作集』第一卷、10 頁。
③ 尾崎秀実「東亜に於ける戦争の危機」『尾崎秀実著作集』第一卷、182 頁。
④ 尾崎秀実「最近の段階における日支関係」『尾崎秀実著作集』第一卷、69 頁。

那问题的意义最为重大。我们隐晦地察觉到，解决该重要问题的关键，与使人类文化切实进入更高阶段的问题的关键，归根到底是一致的。"①

二 "东亚新秩序"论的变质

中日战争进行到1938年冬日之时，为找到摆脱战争僵局的出路，时任首相的近卫文麿在11月提出了所谓的"东亚新秩序"建设声明，宣称日本的目标是建设确保东亚永远安定，基于中日"满"在政治、经济、文化等各方面相互"协同合作"的"新秩序"。"新秩序"的具体内容与完成形态虽不明确，但作为近卫首相提出的外交标语，如何建设"东亚新秩序"的问题仍然在第一时间被视为解决战争的重要手段，在当时的知识人中引起了极大的讨论热情。与此同时，"东亚"一词亦在被频繁使用的过程中，形成独特的言论空间。

作为对近卫宣言的回应，尾崎在1939年1月发表《"东亚协同体"的理念与其成立的客观基础》。在众多的"协同体"论者中，尾崎以批判者的立场受到瞩目。在批判其他论者的同时，尾崎并未将"东亚协同体"简单视作日本政府为应对中日战争而提出的妥协方案，抑或"大陆政策"的替代理念，而是极力强调该构想乃是一个"现实的问题"，是"日支事变进行过程中出现的历史性产物"。② 此处的"现实"并不仅仅指代其"在中日战争的进程中出现"的侧面，而更多地着眼于其具有的"现实的政治性"，即"该理论是自战争以来与支那民族问题激烈碰撞的教训的产物"。③ 早在1937年3月的文章中，尾崎就指出要论述以中国为中心的国际关系形势，作为中央政府的国民政府自然是其重要对象，但更为根本的

---

① 尾崎秀実「支那に於ける列強の角逐」『尾崎秀実著作集』第一卷、26頁。
② 尾崎秀実「『東亜協同体』の理念とその成立の客観的基礎」『尾崎秀実著作集』第二卷、310頁。
③ 尾崎秀実「『東亜協同体』の理念とその成立の客観的基礎』『尾崎秀実著作集』第二卷、312頁。

任务是注意中国民众的动向。① 在以"东亚新秩序"构想为中心的多次阐述中,尾崎对"中国民族问题"越来越重视。鉴于中国社会的特殊性(半殖民地性与半封建性的两大特质),尾崎对"东亚协同体"论抱有极大的期待,因为他相信该"协同体"论正是自战争全面爆发以来日本与"中国民族问题"猛烈碰撞的产物,正是东亚人民所期待的能够带来终极和平的存在,其若是不止步于理念就能带来现实的政治意义。② 然而尾崎亦心知,对于"新秩序"构建中的另一大主角中国来说,这一由日本政府提出的理念事实上并不意味着善意与友好,因此基于中国的抗日立场,旨在解决民族问题的"东亚协同体"论的推广与发展,必须首先被搁置在漫长的民族战争之中,③ 而且"如果没有能力解决支那的民族问题的话,'协同体'论最终不过是一个理念,而不具备发展性"。④

作为一个"现实的问题",尾崎指出"东亚协同体"的理想存在诸多弱点与实践过程中的困难。⑤ 他认为要将这一理想化为现实,对内对外都必须展开激烈的斗争。⑥ 在国家内部,需要压制帝国主义的要求,不能将中国仅视为原料供给地与国防前线,而强制性地、单方面地进行以掠夺资源为核心的东亚经济组织化;在国家外部,即在中国,需要回避与中国的战争,通过重新认识"中国民族问题",试图让中国人将"东亚新秩序"的建设视为自己的问题并积极投身其中。基于对中国民族问题的深刻认识,尾崎试图将中国与日本放在相对平等的地位之上,其在论述的过程中

---

① 尾崎秀実「支那とソ連邦」『尾崎秀実著作集』第一卷、48頁。
② 尾崎秀実「『東亜協同体』の理念とその成立の客観的基礎」『尾崎秀実著作集』第二卷、313頁。
③ 尾崎秀実「『東亜協同体』の理念とその成立の客観的基礎」『尾崎秀実著作集』第二卷、314頁。
④ 尾崎秀実「東亜政局に於ける一時的停滞と新なる発展の予想」『尾崎秀実著作集』第二卷、348頁。
⑤ 尾崎秀実「『東亜協同体』の理念とその成立の客観的基礎」『尾崎秀実著作集』第二卷、314~316頁。
⑥ 尾崎秀実「『東亜協同体』の理念とその成立の客観的基礎」『尾崎秀実著作集』第二卷、314頁。

虽然仍会使用"指导者日本"和"其他成员国"等字眼,① 但相比其他同时代的论者,尾崎更希望作为成员国之一的中国能够通过自我解放而主动参与到"新秩序"建设之中。尾崎指出:"'东亚协同体'论到底能否成为东亚苦难的解放者,就结果而言,与其能否获得支那那些所谓'先忧后乐'的士人的协助、成为民族问题的解决方案有关,与其能否使日本国内改革得以施行、使国民给予'协同体'论以理解和支持有关。"②

到1939年3月为止,尾崎的"东亚"论毋庸置疑是在阐释作为"现实"问题的东亚。他认为"新秩序"论"若是不具备解决支那民族问题的能力,那么最终不过就是一个理念,而不具备发展的空间"。③ 然而在4月以后,尾崎对"东亚协同体"构想的解读却出现了细微的变化。尾崎开始格外强调"东亚协同体"论中"强烈作用着的'理想的'意志",④ 即"东亚协同体"论并非"大陆政策"的产物,而是扮演着拒绝向中国提出要求的正面角色,所以才会受到善良的日本人的欢迎。同时,尾崎又明确承认基于如今东亚地区的混乱形势,现实的问题并非如何设计"东亚新秩序"的具体结构,而更多的是如何向中国表明日本想要建设"新秩序"的理想。在此意义上,尾崎充分肯定近卫想要解决战争的"理想与热情"并对这一"思维方式的理想性"抱以期待,同时强调这并非近卫一个人的事情,而是九一八事变、伪满洲国建立以后,深切关注中日之将来的一派人开始思考如何使两国达成真正的和解,其中"最先需要被提出的就是该理想主义的侧面"。⑤

总的来说,尾崎言论中的"作为现实的东亚"正在逐渐变质成"作为想象的东亚",而尾崎自身亦正在从"现实的问题"的洞察者演变为

---

① 尾崎秀実「『東亜協同体』の理念とその成立の客観的基礎」『尾崎秀実著作集』第二巻、313頁。
② 尾崎秀実「『東亜協同体』の理念とその成立の客観的基礎」『尾崎秀実著作集』第二巻、318頁。
③ 尾崎秀実「東亜政局に於ける一時的停滞と新なる発展の予想」『尾崎秀実著作集』第二巻、346頁。
④ 尾崎秀実「東亜新秩序論の現在及将来」『尾崎秀実著作集』第二巻、351頁。
⑤ 尾崎秀実「東亜新秩序論の現在及将来」『尾崎秀実著作集』第二巻、350頁。

"理想的意志"的宣传者。尾崎的转变有其现实的政治背景。在1939年初近卫首相下台以后,提出不过两个月的"东亚新秩序"构想事实上已经无法作为正式的外交理念而继续存在,同时继任的平沼内阁亦并不能有效地改变日本政治的停滞状态。面对这一现状,尾崎的抵抗手段可以说就是突出近卫标语的理想性,极力宣扬所谓的"东亚之中的新秩序"。① 因而在《"东亚协同体"的理念与其成立的客观基础》一文中仅占少量笔墨的"东亚协同体"建设的理想性成为之后尾崎言论中的重点。在1939年1月,尾崎宣称该理念与同时期其他理论的最大区别是"前者认真地注意到了在支那事变过程中存在的支那民族问题的意义,并反过来设想本国的再组织",② 而到6月则变成"在论说新秩序建设的其他主张中,虽然有比协同体论形态更完备的理论,但其却没有协同体论那般有力,乃因协同体论的理想性侧面内涵丰富、具有魅力"。③

三 "东亚共荣圈"论的扩张

1940年8月,日本外相松冈洋右首次提出所谓的"大东亚共荣圈"计划。与以中日"满"为对象的"东亚新秩序"构想不同,"大东亚共荣圈"将"南方问题"④ 纳入指导范围,凸显出位于远东的日本意欲在世界范围内建立霸权的野心。与此同时,主要面向亚洲内部的"东亚"一词亦被扩大为强调世界秩序二元对立的"大东亚","大东亚共荣圈"被逐渐纳入日本帝国主义建设的日程之中。

尾崎在1941年2月提到"东亚共荣圈"的问题。为反驳"恶意的第

---

① 在1939年4月撰写的《东亚新秩序论的现在及将来》的开头,尾崎说道:"'东亚之中的新秩序'这一用语是近卫内阁在其末期所宣称的、表明日本对大陆有一种新志向的说法。近卫首相好像本来就对支那有一种理想式的见解,对日支关系的运作亦具有某种理想。"尾崎秀実「東亜新秩序論の現在及将来」『尾崎秀実著作集』第二卷、350頁。
② 尾崎秀実「『東亜協同体』の理念とその成立の客観的基礎」『尾崎秀実著作集』第二卷、318頁。
③ 尾崎秀実「東亜協同体論」『尾崎秀実著作集』第五卷、勁草書房、1979、171頁。
④ "南方问题"与下文出现的"南方诸民族"均是尾崎的原用词。

三国"的"曲解"（即美国声称日本意欲独占东亚诸地区①），尾崎特地撰写了《东亚共荣圈的新课题》一文，对日本试图确立"东亚共荣圈"的行为进行阐释。其中提到："日本确立东亚共荣圈，并非指向日本的资源政策及战略性必要，其应以共荣圈自身各单位的内部整合与紧密联系为当前目标而前进。"②

尾崎认为"东亚共荣圈"的核心课题是"民族问题"，即在殖民统治的支配下，"诸民族的自我解放正是东亚新秩序不可欠缺的要素，通过支那民族的解放和自立以达成日支两民族真正的协同合作，这正是确立东亚共荣圈的首要前提"。③ 立足于此，尾崎认为"中国问题"和"南方问题"具有相同的性质，是必须同时解决的问题，④ 其都旨在打破由英美主导的世界旧秩序，"以支那民族为先导的南方诸民族的自我解放，正意味着完全瓦解英美旧秩序维持者在东洋的立脚点"。⑤ 但与尾崎对"中国民族问题"的细致探讨不同，此处的"南方问题"和"南方诸民族"主要作为一个内容模糊的固定整体出现，意在指代与"中国民族问题"完全相同、通过简单相加即能被统称为"东亚诸民族"的存在。在与世界"旧秩序"相对立的意义上，尾崎将"中国问题"和"南方问题"相重叠。因而，尾崎没有过多论述"南方诸民族"到底涉及哪些地区，仅提及几个英美殖民地。

另外，尾崎指出"东亚共荣圈"的确立需要在整个东亚地区内部实现更高层次的"结合"，"确立东亚共荣圈的前提不仅是驱逐东洋之中的英美资本势力，而且也在于根绝其民族支配的旧秩序方式"。⑥ 此即所谓

---

① 尾崎秀実「東亜共栄圏の新課題」『尾崎秀実著作集』第五卷、187頁。
② 尾崎秀実「東亜共栄圏の新課題」『尾崎秀実著作集』第五卷、186頁。
③ 尾崎秀実「東亜共栄圏の基底に横たわる重要問題」『尾崎秀実著作集』第三卷、223頁。
④ 尾崎秀実「東亜共栄圏の基底に横たわる重要問題」『尾崎秀実著作集』第三卷、223頁。
⑤ 尾崎秀実「東亜共栄圏の基底に横たわる重要問題」『尾崎秀実著作集』第三卷、223頁。
⑥ 尾崎秀実「東亜共栄圏の基底に横たわる重要問題」『尾崎秀実著作集』第三卷、223頁。

的"农业革命"论。但事实上尾崎的讨论重点依旧是中国的农业革命问题，尤其是"抗战支那的农业革命的动向",① 很少涉及其他东亚地区。尾崎对中国农业问题的分析基于其对中国社会性质的判断，即"赋予支那社会以性质之物，总而言之就是半封建和半殖民地"。② 他将中国社会的半封建特征归结于农业社会中固有的土地关系问题（自古以来的农村共同体），将半殖民地性质与商业高利贷资本问题相联结（与地主所有制相勾结、寄生于农业生产而未能转化成产业资本）。③ 在此基础上，尾崎不仅从中国的农业问题指向日本的农业问题，还将"南方诸民族"的农业问题也纳入讨论。他具体论说道："达成创建东亚新秩序这一高远理想的现实条件，首先是构成东洋诸社会的半封建制农业社会的解体而导致的农民解放。日本自身亦须不断革新，为创造出诸民族高层次结合的条件而不懈努力。"④ 一方面，尾崎的分析继承了20世纪30年代在日本社会中盛行的马克思主义科学方法论，具有一定的合理性。但另一方面，尾崎在文中着墨较多的仍然是以中国社会的半封建性为基础的殖民地关系，以及与中国社会的封建势力相勾结的欧美资本问题，"支那的民族运动经常以反军阀斗争和反帝国主义斗争相结合的形式展开，其社会基础就在于此"。⑤

从"东亚协同体"论到"东亚共荣圈"论，尾崎将"南方诸民族"加入讨论的对象之中，明确提出所谓的"农业革命"论。尾崎的"农业革命"论颇有新颖之处，但其中亦存在一些问题。首先，虽然都冠以"东亚"一词（尾崎很少使用"大东亚"的说法），但尾崎的"东亚协同体"论和"东亚共荣圈"论具有不尽相同的政治目的。在认为二者均是

---

① 尾崎秀実「東亜共栄圏の基底に横たわる重要問題」『尾崎秀実著作集』第三巻、203頁。
② 尾崎秀実「東亜共栄圏の基底に横たわる重要問題」『尾崎秀実著作集』第三巻、204頁。
③ 尾崎秀実「東亜共栄圏の基底に横たわる重要問題」『尾崎秀実著作集』第三巻、205頁。
④ 尾崎秀実「東亜共栄圏の基底に横たわる重要問題」『尾崎秀実著作集』第三巻、211頁。
⑤ 尾崎秀実「東亜共栄圏の基底に横たわる重要問題」『尾崎秀実著作集』第三巻、206頁。

以中日合作为基础的"东亚新秩序"论的前提下，尾崎沿用"东亚"一词。但在"东亚共荣圈"的构想中，尾崎在原先的中日"满"的基础上加入所谓的"南方诸民族"，这是尾崎以"东亚"为单位的政治思考的扩展。话虽如此，这一"东亚"亦不过是地域范围上的简单扩大，尾崎没有将中国和"南方诸民族"所面临的现状与问题相区别，而更多的只是将二者相结合，以作为整体的"东亚诸民族"的形式展现出来。

其次，尾崎的"农业革命"论主要以中国为分析对象，这一点自不必多言。基于"农业革命"的视角，尾崎得以从"东亚新秩序"的理想性侧面再次回归到现实的问题之上。尾崎强调"东亚诸民族"的结合不仅是一个遥远的理想，更是迫在眉睫的自我防卫策略，在此意义上"东亚民族问题被要求具有很强的政治性"。① 另外，尾崎的"农业革命"论虽然兼有对日本农业问题的分析，事实上却更加呈现出日本在"东亚共荣圈"中的微妙地位。在论述"农业革命"论的时候，尾崎会将日本包括在内，但在讨论作为"东亚共荣圈"之核心问题的"民族问题"的时候，即指称确立"东亚共荣圈"需要通过中国民族和"南方诸民族"的自我解放来瓦解英美旧秩序的时候，日本又通常只能被放在旁观者的位置上。

最后，与"东亚协同体"论着眼于中国民族的现实动向（即中国的抗日民族统一战线）不同，尾崎在"东亚共荣圈"论中屡屡提到的"民族问题""农业革命"都或多或少以破坏英美旧秩序为目的，而日本与中国、其他东亚国家的冲突和战争的现实则被无视。由此造成的结果是尾崎所说的"世界战争"即是具有决定性形态的"日德意对英美"战争，② 而"世界新秩序"（尾崎将"东亚新秩序"和"欧洲新秩序"比喻为"车的两轮"③）则必然与"英美旧秩序"相对立，其中没有"中日战争"的位置和作为亚洲侵略者的日本的存在。

---

① 尾崎秀実「支那事変と東亜結合の理念」『尾崎秀実著作集』第五卷、204頁。
② 尾崎秀実「東亜共栄圏の基底に横たわる重要問題」『尾崎秀実著作集』第三卷、221頁。
③ 尾崎秀実「東亜共栄圏の基底に横たわる重要問題」『尾崎秀実著作集』第三卷、221頁。

一方面，尾崎将"东亚共荣圈"论放在"东亚协同体"论的延长线上，认为二者在本质上一脉相承且均植根于中日两国的"团结"，但自1941年以来，尾崎尤其强调"日支事变必须在世界性规模中才能得到解决，如今已经是确凿的事实"。① 位于两大阵营对立的国际局势之中，尾崎指出日本的必然命运是因遭遇英美资本的抵抗而采取加入同盟国阵营结成三国同盟的世界政策，"日本企图通过驱逐深入到支那社会内部的英美势力来处理战争，其加入枢轴阵营是必然的"。②

另一方面，在尾崎的言论中，东亚战争的危机从日苏间的意识形态对立转变成日美间的新旧世界秩序战争。在1941年10月的《危机迫近的东亚》一文中，尾崎说道："现在危机的真面目展现在日本国民的面前。在日支战争爆发的四年后，日本国民直面美国指导下的全面经济封锁。"③ 在立场鲜明的世界大战的旋涡中，尾崎站在同盟国的一方论述英美等资本主义势力灭亡的必然性。在其被逮捕入狱前的最后一篇文章《为了坚持到战争最后一刻》中，尾崎仍然坚持这一点："旧世界完全走到尽头……不存在再次回到英美旧秩序的可能性。"④

结　语

从1937年4月的《战争的危机与东亚》到1941年10月的《危机迫近的东亚》，在尾崎以"东亚"为关键词的言论中，具有"作为概念的东亚"、"作为现实的东亚"和"作为想象的东亚"三个层次。

"作为概念的东亚"指代"东亚"的空间属性，其中有尾崎以"东亚"为单位的政治思考的扩张。在最初的国际形势论中，尾崎所谓的

---

① 尾崎秀実「東亜共栄圏の基底に横たわる重要問題」『尾崎秀実著作集』第三巻、202頁。
② 尾崎秀実「東亜共栄圏の基底に横たわる重要問題」『尾崎秀実著作集』第三巻、202頁。
③ 尾崎秀実「危機迫る東亜」『尾崎秀実著作集』第三巻、266頁。
④ 尾崎秀実「大戦を最後まで戦い抜くために」『尾崎秀実著作集』第三巻、268頁。

"东亚"基本指代以中国为中心的地区；在"东亚新秩序"宣言发表以来的中日关系论中，则主要以中国与日本为对象；在最后的世界秩序论中，尾崎将"南方诸民族"也纳入讨论之中。然而，虽说尾崎以"东亚"为单位的政治思考存在扩张的现象，但在其言论中，存在的实像只有中国和日本，而所谓的"南方诸民族"不过徒有虚像，具有与中国相差无几的社会性质与存在意义。

尾崎的"东亚"论始终包含对现实情况的考量。"作为现实的东亚"可谓尾崎思想的核心，尤其是尾崎对"中国民族问题"的分析及对东亚农业革命的设想。在早期的"东亚协同体"论中，尾崎告诫当权者和同时代的知识人必须将中国的民族问题视为"现实的问题"，否则"东亚新秩序"不过是个空想。在之后的"东亚共荣圈"论中，尾崎再次提到该构想具有日本自我防卫的重要现实意义。但两相对照，"作为现实的东亚"从指向亚洲内部转变为与英美旧世界的对决。

在"作为现实的东亚"不断变质的过程中，"作为想象的东亚"被逐渐构筑起来。在1939年4月以来的文章中，尾崎格外强调"东亚新秩序"论中蕴含的"理想的意志"。继而到1941年以后，尾崎将"东亚诸民族"的自我解放视为与英美旧世界的对决，将加入同盟国一方、清算欧美旧秩序视为日本的必然选择。在此过程中，作为"现实"存在的中日战争被无视，逐渐消失在尾崎所"想象"的世界战争之中。

从重视现实存在的"中国民族问题"到无视正在进行的中日战争现状，尾崎以"东亚"为单位的政治思考在不断扩大的同时，逐渐演变成无视"现实"的"想象"的存在。因此，尾崎固然比同时代的知识人更表现出某种革命性，但亦不能否认尾崎以"东亚"为中心的思考存在变质的现象。在日本学界，"共产主义式的东亚革命者"的尾崎形象经过长时间的塑造与积累，已经成为日本学者研究尾崎的"东亚"论时的某种共识。然而中国学者若是追随日本学者，其学术研究亦容易变成对这一尾崎形象的再生产，因此有必要从"东亚"的角度来重新阐释尾崎的战时思想，探索其思想的可能性。

肥料的殖民史：日据时期台湾蔗作中的施肥博弈

史方正[*]

摘　要　本文对日据时期台湾蔗作产业中制糖会社与农民围绕施肥问题展开的博弈进行了分析。台湾甘蔗多肥农业的确立使得肥料的使用成为甘蔗增产的核心因素，这为围绕施肥展开的博弈提供了前提。日据时期台湾的土地制度与甘蔗农业的生产关系，为制糖会社和农民提供了博弈的空间与制度基础。尽管制糖会社采取了系统性的施肥促进政策，但由于其着眼于增产的单一目标与农民多元化的真实经济生活之间的矛盾，这一政策受到了富有农民群体特色的抵抗。会社的施肥推进与农民的施肥抵抗之间的博弈，反映了日本殖民资本主义在台湾进行经济渗透时所面临矛盾的双重性质。

关键词　殖民经济　甘蔗农业　施肥博弈　日据台湾时期

引　言

关于台湾殖民经济史，虽然日本、中国都有较多的研究，也有矢内原忠雄、涂照彦等著名学者的珠玉在前，但具体到施肥问题，相关研究却是寥寥。即使在有限的与肥料相关的研究中，肥料也往往是作为农业生产抑

---

[*] 史方正，日本东北大学博士研究生。

或商品贸易的附属物出现。第一,肥料作为生产资料,在有关台湾米糖产业及会社的叙述中作为增产政策的一环而被提及。第二,肥料作为台湾重要的进出口贸易品,在日台贸易以及贸易会社的研究中作为业务往来的一部分而被提及。前者的代表为平井健介所进行的肥料研究。① 平井分别考察了蔗作与稻作行业肥料的消费与供需情况,并指出了制糖会社与农会在肥料使用中的重要作用。后者的代表为长妻广至从事的三井物产在台活动的相关研究。② 由此可见,在现存研究中,肥料是作为农业领域中的生产资料以及贸易行业的贸易品被定义的。但肥料的使用与消费本身,则未成为学界研究的主要对象。因此,本文将落脚点放在施肥这一问题上,着重探究围绕肥料的使用所进行的博弈。

本文考察日据时期在台湾具有代表性的砂糖制造业下属的甘蔗农业中,制糖会社与蔗农围绕施肥问题展开的博弈。之所以选择这一课题,是因为学术界已有较多关于日本殖民统治下的经济的宏观论著,本文将立足点置于这样一个细微之处,从微观出发"管窥"日本殖民统治下的经济。制糖会社与台湾蔗农之间围绕肥料这一农业生产资料的使用所产生的争端和博弈,可以帮助我们认识日本殖民资本主义在台湾进行经济渗透时的复杂面貌,同时也为考察台湾地区农民对殖民经济的接受与抵抗提供了重要的视角。在这两者的基础上,我们可以对日本殖民经济所面临的产业矛盾的性质有更深刻的认识。

1895年《马关条约》的签订使台湾被割让给日本。为了镇压台湾本土人民的反抗,日本耗费了巨额的军政成本。由于遍布全岛的武力冲突所引发的动荡,以及对人口与产业尚未形成全面掌握等,台湾总督府的税收严重不足,财政赤字严重,日本侵占台湾当年的收入有72%要依赖日本

---

① 平井健介「日本植民地における稲作用肥料消費量の推移:台湾と朝鮮の比較」『甲南経済学論集』第53巻第1~2号、2013年、105~142頁;「日本植民地期台湾における甘蔗用肥料の需給構造の変容(1895~1929)」『三田学会雑誌』第105巻第1号、2012年、31~56頁;「1910~30年代台湾における肥料市場の展開と取引メカニズム」『社会経済史学』第76巻第3号、2010年、443~461頁。
② 長妻廣至『農業をめぐる日本近代:千葉・三井物産・ラートゲン』日本経済評論社、2004年。

政府的补助。这一殖民统治难题，到儿玉源太郎总督上任后出现了转机。1896~1906年，儿玉与后藤新平集中精力推行巩固统治、经济管控、实现财政独立以及建立投资基础的政策，这些政策基本上稳定了财政收入并推动了经济的发展。①

在儿玉总督的经营政策中，台湾甘蔗种植与砂糖制造的开发，占据了重要的位置。这首先当然是出于增加总督府财政收入之目的，此外，也不能忽视台湾作为砂糖原料甘蔗的种植地所拥有的得天独厚的自然条件。当时热带气候特征最为显著的台湾，具备超越日本本土任何地方的甘蔗种植优势。于是在总督府的有意引导下，日本资本开始涉足台湾糖业生产与经营的各个领域。在与本文相关的甘蔗种植与制糖方面，这一过程主要表现为新式的日资甘蔗制糖会社的发展。

1900年，第一个糖业投资企业——台湾制糖株式会社正式成立。为了奖励其成立，总督府不仅对其投资回报率进行担保，还为台湾制糖所投资的资本提供利息补贴，此外还下发、借贷了大量实物与购置制糖机器的补助金。② 1906年后，受到优厚政策吸引的日本资本乘着战后景气之机大举赴台投资。③ 鉴于此形势，总督府由原先直接的物资援助逐渐转向以行政支援协助新糖厂的设立，④ 对糖业的奖励也转而集中于促进甘蔗生产的改良，而把工业生产的效率与创新问题留给新设立的日资糖厂自行处理。⑤ 到1911年，专门负责蔗作生产改良与糖业奖励补助的糖务局被废除，标志着日资新式制糖会社在台湾的发展已经成熟。

---

① Chang Han-yu, Ramon H. Myers, "Japanese Colonial Development Policy in Taiwan, 1895-1960: A Case of Bureaucratic Entrepreneurship," *Journal of Asian Studies*, 22 (4), 1963, pp. 433-449.
② 森久男:《台湾总督府糖业保护政策之发展》,《台湾近代史研究》创刊号, 1978年, 第398页。
③ 台湾総督府殖産局糖務課『台湾糖業統計』1918、第19表"新式製糖場設立累年対照表"、18~19頁。
④ 森久男:《台湾总督府糖业保护政策之发展》,《台湾近代史研究》创刊号, 第412~413页。
⑤ 台湾総督府殖産局特産課編『台湾糖業概観』台湾総督府殖産局、1927、43~45頁。

在由制糖会社所推动的，包括优质品种培育、耕作方法改进、灌溉设施建设在内的一系列农业技术改良活动之中，肥料因具备使用条件宽松、投入成本较低、回转率高、可以相对独立地发挥增产作用、能够促进农业集约化等优点，一跃成为新式制糖会社进行技术改良的核心。肥料的使用逐渐渗透到台湾甘蔗种植的每一个环节，从而为台湾甘蔗农业打上了多肥农业的烙印。台湾甘蔗农业也由此形成了多肥农业这一核心特质。正是由于多肥农业特质的形成，施肥的推进成为台湾甘蔗种植业中最重要的农业技术改良工作，从而为制糖会社和农民围绕施肥展开博弈提供了前提。

一 施肥博弈的基础

在分析制糖会社与农民的施肥博弈之前，首先应当明确这一博弈得以开展的环境与基础。换言之，必须首先究明制糖会社与农民在施肥博弈中各自占据的地位，才能对双方从各自地位出发所做出的博弈行为与决策进行分析。因此，我们需要考察作为博弈制度基础的台湾甘蔗农业生产关系，以及制糖会社与农民在这一生产关系中的位置。

关于施肥问题与农业生产制度的关系，《日本农业发达史》一书中说道："肥料增投的基础在于土地问题。这一点不仅限于东北一地，与我国的土地制度的情况也有关系。"① 此处的论述点出了作为施肥问题之基础的土地问题的意义，并认为土地所代表的生产关系问题对施肥的制约，并非地方性的特殊现象，而是与全国性土地制度的存在方式有关。这一判断对于台湾甘蔗农业而言，同样切中肯綮。殖民统治下甘蔗农业的生产关系的形成过程，从结构上决定了制糖会社与蔗农在甘蔗农业生产链条上的不同位置，农业的实际经营决定了蔗农的生产模式及其与会社的经济关系，从而为会社与蔗农针对肥料问题的决策提供了前提。因此，有必要对这一生产关系加以细致的考察。

---

① 日本農業発達史調査会編『日本農業発達史：明治以降における　第 8 巻（大恐慌以降の日本農業）』中央公論社、1956、207~208 頁。

1. 制糖环节对农民的排斥

伴随着甘蔗多肥农业的商品化进程,甘蔗种植与制糖两个生产环节的分离也在农村加速进行。日据初期,日本资本建立的新式制糖厂虽然采取现金交易,但部分承袭了传统的"寄碳分糖"的做法。根据新式制糖厂的分糖法,蔗农出售甘蔗之后可以收回固定比例的糖,不过制糖厂并不是分给蔗农砂糖现物,而是按照市价将其折算成现金支付给蔗农。[①] 在分糖制下,蔗农虽然要与制糖厂一起承担糖价波动的风险,但也得以分享糖价上涨的利润。从生产环节的角度看,分糖制度的重要意义在于,虽然农民不再如同原来的合作糖廓那样直接参与制糖工作,但农民通过提供甘蔗原料,仍然能从制糖厂手中分享制糖环节的利润。这是日据台湾初期,制糖厂发展尚不成熟的表现。同时,由于这一时期日资新式制糖厂刚刚起步,本土原有糖业的继承者——改良糖廓仍然活跃在台湾的制糖产业中,为农民继续提供参与制糖利益分享的渠道,改良糖廓的经济活动也得到了总督府的认可。

随着台湾糖业发展日渐成熟,制糖厂并不满足于初期的产业格局,开始要求获得垄断性的制糖利益。一方面,原有的改良糖廓被取缔,以实现新式制糖厂在制糖环节的垄断;另一方面,分糖制被取消,以最终实现对制糖业利润的垄断。

首先,考察改良糖廓的取缔。为了解这一点,必须回到总督府于1905年颁布的《制糖场取缔规则》:

> 在原料采集区域内,没有获得台湾总督许可的本土形式的糖廓不得设立。
>
> ——第三条第二项[②]

这里,总督府通过行政命令明确对本土糖廓的设立进行了限制,所有

---

① 『台湾糖業概観』27~28 頁。
② 台湾総督府令 1905 年第 38 号『製糖場取締規則』6 月 7 日。

新设糖廍必须经过总督府的许可。这一条款对于限制本土改良糖廍的发展、为日资制糖厂提供产业空间具有重要作用。

《制糖场取缔规则》是台湾总督府针对糖业发展颁布的重要政策性规定，历来受到经济史学者的重视，上述条款对改良糖廍的限制作用也为许多研究者所究明。然而，这一规则的后续改动却容易为学者所忽略。该规则颁布同年的11月2日，总督府令第82号对上述条款进行了修改，修改后的内容为：

> 前项中原料采集区域内的本土形式的糖廍，不得经营制糖业以及在区域内收购甘蔗。但获得临时台湾糖务局长许可者不受此限。①

相比原来的条款，改动后的条款对改良糖廍的限制力度进一步加大，限制内容从糖廍的设立推进到了糖廍的经营环节，实质上糖廍的制糖经营被全面禁止。这一条款改动背后，是对糖廍限制不断加大的现实。

其次，关注分糖制取消的情况。实际上，由于糖廍的消失，日资制糖厂成为唯一的甘蔗买家，在甘蔗收购问题上，其相对于农民所拥有的议价权已与之前不可同日而语。为了防止蔗农继续分享关税特惠保护下的糖价利润，分糖法被直接的甘蔗收购办法取代。对此改变的原因，《台湾糖业概观》谈道：

> 沿袭旧例实行的分糖法，因为原料供给者颇多，而且多数都对（现代制糖）缺乏理解，于是有突然引起各种纠纷的危险。而且依照原料自给法大面积收购耕地之事，又不能迅速得以实现。因此，制糖会社只好采取较为稳妥的原料收购法。这对于糖业组织而言是一次大变革。②

---

① 台湾総督府令1905年第82号『製糖場取締規則改正』11月2日。
② 『台湾糖業概観』65頁。

这里，分糖制废止的原因被归结为蔗农作为原料供给者人数众多，为所有供给者分糖容易引起纷争，因此实行较为方便的原料收购法。然而，在这样的结论背后，制糖会社防止农民分享制糖利润的真正目的被掩盖了。经由改良糖廊的取缔和分糖制的废止，制糖会社终于将农民完全排除在制糖与蔗糖利润的分享环节之外，使之成为单纯的甘蔗生产者及原料提供者。这是殖民资本主义在台湾糖业中扩张的直接体现。

2. 原料采集区域制度

在《制糖场取缔规则》之中，相比改良糖廊的取缔，另一个制度更直接奠定了台湾甘蔗农业生产的基础，就是成为甘蔗生产制度核心的原料采集区域制度：

> 台湾总督对制糖场的设立与变更发出许可，同时为其限定相应的原料采集区域。
>
> ——第三条第一项
>
> 如果没有得到知事与厅长的许可，不能将原料采集区域内的甘蔗搬运出区域之外，或用于砂糖制造以外的原料供给。
>
> ——第三条第三项①

如上所述，该制度的主要目的是为台湾总督府许可设立的制糖厂分别设立所谓的原料采集区域，在该区域内所生产的原料甘蔗只能出售给其所属的制糖厂，而不能运到该区域之外或者用于制糖外的其他方面。这一规则的执行受到制糖会社以及知事与厅长代表的总督府官房的共同监督。

原料采集区域制度的设立具有诸多用意，其中最重要的用意在于消除制糖厂之间针对原料收购的市场竞争，并剥夺农民通过这一买家间的竞争获利的可能。这对于制糖厂稳定原料甘蔗的来源起到了重要的作用。由于制糖厂直接控制的土地面积仅占蔗作面积的很小一部分，其大部分原料都

---

① 台湾総督府令1905年第38号『製糖場取締規則』6月7日。

要依靠向农民收购来获得。① 因此,划定原料采集区域并赋予制糖会社在区域内的甘蔗垄断收购权,使制糖会社的原料来源在相当程度上获得了保障。

3. 农民的生产自由与决策空间

通过将农民排除出制糖环节,以及原料采集区域制度的执行,会社在相当程度上实现了对蔗农的生产控制,正如涂照彦所说,"制糖厂取缔规则以及在此基础上制定的原料采取区域制度便意味着同时赋予糖业资本家垄断生产及垄断购买原料的双重垄断权"。② 然而事实上,会社的控制并不是完全的、绝对的,农民在生产方面的自由也并未被完全剥夺。而且,正是这种不完全的控制与不完全的自由,为蔗农与会社的博弈提供了空间。

农民在甘蔗生产上所享有的自由,根本上来自其对土地的所有权。总督府为了巩固在台湾的殖民统治与增加税收,在殖民统治初期就推行彻底的土地改革政策,削弱原有的大租户的地位,赋予众多小租农户明确的土地所有权。③ 在日据时期的台湾,农民不仅拥有土地,对私人土地的重视与保有土地的观念也十分强烈。在制糖会社试图通过收购土地以确保甘蔗原料供应的活动中,以上两点成为最大的阻碍。会社以警察强权为后盾的土地收购遭到了本土势力与舆论的强烈反抗。④ 而只要会社不能完全拥有土地,就无法将农民转变为隶属于会社、依附于土地的完全丧失自由的农业劳动者。因此会社只能退而求其次,采取原料采集区域制度这样的方式,对农民加以不完全的控制。台湾甘蔗制糖业中所体现的日本殖民农业经济色彩与爪哇殖民地的种植园经济形成了鲜明的对比。⑤

此外,不完全的控制还来自原料采集区域制度本身。虽然制度规定一

---

① 可参见台湾総督府殖産局特産課『台湾糖業統計』1934、"新式製糖場自作及買収原料甘蔗田畑別収穫實績"、22~30頁。相比通过收购获得的甘蔗,自作蔗园产出的甘蔗不过是九牛一毛。
② 涂照彦:《日本帝国主义下的台湾》,台北:人间出版社,2017,第71页。
③ 涂照彦:《日本帝国主义下的台湾》,第50页。
④ 相良捨男『經濟上より見たる台湾の糖業』1919、84頁。
⑤ 爪哇与台湾地理位置相近,同样受到殖民统治且同样作为世界甘蔗主要产地,但爪哇与台湾的殖民农业生产模式大相径庭。可参见 J. Allexander, P. Allexander, "Sugar, Rice and Irrigation in Colonial Java," *Ethnohistory*, 25 (3), 1978。

定区域内种植的甘蔗只能出售给该区域所属的制糖会社,却并未限制农民一定要种植甘蔗,因此农民在这一制度下得以享有转作的自由。尤其在20世纪20年代后,随着蓬莱米的开发与台米输日贸易的发展,"米糖相克"① 现象日益深化,直接为蔗农提供了放弃蔗作转向稻作的动力。转作的权力使农民获得了在稻米与甘蔗之间选择的自由,制糖会社通过原料采集区域制度保障原料来源甘蔗的愿望最终未能完全实现。

通过以上对甘蔗农业中生产与分配关系的论述可以发现,尽管会社在总督府支持下企图完全控制蔗农,以掌控甘蔗原料供应,将农民排除出砂糖制造这一生产环节,使其成为完全的原料提供者,但通过对土地的保有,农民仍然对自己的生产拥有部分自由与决策权。这种自由与决策权的核心在于,农民可以通过在稻米与甘蔗之间的转作来放弃甘蔗生产,从而摆脱糖业政策与制糖会社施加的种种束缚。农民的转作行为将直接威胁制糖会社其原料来源甘蔗,从而为农民争取到甘蔗生产中的话语权,迫使制糖会社在一系列生产问题上不得不向农民做出妥协。正是这种复杂的生产关系,为会社与农民围绕肥料问题的博弈提供了空间——面对占据优势地位的制糖会社,如果农民在经济与人身自由上都完全受到会社的控制,他们就失去了自由行动的权力,所谓的博弈也就不复存在了。在这个意义上,农民有一定议价权是施肥博弈得以成立的关键。

二 会社的施肥促进政策

施肥的推进是甘蔗多肥农业发展的核心要求之一。为此,作为砂糖生产主导者的制糖会社,当然也成为施肥的大力推进者。但是,在上述生产关系下,农民才是甘蔗生产的直接主体,而会社原则上只是原料甘蔗的收购方,无法像种植园主那样,直接对农民的具体生产行为发号施令。因此,为了推进施肥工作,会社必须采取其他的手段。

---

① 20世纪20年代后,日本本土稻米需求的增长以及台湾优质蓬莱米品种的培育和推广,刺激了台湾稻米种植的发展。稻米在台湾农业生产中的地位逐年提升,开始威胁到原先居于首位的甘蔗以及甘蔗制糖业。台湾农业经济研究者将其称为"米糖相克"。

1. 肥料补助与共同购买

为了促使农民在生产中施肥，会社首先要为农民的施肥提供各方面的便利。其中最直接的便利当然是经济补助。对农民的肥料补助，起初是作为甘蔗农业改良的一部分，由总督府负责推动。日本政府在《台湾糖业奖励规则》中规定：

> 第一条　对于台湾总督承认的资格适合的甘蔗耕作以及砂糖制造从业者，对其拨付以下各项费用的奖励金。
> 一　甘蔗苗费以及肥料费……（下略）①

1902~1916年台湾总督府对于蔗作肥料的补助情况，见表1与图1。

表1　1902~1916年台湾总督府肥料及肥料费补助情况

年份	补助面积（甲）	肥料费补助（元）	肥料补助（贯）
1902	363	16513.966	80864.998
1903	409	20177.36	47833.52
1904	499	2216.61	16748.86
1905	984.48	14568.66	85000
1906	983.2	26604.6	—
1907	5516.11	164254.95	—
1908	17982.66	406040.14	—
1909	30534.1	621959.31	—
1910	38894	482823.84	—
1911	45945.4	574152	—
1912	46012.8	565303.86	—
1913	43618.95	379468.52	—
1914	43299	329119	—
1915	36114	276840	—
1916	37005	240250	—
总计	348160.7	4120292.816	230447.378

资料来源：台湾总督府殖产局特产课『台湾糖业统计』1934、"肥料费及肥料补助累年表"、126页。

---

① 『臺灣糖業獎勵規則』1902、日本政府律令第五号。

图1　1902~1916年台湾总督府肥料费补助的变化

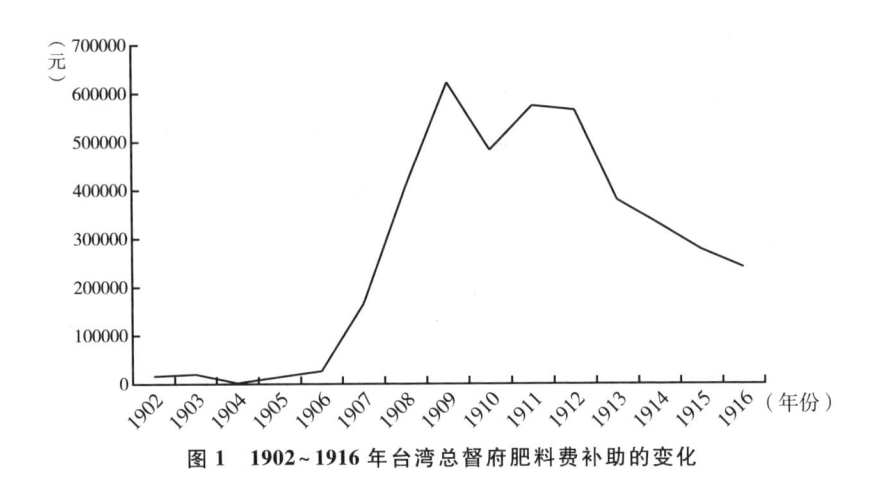

从表1和图1中可以看出，总督府的肥料补助政策具有明显的阶段性。在台湾糖业发展初期，由于农民缺乏施肥观念，总督府更多采用发放肥料的方式直接进行实物补助。但这种实物补助只是为了适应初期的需要，发放量在1902~1904年逐年减少，1905年后就不再分发。相比之下，肥料费的补助在1906~1909年直线上升，体现出补助从实物到现金的转变。1912年后，总督府的肥料费补助额度逐年下降，并在1916年之后彻底取消。其背后的原因在于，随着制糖会社的发展，肥料补助的主体已经不再是总督府，会社开始承担起对农民施肥的补助责任。各家制糖会社的肥料补助额度、补助方法，与其经营方式、原料甘蔗获取的难易程度、肥料价格的高低都有关。仅以1920年台湾制糖会社下属阿緱工场的补助情况为例。"会社每甲的（肥料）分发数量是调和肥料十三叺①，农民购买的价格是一叺25元50钱。对于按照要求在甘蔗种植的耕地上提前栽培绿肥者，按每甲土地给予5~10元的补助金。"② 可见，会社的肥料补助并非简单的、无条件的补贴发放，而是附加了对使用肥料种类、肥料施用方法甚至耕作方法的一系列要求。农民只有满足这些要求才能获得相应的补助金额。通过这样的政策，制糖会社试图培养农民的施肥习惯以及加深农民对肥料知识的掌握。

---

① 数量单位，1叺即1袋。
② 台湾銀行調査課『台湾ニ於ケル肥料ノ現状並将来』1920、31頁。

为了促进农民施肥，会社还从肥料购买渠道上为农民提供便利。与肥料补助一样，肥料的共同购买事业也是由总督府首先发起的，不仅如此，肥料的共同购买与总督府肥料补助的停止密切相关。总督府认为，在施肥推进已经初见成效的情况下，相比直接的补助，提供稳定、可靠的肥料买卖渠道更为重要。《临时台湾糖务局年报》中这样说道："从业者也通过之前几年的奖励结果知晓了肥料的功效……依照共同购买的方法，将台南支局管理下各厅内希望采购肥料者集合起来，一起商讨，当局对于相关的肥料采购与搬运事宜进行专门斡旋，以促成其事。"①

由此，会社开始在总督府斡旋下直接与肥料商达成肥料订购交易。为了满足农民的施肥需求，会社需要预先调查原料采集区域内农户的实际肥料需求情况，确定所需的肥料种类与数量，然后与肥料供应商商谈交易，共同购买的肥料也由会社协助监督与分发。② 这样，会社实际承担了农民购买肥料的"代理人"角色。在会社看来，农民只需从其手中接过现成的肥料而无须参与肥料的选购，免去了农民获取肥料的信息成本，在农民普遍缺少现代农业知识的情况下，会社主导的肥料共同购买能够相当程度上消除农民施肥的障碍，从而扩大施肥的规模，促进甘蔗种植的发展。

2. 自营蔗园与佃耕蔗田中的施肥推进

上述肥料补助以及共同购买事业的推进，主要面向自有土地的自耕农。会社对这些拥有土地之农民无法施加强有力的直接控制，因此不得不为了推广肥料的使用而在某种程度上采取"服务"农民的政策。但是，在会社的自有土地以及与会社存在佃耕关系的蔗田之中，会社是土地的拥有者，因此能够在肥料推进上展现更强硬的一面。

前文提到，为了确保原料的稳定供给，制糖会社有购买土地的强烈意愿。实际上，制糖会社之所以希望购买土地以自营甘蔗种植，除了保障原料的稳定供给，另一重要原因在于，以施肥为代表的农业技术改良计划的推行，只有在会社完全掌控的自营蔗园方能充分实现。在自己掌控的蔗园之中，会社不必像

---

① 臨時台湾糖務局『臨時台湾糖務局年報・第3年』140頁。
② 『臨時台湾糖務局年報・第3年』142頁。

面对自有土地的农民那样,即使推进工作煞费苦心仍然成效不显。

有关自作蔗园的施肥效率,表 2 对 1918~1919 年各制糖会社奖励蔗园与自作蔗园的每甲施肥情况进行了统计。

表 2　1918~1919 年各制糖会社奖励蔗园与自作蔗园施肥情况

单位:元

		台湾	盐水港	明治	帝国	东洋	大日本	新高	林本源
奖励蔗园	1918 年	47	65.38	43.97	90.64	53.1	55.84	97.48	62.5
	1919 年	58.52	77.7	57.96	109.4	58.3	60.14	88.91	73.95
	平均	52.76	71.54	50.97	100.02	55.7	57.99	93.20	68.23
自作蔗园	1918 年	139.61	182.2	—	211.04	130.25	141.67	—	120.32
	1919 年	153.11	222.15	—	225	131.45	208.97	151.73	138.21
	平均	146.36	202.16	—	218.02	130.85	175.32	151.73	129.27

资料来源:『台湾ニ於ケル肥料ノ現状並将来』40 页。数据据原文。

可以看到,相比发放了各种补助与奖励金的农民自主经营的奖励蔗园,制糖会社自作蔗园的肥料使用量大多是其两倍以上。这说明,肥料推进工作的成效确实与会社对甘蔗种植的影响力有密不可分的关系。

不过,虽然会社自营蔗园方面的施肥推进工作卓有成效,但由于自营蔗园的种植规模较小,仅仅依靠自营蔗园难以对施肥大局产生较大的影响。相比之下,与会社具有佃耕契约关系的农民的蔗田规模要大得多。关于制糖会社租佃耕地面积与农户数量,可参见表 3。

表 3　1920~1935 年部分年份制糖会社租佃耕地面积及农户数量

单位:甲,户

	1920 年	1923 年	1929 年	1932 年	1935 年
会社租佃地面积	42506	47708	41788	36593	39968
全岛每户平均蔗作面积	1.0709	0.8378	0.7655	0.6797	0.7311
租佃农户数量(估算)	39692	56944	54589	53837	54668

资料来源:台湾総督府殖産局特産課『台湾糖業統計』1924、114~115 页。数据据原文。

可见，制糖会社与相当数量的农户结成了租佃土地关系，这一部分农户及其从事的甘蔗种植对施肥推进具有不可小视的作用。因此，会社与这些蔗农签订佃耕契约时，除了租佃相关的一般事宜，还在契约中加入有关施肥的种种规定，通过这一手段促使佃农施肥。矢内原忠雄曾经举出"某有力会社的制糖所所订佃租契约书"的例子，以说明会社对佃耕农的控制，其中与肥料有关的条款如下：

第六条 关于耕作地的选定及栽培方法，乙方服从甲方之指导，① 尤其下列各项必须实行：
（1）甘蔗以二年一作为原则，甘蔗的轮作物则选绿肥或水稻，至9月底止，种植甘蔗。
（2）对于甘蔗之前期耕作而施加绿肥的土地，特别免收佃租。
……
（4）蔗园每甲必须施用调和肥料十五袋以上及堆肥二十车（一车超过八百斤）以上。据此即可依该年度的佃耕奖励规定，予以补助。
……②

可见，会社为了推进施肥，在与蔗农订立佃耕契约关系时，加入了一系列与耕作相关的要求。根据上述条款，满足施肥需求甚至可以依照佃耕奖励规定获得补助。此处需要注意的是，会社不仅规定了施肥的种类（"调和肥料"）、数量（"十五袋"），还对堆肥、绿肥的种植及所种植的蔗苗品种进行了详细的规定。在甘蔗多肥农业特质下，包括施肥推进在内的农业技术改良工作是配套进行的。会社对耕作方法、蔗苗品种、绿肥作物种植的规定，对肥料的使用起到很大帮助，这充分说明了制糖会社对于施肥的认识水平以及贯彻施肥推进的决心。

---

① 甲方即制糖会社，乙方即蔗农。
② 矢内原忠雄：《日本帝国主义下之台湾》，林明德译，吴三连台湾史料基金会，2004，第264页。

3. 肥料借贷问题

除了在甘蔗生产环节进行施肥推进的奖励补贴，在生产契约中加入施肥相关条款，会社的施肥推进政策还超出甘蔗生产，着眼于农民的经济生活本身。其中最重要的就是通过借贷对农民的施肥决策施加影响。

日据时期，蔗作农民的生活并不乐观。尤其是自佃农，甚至出现了经济上的赤字。① 同时，蔗农的工作性质决定了其收入主要依靠出售甘蔗获得，而甘蔗的生长周期相比稻米要长很多。因此，对于蔗农来说，为了获得足够的资金投入农业生产以及维持家用，各项贷款是其经济生活中的重要部分。表4为1920~1933年制糖会社向蔗农提供各项贷款的具体情况。

表4 1920~1933年制糖会社的预借款贷出金额

单位：千元，%

年份	合计	耕种资金	肥料贷款	蔗苗贷款	其他	肥料贷款占比
1920	8458	3865	4137	456	—	48.91
1921	11207	5585	5190	432	—	46.31
1922	9342	4453	4425	464	—	47.37
1923	9706	4391	4948	367	—	50.98
1924	13307	5884	6797	626	—	51.08
1925	15974	5749	8894	786	545	55.68
1926	13467	4679	7122	1409	257	52.88
1927	16294	5941	8618	1450	285	52.89
1928	18792	6947	10067	1479	299	53.57
1929	17551	6540	9675	1048	288	55.13
1930	14524	6181	7268	785	290	50.04
1931	13814	6700	5632	1069	413	40.77
1932	6602	2749	3112	413	328	47.14
1933	7547	3251	3609	417	270	47.82

资料来源：台湾総督府殖産局特産課『台湾糖業統計』1936、72頁。

---

① 当然，此处的赤字是由于统计中将农民自家提供的劳力、制作的肥料等都折算成现金计入了支出，以方便对照与精确分析。实际上，由于这部分支出由农家自己提供，农民的现金支出并非负数。家庭农业对于自家非现金支出意识的淡薄构成了农民所谓"自我剥削"的基础。参见 A. V. Chayanov, *The Theory of Peasant Economy*, D. Thorner, B. Kerblay, and R. E. F. Smith, eds., Homewood, Illinois: Irwin, 1966。

在各项贷款中，肥料贷款占比明显较大，这与甘蔗多肥农业中肥料居核心地位相符合。由于肥料投入在所有生产投入中既能发挥良好的增产效果，又能适应蔗农的实际经济状况，因此肥料支出在蔗农的经济支出中占据相当大的比重，这一地位同样在借贷中得到了体现。

对于制糖会社来说，为农民提供肥料贷款能够减少其面对肥料开支时的顾虑，促进肥料的使用。同时也需要注意的是，会社所发放的肥料贷款的偿还是较为稳定的。这一点必须与前述原料采集区域制度联系起来加以思考。《台湾肥料的现状与将来》一书中说道："对于农民的肥料购买价额，会社通常在肥料商提供的结算价格上再算上一切杂费以及每年10%的利息，再减去会社的补助金额，然后将其作为借贷计入账上，至于这一贷款金额的偿还则是直接在原料费中扣除的。"①

由于制糖会社是农民所收获的甘蔗的唯一收购者，因此每年甘蔗收购之时，制糖会社需要向蔗农支付甘蔗收购金。在耕作过程中向农民发放的以肥料贷款为主的所有贷款，都可以在购买甘蔗的金额中予以扣除。这种借贷金融与生产销售的结合，为肥料贷款的征收提供了保障。此外，获得贷款的农民都生活在制糖会社的原料采集区域之内，因此，通过会社在各地委派的"原料委员"等关系渠道，可以对农民的信用状况有较好的掌握，从而提高对于放贷与否、放贷额度的决策准确性。

此外，会社发放肥料贷款，除了能促进施肥，还能够在一定程度上稳定会社的原料来源。通过肥料借贷，会社与农民之间在生产与销售关系之外形成了借贷关系，农民在经济上依赖会社，在金融上处于借贷者的弱势地位，这为会社提供了通过金融手段对农民生产施加控制的机会。因此，某些会社发放的肥料贷款利息很低或不收利息，② 在遭受灾害导致甘蔗歉收，农民无力偿还时，会社甚至直接免除农民的肥料贷款款项。③ 当然，

---

① 『台湾ニ於ケル肥料ノ現状竝将来』36 頁。
② 『台湾ニ於ケル肥料ノ現状竝将来』33 頁。
③ 『台湾ニ於ケル肥料ノ現状竝将来』36 頁。

这是极少数的情况，但这些情况足以体现肥料贷款的本质——其发放的主要目的不是获得利息，而是保障甘蔗原料的供给与推动肥料的使用。

以上对会社的种种施肥推进政策进行了说明。受限于台湾甘蔗农业的生产关系，制糖会社无法像种植园主那样对甘蔗生产直接发出指令，而只能作为甘蔗的收购者，对农民的甘蔗生产间接施加影响。为此，面对直接拥有土地的农民，会社通过肥料补贴与肥料的共同购买为其提供施肥的便利。而对于直接经营的蔗园以及与自己结成佃耕关系的农民，制糖会社通过直接命令以及在租佃契约中加入施肥相关条款，推动肥料的使用。在这方面采取的施肥推进政策的实施效果，比面对自耕农时无疑要明显许多。此外，在甘蔗种植之外，肥料借贷作为一项金融业务加深了会社对农民的经济控制。由于蔗作农民经济拮据，贷款对于农民具有重要意义，肥料贷款的这一重要地位也使会社作为债主提高了在施肥问题上的话语权。

总体来看，制糖会社所采取的施肥推进政策手段多样，足见其在施肥问题上煞费苦心。但是，仅仅以会社作为主体的施肥博弈叙述无疑是片面的、不完整的。虽然本部分介绍的似乎是制糖会社单方面的施肥推进行为，但实际上，农民是制糖会社所有直接或间接的施肥推进政策的承受对象。制糖会社的任何举措，无论是经济鼓励与引导、契约方面的强制还是金融控制，都必须对农民产生影响才能达到推进肥料使用的实际效果。会社采取的行动越多，利用的手段越丰富，越说明其施肥推进的处境之艰难，农民对于使用肥料的抵触程度也由此可见一斑。通过对制糖会社施肥推进举措的分析，我们可以在心中隐约画出这一政策背后浮现的施肥问题中农民形象的轮廓：保有土地的农民仍然在甘蔗生产环节享有部分自由，并可以凭借此项自由获得制糖会社在施肥问题上的种种优待；而在土地关系上隶属于制糖会社（在自营或者佃耕地上劳作）的农民，则由于隶属关系，不得不面对会社更为直接和强硬的施肥要求。此外，肥料贷款既打消了农民对施肥的经济顾虑，也有助于缓解蔗农困窘的经济状况，而随之而来的代价是，其转作的自由因为与会社的借贷关系不得不受到很大的限制。因此引发的问题是：面对制糖会社体系性的施肥推进政策，农民采取了怎样的博弈决策？农民对施肥推进政策虚与委蛇的态度背后，又有怎样的原因？

三　农民的施肥抵抗及其动因

实际上，农民之所以对肥料的使用兴趣寥寥，第一个原因已经在生产制度中说明。农民由于被排除在制糖环节之外，无法享受砂糖销售的利润，而只能作为原料提供者接受会社的甘蔗收购，这无疑极大地影响了其从事甘蔗种植的生产积极性。在这种情况下，由于利润分配环节中存在的不平等，对于会社而言增产意义重大的施肥事业，对于农民而言意义实际上消弭了大半。期待农民像会社希望的那样满怀热忱地投入施肥推进之中，本身就是不切实际的。然而，农民在施肥博弈中的态度、行为和决策，比生产关系所定义的更为复杂。因此，只有通过对农民参与施肥博弈的具体案例的分析，再现农民在博弈中的全貌。同时，对真实历史的回顾，也有助于体现博弈的动态特征，使之变得生动，从而加深我们对此问题的立体认识。

1. 绿肥的种植与用途之争

所谓绿肥，是指将植物的茎叶等直接犁入田里，或者将其种在田里，作为肥料。这样种植的植物被称为绿肥作物，有时直接简称绿肥。绿肥作物在生长的过程中会发挥固氮作用，将空气中的氮气固定为有机氮化物，这些有机质会通过根茎传递到土壤中，从而发挥肥料的作用。此外，绿肥作物收获后残余的茎叶在田里腐化分解，也能够增加土壤中的有机质，改善土质。对于绿肥的作用，台湾的糖业技术人员有清醒的认识：

> 对于蔗园来说，间作豆类与田菁然后将其锄掉，这是我们经常看到的。栽培绿肥并将之锄掉，不仅能够使得有效氮肥聚集在土壤中，还能够改善土地的地理学状况，也就是增加有机物含量，从而提高对水分的保蓄能力，改善空气流通和排水的状况，保持湿度，具有多种间接好处。豆科植物的长根在地里生长，因此能够吸收下层的养分，

将其积蓄在土壤表层。由于豆科植物的茎叶繁茂，杂草也难以生长。绿肥的直接效果与间接效果非常明显，这是不争的事实。①

绿肥具有固氮、改善土质、保蓄水分、提高土壤透气性、改善排水状况、聚集土壤下层养分等优点，因此糖业技术人员感叹道，绿肥的好处巨大是无可争议的事实。

为了进一步明确绿肥对农作物的增产效果，台湾各地都曾开展绿肥种植的相关试验。表5反映了台湾各地农会关于绿肥增产作用的相关试验情况。

表5　台湾各地农会绿肥试验田增产情况

单位：石，%

		普通田产量	绿肥模范田产量	绿肥增收额	增收占比
北部	台北	16.167	17.955	1.788	11.06
	桃园	12.823	14.862	2.039	15.90
	新竹	15.043	16.264	1.221	8.12
	平均	14.678	16.36	1.682	11.46
中部	台中	20.276	23.36	3.084	15.21
	南投	16.294	19.388	3.094	18.99
	平均	18.285	21.374	3.089	16.89
南部	嘉义	12.013	14.805	2.792	23.24
	台南	18.354	19.968	1.614	8.79
	阿猴	13.486	15.747	2.261	16.77
	平均	14.618	16.83	2.212	15.13
各地平均		15.86	18.188	2.328	14.68

资料来源：『台湾ニ於ケル肥料ノ現状並将来』104頁。数据据原文。年份可能为1918年。

由表5可知，无论是台湾的北部、中部还是南部，绿肥试验田的产量都表现出明显的增长，其增收占比为8%~24%。这说明，在研究之外，

① 佐々木幹三郎『甘蔗栽培法案内』台湾塩水港製糖、1913、122~123頁。

绿肥的效果也得到了实践的检验。

在这样的情况下,台湾各地都开始推广绿肥的种植,尤其是绿肥与主要作物的套作或轮作。作为台湾主要农作物之一的甘蔗当然也不例外。《甘蔗农学》中写道:"即使最经济的方法,也比不上在种植过豆类的地上仔细翻整,然后种植甘蔗。总之,台湾的轮作顺序没有明显的缺点。(轮作中的)豆类能够利用空气中游离的氮元素,(轮作中的)甘薯也是小农家的常见食物。不仅没有缺陷,而且能够改良土地性质。"①

这里提出的种植方法是轮作,即在种植甘蔗的前一轮种植周期里,在同一片田里种植豆类作为绿肥,以此达到提高土地肥力的效果,增加之后种植的甘蔗的产量。然而在这里,看似符合糖业利益与甘蔗增产要求的绿肥轮作却与农民的利益发生了冲突,因为这将破坏农民传统的轮作惯例。制糖会社所希望的轮作制度要求在从冬天到春天的时间内种植豆类,而农业技术人员末永仁提到,农民原本会在种植甘蔗前种植甘薯,这种制度将挤占原本用于种植甘薯的土地与时间。对于农民来说,"甘薯是重要的维生作物,对于农家的日常饮食非常重要,农民不会轻易增加豆科植物的种植面积"。②

在轮作制度中,制糖会社提出的要求无法轻易得到农民的回应。而在间作和套作③问题方面,农民的做法也违反了制糖会社的准则。《甘蔗农学》中提到:"之前的作物收获得早,甘蔗就种得早,之前的作物收获得晚,甘蔗就种得晚。台湾的普通农家种植的甘薯都收获很迟(为了提高甘蔗产量),所以往往在甘薯收获前就在田间间作甘蔗。"④

---

① 金子昌太郎『甘蔗農學』糖業研究会、1912、473~474頁。
② 末永仁「嘉義庁農業政策に対する卑見」嘉義庁農会『第二回技術員製作品展覽会記事』、1914。转引自 Tsuru Shuntaro, "Embedding Technologies into the Farming Economy: Extension Work of Japanese Sugar Companies in Colonial Taiwan," *East Asian Science, Technology and Society: An International Journal*, (12) 1, March 2018, pp. 3-32。
③ 间作指在同一田地上于同一生长期内,分行或分带相间种植两种或两种以上作物的种植方式。套作指在前季作物生长后期的株、行或畦间播种或者栽植后季作物的种植方式。
④ 金子昌太郎『甘蔗農學』521~522頁。

这里，《甘蔗农学》的著者指出甘蔗的种植时间受到前一期作物收获时间的影响。由于甘薯的收获时间较迟，农家往往会选择在尚未收获的甘薯田里对甘蔗进行套作，因为早些种植甘蔗能够提高收获时蔗茎的产量。这里的问题在于作物的行间距——甘薯田的行间距通常为36英寸（1英寸＝2.54厘米），而根据末永仁的描述，种植甘蔗的最佳间距为54~60英寸。如果行间距狭窄，不仅妨碍甘蔗的耕作，而且在甘薯收获后，也很难用牛来耕地。①

　　即使农家如制糖会社希望的那样，在甘蔗种植前的田里种植豆类，或者在甘蔗田里利用豆类进行间作，事情仍然不会轻易如制糖会社所愿。豆类是另一种维生作物，不仅可以作为口粮，还可以在市场上销售。此外，绿肥植物与甘蔗收获后的根茎叶也能用作动物的饲料与家庭燃料。② 一般而言，很少有农民会将这些根茎叶重新犁入田里作为绿肥使用。关于绿肥原料被用作燃料而"浪费"的情况，《蔗农读本》中说道："虽然其中（指绿肥）的道理无论谁都知道，但依然不能得到普遍的实行，这是什么原因呢？甘蔗的叶和根为何消失了呢？答案非常简单。因为它们最终被用作燃料了……虽然认为不应将甘蔗的叶和根用作燃料，而应使其回归蔗园之中，但与之相对，将蔗根用作燃料是无可奈何的事。"③

　　由此可见，无论是绿肥的种植方法，还是绿肥的用途，制糖会社都与农民产生了分歧。两者产生分歧的根源在于，制糖会社的唯一目的是使用绿肥提高甘蔗的产量，其一切改良计划也都以此为出发点。而对于蔗农来说，虽然甘蔗是其主要作物，却远不是生产与生活的一切。生产口粮、使用燃料、制作饲料等对于农户的生活同样重要。由于这两者间的矛盾，制糖会社的绿肥推广计划并不能很好地实行。

---

① Tsuru Shuntaro, "Embedding Technologies into the Farming Economy: Extension Work of Japanese Sugar Companies in Colonial Taiwan," *East Asian Science, Technology and Society: an International Journal*, （12）1, March 2018, p. 21.

② Tsuru Shuntaro, "Embedding Technologies into the Farming Economy: Extension Work of Japanese Sugar Companies in Colonial Taiwan," *East Asian Science, Technology and Society: an International Journal*, （12）1, March 2018, p. 23.

③ 宮川次郎『蔗農讀本』台灣糖業研究会、1927、27頁。

2. 肥料挪用问题

农民与制糖会社的另一个争端在于肥料的挪用问题。宫川次郎说道："对于本岛而言，曾经有这样的时期：虽然总督府在栽培奖励费中每年向制糖会社下发的肥料补助最多，但本岛农民……只追逐眼前利益，屡屡将肥料转用到其他作物之上，补助肥料也变得毫无意义。"① 他指出了农民将肥料挪用于其他耕作物的情况。至于挪用的原因，需要从甘蔗与其他作物相比的不利之处出发加以考虑。在台湾，甘蔗的主要竞争作物是稻米。稻米的生长周期为一年左右，相比之下，甘蔗的生长周期则长达一年半甚至两年。生长周期越长，对农户的生产投入要求就越高。同时，较长的生长时间也意味着较高的风险，在风暴灾害多发、农业种植风险较高的台湾，这一点是十分不利的。再加上蔗农被排除在砂糖的利润分享外，原料甘蔗的收购价格又往往被居于垄断地位的制糖会社打压，收益相比其他作物并没有优势。所以，将制糖会社分发的肥料挪用于其他作物，便成为蔗农合理的经济选择。

除了转用于其他作物，肥料还有其他的挪用情况。《蔗农读本》里提到："从前，有些蔗农并不爱惜从制糖会社手中获得的大豆粕，最终这些肥料都流入了猪的口中，化学肥料则直接转卖掉了。"② 农民对于有机肥料与化学肥料的处理实际上体现了区别于制糖会社的农家智慧。在蔗田之外，豆粕的饲料用途与化学肥料的商品属性都得到了充分的发挥。对于制糖会社来说，这真是颇具讽刺意味的场景。化学肥料的转卖之所以大行其道，是因为在制糖会社的补贴下，农民获取的肥料的价格低于市价，因此将其贩卖到市场上是有利可图的。前文提到，甘蔗种植的风险颇高，收益又并无优势。农民的肥料挪用行为，既具有经济上的合理性，某种意义上也是对被制糖会社剥夺利润的一种反击。

农民对于肥料的挪用既然已经为众多糖业人员所见、所书，制糖会社自然不会无动于衷。《台湾农业的现状与将来》中说道："会社想出的防

---

① 宫川次郎『台湾糖业の批判』糖业研究会、1913、88~89 页。
② 宫川次郎『蔗农读本』25 页。

范之策是在会社发放的肥料上做上'记号',然后探查其在肥料市场或被用于其他作物的痕迹,如果发现,就向违背规则的农民征收肥料的原价以及一切杂费。另外,作为预防之策,农民需要将施肥的日期和地点报告给会社,会社原料员会到场监督,通过这样的手段加以严格的管控。"① 这里共提出了两个对策:一是在会社所分发的肥料上做上标记,如果发现带有标记的肥料被挪用或转卖,就要求农民偿付所领到的分发肥料的全价;二是作为预防之策,要求农民将施肥日期与地点通告会社,由会社的原料员到场监督施肥工作是否切实展开。著者认为,在这样严格的管理之下,挪用肥料的行为已经不多见了。

在肥料使用的管理之外,会社还试图从肥料的源头上解决挪用问题:"各会社……为了防止大豆粕这样的肥料被用作家畜饲料,将其悉数加工成调和肥料。"② 由于调和肥料并非仅由有机肥料构成,还包含化学肥料的成分,因此也就不能用作饲料。会社希望以此来限制农民对大豆粕的挪用行为。

从肥料的挪用问题可以看出,一方面,由于农民是甘蔗施肥的主体与承担者,如果农民挪用肥料,会社的施肥推进政策不仅将完全落空,而且需要付出高昂的监管成本;而另一方面,对制糖会社而言,与农民的博弈直接影响到了施用肥料的种类选择。

总而言之,无论是绿肥的种植还是肥料的挪用,农民与制糖会社的分歧都暴露出这样一个矛盾:增产几乎成为制糖会社在甘蔗收购中推进施肥的唯一目的。这是与制糖会社的利润追求直接挂钩的。但对农民而言,维持生计比"多收三五斗"甘蔗重要得多,农民的生产与生活的支出囊括方方面面,他们寻求一切可能的方法,做出最理性的权衡,使手中的肥料发挥最大的经济效用——这一效用并不总是与制糖会社的期待一致。制糖会社的单一增产追求与农民面临的复杂经济生活之间形成了深刻的矛盾,正是这一矛盾让制糖会社的施肥推进政策陷入尴尬境地。

---

① 『台湾ニ於ケル肥料ノ現状並将来』35 頁。
② 『台湾ニ於ケル肥料ノ現状並将来』41 頁。

结语：博弈中的双重矛盾

对于会社与农民之间围绕施肥问题所展开的博弈，应当进行怎样的评价？上文提到，农民与制糖会社之间施肥博弈的根源，在于制糖会社的单一增产追求与农民多元化的、复杂而真实的经济生活之间的矛盾。实际上，这一矛盾鲜明地展现了殖民资本主义中产业矛盾的双重性质。

一方面，这是现代化高度分工的商品生产模式与生产生活相结合的传统生产模式之间的矛盾。这一矛盾以制糖会社的"生产"与农民的"生活"的矛盾为表现形式，在制糖业这一殖民资本主义产业中体现了出来。制糖会社的施肥推进政策以甘蔗的增产为唯一目的，正是为了达到这一目的，制糖会社才做出种种妥协，向农民推广现代化的商品肥料以及专业化的施肥知识与施肥方法。而甘蔗增产又完全服务于制糖业发展的需要，成为这一高度分工的产业中的重要一环。对于农民而言，由于他们并未沦为单一的商品甘蔗生产者与糖业的原料提供者，因此在施肥问题上，他们获得了扩张自己生产生活方式的宝贵活动空间。他们凭借紧紧拥抱住的土地以及自己的生产生活方式，对殖民资本主义生产方式的渗透进行着无声的、非公开的反抗——他们把出自现代化学工业的商品肥料转为喂猪的口粮，将技术人员视为珍宝的绿肥转为土灶中的燃料。正是农民对自己生活需求的坚持，阻止了制糖会社通过施肥实现产业升级的企图。

另一方面，这是殖民者与被殖民者、剥削者与被剥削者的矛盾。农民对于施肥的抵抗，实际上是对自己甘蔗生产所得遭到剥夺、侵占的反击。虽然相对于制糖会社系统性、大规模的施肥推进政策而言，诸如肥料挪用之类的小动作似乎不值一提，而相对于农民起义而言，这种日常的、非公开的反抗既不够强烈，也缺乏理论指导，但实际上，以这种方式呈现的农民反抗具有深远的历史传统。人类学者斯科特就认为，除了大规模的起义，处于弱者地位的农民拥有自己独特的反抗方式。①

在台湾所进行的有关甘蔗种植业中施肥问题的博弈，是双重矛盾下的一场无声的斗争。正是这样的斗争性质，使得这场博弈成为殖民资本主义对殖民统治地区的经济渗透的真实缩影。

---

① 参见詹姆斯·C. 斯科特《弱者的武器》，郑广怀等译，译林出版社，2011。

论哈里发运动与一战后的
英国-土耳其关系*

卢宇嘉**

摘　要　哈里发运动是以泛伊斯兰主义为底色、具有印度本土背景的印度穆斯林政治运动。一战后，土耳其波诡云谲的局势，尤其是苏丹-哈里发的命运，屡屡在关键节点刺激着印度穆斯林的情绪，引领着哈里发运动的方向，但不能否认，该运动具有深刻的印度语境：保卫哈里发，从根本上是为了保护印度穆斯林的利益，他们生活在人口占大多数的印度教徒和英国统治者的影响与威胁之下。与此同时，这场运动也与一战后英土关系相互联系、相互作用的两个方面发生了深层次的互动：一方面是英国的对土政策及其实践，另一方面是土耳其的民族解放运动。可以说，哈里发运动的兴衰与一战后英土关系的变化有着密切联系。

关键词　哈里发运动　英土关系　印度穆斯林　泛伊斯兰主义

　　从19世纪到一战，英土关系经历了从亲密到敌对的转变。19世纪以来，出于维护殖民利益、控制两海峡并遏制俄国扩张的需要，英国长期奉

---

*　本文系北京大学历史系昝涛教授主持的国家社科基金一般项目"全球史视野下的土耳其革命与变革研究"（19BSS039）的阶段性成果。
**　卢宇嘉，北京大学历史学系博士研究生。

行对土友好的政策,多次在危急时刻维持奥斯曼帝国的完整,并企图在政治经济层面控制这个表面独立的"西亚病夫"。这一情况在20世纪初期发生了改变,随着英俄协约的达成,两国结束了大博弈,并划分了在中亚的势力范围,英国随之转变了对土政策,开始放任别国对奥斯曼帝国的瓜分。一战爆发,奥斯曼帝国加入了同盟国,正式与英国交战,英国民众对土耳其的态度急转直下,英国也再次调整了对土政策,开始直接参与对奥斯曼帝国的瓜分,和协约国盟友订立了一系列秘密条约。

19世纪以来,奥斯曼帝国屡屡遭受帝国主义尤其是沙皇俄国的侵略,因而,面对英国伸出的橄榄枝,奥斯曼帝国难以拒绝,遂在政治和经济上逐渐依赖英国:政治上,亲英派长期占据政府领导职位,并出于争取英国及民意支持的需要,在英国的影响和帮助下,奥斯曼帝国进行了坦齐麦特改革;经济上,奥斯曼帝国和英国于1838年签订了《英土商业条约》,便利了英国商品和资本的输入与渗透,与此同时,英国掌握了很大一部分奥斯曼帝国国债,随着奥斯曼公债管理局(Ottoman Public Debt Administration)的建立,英国加大了对奥斯曼帝国财政和金融的控制。然而,随着英国对土政策的转变,以及推行"世界政策"的德国向奥斯曼的主动接近,奥斯曼帝国在青年土耳其党人的领导下,为寻找一个可靠的盟友以挽救帝国,最终走上了与德国结盟的道路。①

一战结束后,英土关系体现在相互联系、相互作用的两个方面。一方面是英国对土的政策及其实践:英国在坚定反土派首相劳合·乔治的领导下,决定贯彻瓜分奥斯曼帝国的政策,强加给后者极其苛刻的《色佛尔条约》,并在此后一直对土耳其保持强硬的立场。另一方面是作为回应并发挥反作用的土耳其民族解放运动:面对以苏丹为首的伊斯坦布尔政府的一味妥协,穆斯塔法·凯末尔领导下的民族主义者在安卡拉掀起了抵抗运动,打败了英国支持下的外国侵略者,最终赢得了土耳其民族独立战争的胜利,迫使英国改变了对土政策。

---

① Mustafa Aksakal, *The Ottoman Road to War in 1914*: *The Ottoman Empire and the First World War*, Cambridge University Press, 2008, p.70.

印度穆斯林掀起的哈里发运动，与英土关系的上述两个方面发生了深层次互动。一方面，战后英国企图瓜分奥斯曼帝国的政策，直接导致了哈里发运动的兴起；印度穆斯林通过游说和反抗的方式，尽一切努力向英国政府（包括英印政府）施压，以争取对土和约的宽大处理并实现他们的三大诉求；随着英印政府态度的软化和英国对土政策的改变，哈里发运动发生了分化，逐渐走向衰落。另一方面，印度穆斯林在道义和物质上支援土耳其的民族主义抵抗运动；然而随着《洛桑条约》的签订，土耳其问题基本上得到了解决，印度穆斯林逐渐对哈里发运动失去兴趣，印度穆斯林和土耳其民族主义者的分歧也越来越大；最终，伴随着土耳其共和国于1924年废除哈里发，哈里发运动走向消亡。

一　哈里发运动的起源与前奏

（一）哈里发运动的起源

1. 哈里发的近代化

在古代伊斯兰世界，以沙里亚法（伊斯兰教法）为基础的哈里发制度是伊斯兰教的传统政治制度。① 这一制度起源于先知穆罕默德在世时建立的政教合一的乌玛社团，其首领先知穆罕默德既是宗教领袖，又是国家首脑。当先知穆罕默德归真后，阿布·伯克尔经选举成为哈里发，即先知的继承者。之后，经过四大正统哈里发的实践，理想化的哈里发制度及其理论逐渐形成。其中，最高主权归属真主，真主主权在大地上的投射，也即世间的权威，归属先知穆罕默德及其继承者哈里发。因而，哈里发被视为整个乌玛（伊斯兰共同体）的领导者，是穆斯林的政治领袖和宗教领袖，具有世俗和宗教的双重权力。他们的主要责任是贯彻沙里亚法，保卫信仰和信徒。② 虽然之后哈里发制度的发展逐渐偏离理想设计，但是，"哈里发

---

① 吴云贵：《伊斯兰教与哈里发制度》，《西亚非洲》1990年第2期。
② A. C. Niemeijer, *The Khilafat Movement in India, 1919-1924*, Brill, 1973, p. 41; Sultān-I-Rome, "The Role of North-West Frontier Province in the Khilafat and Hijrat Movement," *Islamic Studies*, (43) 1, 2004, pp. 51-78.

制度的传统学说在伊斯兰社会和穆斯林民众中仍享有极高的道德权威"。①

实际上，随着阿巴斯王朝的衰落，哈里发就丧失了其大部分权力，仅仅是作为一个象征性的中央权威和精神领袖。1517年，奥斯曼帝国苏丹塞利姆一世征服了马穆鲁克王朝。一般认为，奥斯曼帝国的苏丹自此之后开始兼任哈里发，实际上，哈里发称号在奥斯曼帝国的正式化，是在之后的苏莱曼大帝时代。哈里发职位第一次从阿拉伯人手上转移到非阿拉伯人（土耳其人）手上。但值得注意的是，哈里发的身份，当时已不如历史上那样为人所重视，某种程度上甚至是一种累赘，一方面是哈里发早就失去了其全部的世俗权力，另一方面是由于乌莱玛阶层的存在，哈里发无法直接干涉宗教事务。这样，丧失了宗教权力和世俗权力的哈里发，只不过徒有虚名。

然而，随着奥斯曼帝国的日渐衰落，哈里发的地位又被有意重新强调，从而开始了哈里发制度的近代化。从18世纪后期起，奥斯曼帝国的苏丹-哈里发开始宣称自身对于境内外所有穆斯林的宗教权威。与此同时，由于伊斯兰世界面临西方帝国主义和殖民主义的步步蚕食，哈里发制度的传统学说也再次闪耀光芒，哈里发和奥斯曼帝国被全世界的穆斯林视为保卫伊斯兰世界的希望。

2. 泛伊斯兰主义的兴起

19世纪下半叶，以近代哈里发为中心的泛伊斯兰主义意识形态开始出现，② 并很快席卷整个亚洲。泛伊斯兰主义在政治上主张所有信奉伊斯兰教的国家和民族效仿早期的乌玛，在哈里发的领导下联合成为单一的国家，共同抵御外来侵略，这既是伊斯兰世界对西方帝国主义侵略的一种反应，具有强烈的反殖民色彩，③ 同时也是伊斯兰教自身发展、被政治化的

---

① 刘中民、郭强:《伊斯兰教哈里发制度:从传统理想到现实困境》,《世界经济与政治》2018年第3期。
② 昝涛:《从现代主义到伊斯兰主义——试论中东伊斯兰社会主流意识形态的演变》,《中东研究》2020年第1期。
③ 李小娟:《1919~1924年印度哈里发运动研究》,硕士学位论文,西北大学,2017,第13页。

国际表现。①

泛伊斯兰主义源于自古以来建立在《古兰经》指示下的穆斯林团结意识，以及一种全世界穆斯林皆兄弟的情感。19世纪下半叶，在伊斯兰世界遭到西方列强步步蚕食的大环境下，这一情感被两方势力有意识地利用来服务于政治目的，泛伊斯兰主义因而兴起。其一是伊斯兰教的改良主义者，以阿富汗尼为代表，他们在寻求伊斯兰教内部改革的同时，尝试使所有穆斯林重新团结起来，以对抗欧洲列强和西方物质文明的威胁。其二是奥斯曼帝国的苏丹-哈里发，尤其是阿卜杜·哈米德二世，以此维护奥斯曼帝国利益，拯救奥斯曼帝国自身。在1876年的奥斯曼帝国宪法中，他强调了自己哈里发的身份；在1878年的柏林会议上，奥斯曼帝国深陷危机之时，他派遣使者前往埃及、突尼斯、阿富汗和印度，甚至中国和爪哇，争取这些国家穆斯林的支持，并在一定程度上吸引了穆斯林王公和显贵，影响了穆斯林大众。②

与此同时，以下三个因素变相地增强了泛伊斯兰主义的传播。其一是德国和意大利的统一运动，以及沙皇俄国推行的泛斯拉夫主义，从正面激发了穆斯林的统一意识。其二是大国博弈。英国一度奉行与奥斯曼帝国友好的政策，一方面利用哈里发的身份与地位来确保印度穆斯林的忠诚，维持自身在印度的统治；③另一方面，力图利用奥斯曼帝国遏制沙俄在亚洲的逐步扩张，如其在克里米亚战争中所做的那样。而德国在推行"世界政策"之后，亦主动接近奥斯曼帝国，希望利用哈里发动员协约国的穆斯林起来叛乱，以削弱对手势力。④其三，面对伊斯兰世界所受的威胁，宗教成为穆斯林寻求庇护的第一选择，泛伊斯兰主义因而成为一把"伞"，⑤在此之下，穆斯林中的不同族群、不同阶级、不同政治派别得以

---

① 昝涛：《全球史视野下的土耳其革命与变革——以民族主义、独立革命与世俗化为例》，《社会科学战线》2019年第3期。

② A. C. Niemeijer, *The Khilafat Movement in India, 1919-1924*, pp. 36-37.

③ M. Naeem Qureshi, *Pan-Islam in British Indian Politics: A Study of the Khilafat Movement, 1918-1924*, Leiden: Brill, 1999, p. 11.

④ 昝涛：《从现代主义到伊斯兰主义——试论中东伊斯兰社会主流意识形态的演变》，《中东研究》2020年第1期。

⑤ A. C. Niemeijer, *The Khilafat Movement in India, 1919-1924*, p. 38.

3. 泛伊斯兰主义在印度的传播

印度穆斯林较早就和哈里发建立了联系。在711年阿拉伯人征服印度北部之后便是如此了。不少印度土邦的苏丹通过获得哈里发的承认,来增强自身的合法性,为此不惜在货币上印上时任哈里发的头像,在祈祷时默念时任哈里发的名字。在莫卧儿帝国时期,印度穆斯林和哈里发的联系受到阻碍。在莫卧儿人征服印度的同时,奥斯曼帝国战胜了以埃及为中心的马穆鲁克王朝,之后开始正式使用哈里发的称号。由于两大帝国的竞争关系,莫卧儿帝国并不承认奥斯曼帝国哈里发的正统性。

随着莫卧儿帝国的衰落,情况发生了变化,印度穆斯林和奥斯曼帝国哈里发的关系日益密切,甚至比对其他地区的穆斯林更加亲近,原因有三方面。首先,就印度次大陆来看,莫卧儿帝国灭亡后,原穆斯林统治精英失去庇护,政治、社会和文化地位都大大下降。在英印政府高压统治和印度教徒占据大多数的情况下,印度穆斯林精英深深感到了危机。他们渴望重新寻找一个寄托,以在精神上乃至现实中逃避英国人的统治。其次,就伊斯兰世界来看,奥斯曼帝国是当时唯一独立、没有沦为殖民地和半殖民地的伊斯兰国家,奥斯曼帝国及其苏丹-哈里发被广大穆斯林看作保卫伊斯兰世界的希望,他们的存亡牵动着全体穆斯林的心。最后,印度穆斯林不像阿拉伯穆斯林那样生活在奥斯曼帝国苏丹-哈里发的统治之下,他们也不了解土耳其人,这种疏远使印度穆斯林对哈里发心存幻想,并成为他们与阿拉伯民族主义者冲突的滥觞。

同时,哈里发运动的主要推动者都曾在印度做过推广泛伊斯兰主义的努力。阿富汗尼18岁就曾在印度学习,1878年他在加尔各答和海得拉巴等地居住一年有余,进行宗教、政治、学术和社会改革的宣传,[①] 以推广泛伊斯兰主义;同时,他指出,泛伊斯兰主义反对西方统

---

① 昝涛:《从现代主义到伊斯兰主义——试论中东伊斯兰社会主流意识形态的演变》,《中东研究》2020年第1期。

治，但并不排除与其他宗教群体的合作，因而与民族主义不冲突。① 奥斯曼帝国哈里发则在印度孟买和加尔各答两地设立了领事馆，② 多次派遣使者前往印度联系穆斯林显贵。在这一背景下，泛伊斯兰主义得以在印度迅速传播。

（二）哈里发运动的前奏

1. 早期印度穆斯林对奥斯曼帝国的援助

随着泛伊斯兰主义的传播，印度穆斯林逐渐接受奥斯曼帝国哈里发及其宗教内涵，在他们眼中，土耳其、哈里发和泛伊斯兰主义是互相联系的，没有明显的区别。③ 于是，印度穆斯林亲近哈里发、同情奥斯曼帝国的情绪迅速高涨，表现在开始统一在周五的布道中祷念时任苏丹-哈里发的名字，祈祷奥斯曼军队在战争中获胜。这一情绪很快转化成对奥斯曼帝国的实际帮助。这一方面是因为，印度穆斯林认为拯救面临危机的奥斯曼帝国，就是拯救穆斯林的未来，是整个伊斯兰世界的重任；另一方面是因为，奥斯曼帝国外部的敌人主要是英、俄、意以及巴尔干诸国这样的基督教国家，而在奥斯曼帝国内部，如亚美尼亚人这样的基督教少数族裔也在此时掀起了反抗——这种对奥斯曼帝国的内外挑战，在印度穆斯林眼中带有强烈的基督教色彩，让他们产生了一种新月对抗十字架的圣战心态。

早在1853年克里米亚战争期间，一些印度城市就举行了对奥斯曼军队的慈善募捐活动。1876年，当所谓保加利亚惨案的爆发导致英国民众普遍对奥斯曼帝国产生敌意之时，印度穆斯林站出来维持英土关系，反对格拉斯顿政府的反土政策；英印政府受到国内穆斯林的压力，也敦促格拉

---

① Mushirul Hasan, "Pan-Islamism Versus Indian Nationalism? A Reappraisal," *Economic and Political Weekly*, (21) 24, 1986.
② Salih Pay, "Indian Muslims, Ottoman Empire and Caliphate during Colonial Period," *International Journal of Business and Social Science*, (6) 2, 2015.
③ A. C. Niemeijer, *The Khilafat Movement in India, 1919–1924*, p. 47; Sulṭān-I-Rome, "The Role of North-West Frontier Province in the Khilafat and Hijrat Movement," *Islamic Studies*, (43) 1, 2004, pp. 51–78.

斯顿不要轻举妄动。① 1877年，俄土战争爆发，由于俄国在中亚不断蚕食穆斯林领土并直接威胁印度，印度穆斯林支持奥斯曼帝国的情绪达到了高潮。他们为奥斯曼红新月会提供了大量资金援助，同时呼吁维多利亚女王为奥斯曼帝国提供实际援助并阻止对巴尔干穆斯林的屠杀。奥斯曼帝国苏丹为感谢印度穆斯林的贡献，亲自撰写了感谢信。② 1911年，意大利入侵奥斯曼帝国非洲行省的黎波里，面对英国对意大利的纵容，印度穆斯林及其在伦敦的组织举行了一系列支持奥斯曼帝国的会议，并决定抵制意大利的一切商品，西北边境省的学生甚至焚烧了意大利产的帽子。③

2. 巴尔干战争期间印度穆斯林对奥斯曼帝国的援助

随着1912年巴尔干战争的爆发，印度穆斯林的宗教热情被唤醒，对奥斯曼帝国的援助全面深化。首先，穆斯林精英一改往日对政治的疏远，主动走上台前呼吁印度穆斯林为受难的土耳其提供物资援助，为后来的哈里发运动积累了政治实践的经验。西化穆斯林精英如穆罕默德·阿里兄弟感受到穆斯林的宗教热情，开始利用宗教号召来达成他们的政治目的。一批乌莱玛发布法特瓦，声称援助奥斯曼人是宗教义务。一些穆斯林精英甚至直接和奥斯曼帝国的高层建立了联系。其次，除了红新月会，一系列组织如土耳其救济基金（Turkish Relief Fund）、克尔白之仆协会（Society of the Servants of the Kaaba）相继成立。前者直接用于帮助土耳其民众医治战争创伤，得到了穆斯林群众的热烈响应，最终共募集了150万卢比，其中超过半数交给了土耳其红新月会。④ 后者于1913年5月成立，由乌莱玛领袖阿卜杜·巴里、英印穆斯林领导马希尔·侯赛因·基德瓦伊（Mushir Hosain Kidwai）和西化精英代表穆罕默德·阿里共同创立，旨在保护圣城

---

① M. Naeem Qureshi, *Pan-Islam in British Indian Politics: A Study of the Khilafat Movement, 1918-1924*, p.14.
② Salih Pay, "Indian Muslims, Ottoman Empire and Caliphate during Colonial Period," *International Journal of Business and Social Science*, (6) 2, 2015.
③ Abdul Ruaf, "Pan-Islamism and the North West Frontier Province of British India, 1897-1918," *Perceptions: Journal of International Affairs*, 2007.
④ Azmi Özcan, *Pan-Islamism: Indian Muslims, the Ottomans and Britain, 1877-1924*, Leiden: Brill, 1997, p.150.

和朝圣者；他们采用鲜明的宗教象征，在全印度进行宣传和动员，唤起了印度穆斯林的巨大热情，为日后的哈里发运动奠定了基础。① 再次，一批印度穆斯林首次亲临前线，直接参与了对土耳其的援助。印度的红新月会和阿里加学院派遣医疗团队赶赴土耳其，以救助伤兵。这一团队由安萨里博士（Dr. Mukhtar Ahmed Ansari）领导，包括阿里兄弟在内的 24 名医生和男护士发挥了重要作用，得到了苏丹的接见。② 最后，如雨后春笋般涌现的穆斯林媒体发动了舆论攻势，不仅在道义上声援土耳其人，还唤醒了各阶层（尤其是中下层）印度穆斯林的宗教热情。虽然当时识字者不多，大部分穆斯林群众无法阅读报纸，但是他们通过听少数识字者的朗读，急切地期盼着战争前线的最新消息，并为土耳其人的胜利欢呼。重要的穆斯林媒体有扎法尔·阿里·汗（Zafar Ali Khan）的 *Zamindar*（Lahore）、阿卜杜·卡拉姆·阿扎德（Abul Kalam Azad）的乌尔都语周刊 *Al-Hilal*（Calcutta）、穆罕默德·阿里的英文周刊 *Comrade*，③ 这些富有影响力的杂志的记者和主编随后也成为哈里发运动的重要领导人。④ 这样，巴尔干战

---

① S. Tanvir Wasti, "Mushir Hosain Kidwai and the Ottoman Cause," *Middle Eastern Studies*, (30) 2, 1994, pp. 252-261; M. Naeem Qureshi, *Pan-Islam in British Indian Politics: A Study of the Khilafat Movement*, 1918-1924, pp. 25-26; Gail Minault, *The Khilafat Movement: Religious Symbolism and Political Mobilization in India*, New York: Columbia University Press, 1982, pp. 35-37; 李小娟：《1919~1924 年印度哈里发运动研究》，硕士学位论文，西北大学，2017，第 15 页。

② Abdul Ruaf, "Pan-Islamism and the North West Frontier Province of British India, 1897-1918," *Perceptions: Journal of International Affairs*, 2007.

③ Raj Kumar Trivedi, "The Formation of Public Opinion on Pan-Islam and Turkey, A Study of the Indian Press, 1877-1914," *Proceddings of the Indian History Congress*, (45), 1984, pp. 571-579.

④ 阿扎德在战争期间开辟了"奥斯曼帝国情况"（Conditions in the Ottoman Empire）特色专栏，强调"对土耳其的支持等同于对伊斯兰教的支持"，他的文章与诗歌情感丰富、形式多样、主题鲜明，非常具有感染力。*Comrade* 的格言是"普天之下皆同志，五湖四海无宗派"（Comrade of all and partisan of none），强调穆斯林的团结；在巴尔干战争期间大量报道前线新闻，使穆罕默德·阿里成为印度穆斯林有关土耳其问题的最重要发言人之一。参见 Raj Kumar Trivedi, "The Formation of Public Opinion on Pan-Islam and Turkey, A Study of the Indian Press, 1877-1914," *Proceddings of the Indian History Congress*, (45), 1984, pp. 571-579; Gail Minault, *The Khilafat Movement: Religious Symbolism and Political Mobilization in India*, p. 43。

争时期印度穆斯林对奥斯曼帝国的援助,就成为哈里发运动的前奏。

巴尔干战争结束后,印度穆斯林日益意识到英国改变了对土政策,开始放任别国对奥斯曼帝国的瓜分;与此同时,印度国内穆斯林的不利境遇(孟加拉分治的失败和坎普尔清真寺事件①)也刺激了印度穆斯林的情绪。伊斯兰世界的内外困境,使印度穆斯林逐渐走向了政治觉醒,从请愿走向抗争;此外,印度穆斯林丧失了对英国政府的信心,对英国的盲目忠诚有所动摇,反英情绪进一步高涨。

3. 一战爆发与印度穆斯林对奥斯曼帝国的态度

一战的爆发,暂时阻止了有组织的穆斯林运动的发展。印度穆斯林一方面认为这是基督教衰落和伊斯兰教复兴的时刻,一方面担心奥斯曼帝国加入同盟国,因为他们认识到自身对于英王的忠诚与泛伊斯兰主义热情不可避免地要发生冲突,因此他们希望奥斯曼帝国保持中立。穆罕默德·阿里和安萨里博士致电奥斯曼帝国执政者,恳请他们不要轻举妄动。②

当奥斯曼帝国正式加入同盟国后,绝大多数印度穆斯林还是维持了对英国政府的忠诚,哈里发的圣战号召并没有产生预期的效果。首先,英印政府采用了"胡萝卜加大棒"的有效策略,一方面做出各种承诺,安抚印度穆斯林,战争初期就承诺保护圣地,之后做出模糊的自治许诺,③ 而其中最重要的承诺是1915年1月5日劳合·乔治在议会发表重要演讲,

---

① 坎普尔事件,起因是1913年7月1日坎普尔市政当局为了修路拆除了洗礼的地方,引起穆斯林的不满。一大群穆斯林聚集起来,朝着清真寺进发,与警方爆发冲突,并最终引起了全体穆斯林和中央政府的冲突。参见 Gail Minault, *The Khilafat Movement*: *Religious Symbolism and Political Mobilization in India*, pp. 46-48; M. Naeem Qureshi, *Pan-Islam in British Indian Politics*: *A Study of the Khilafat Movement*, *1918-1924*, pp. 91-94。

② Sulṭān-I-Rome, "The Role of North-West Frontier Province in the Khilafat and Hijrat Movement," *Islamic Studies*, (43) 1, 2004, pp. 51-78; M. Naeem Qureshi, *Pan-Islam in British Indian Politics*: *A Study of the Khilafat Movement*, *1918-1924*, p. 32.

③ 即蒙塔古宣言,参见 Hansard, 20th Century House of Commons Hansard Sessional Papers, Fifth Series, Vol. 109, Commons Sitting of Tuesday 6th August, 1918, cc. 1139-1236。

承诺战后保持奥斯曼帝国的主权完整,① 这虽然极大地争取了穆斯林的忠诚,但也是日后穆斯林失望的主要原因;另一方面,英印政府果断采取预防措施,毫不留情地镇压极端主义者,后者虽然进行了一系列密谋和宣传,试图利用外援颠覆英国在印度的统治,但都被英印政府及时发现和镇压。其次,印度穆斯林认识到自身实力还不够强大,无法公然发动反抗,作为权宜之计,他们向英国效忠;同时他们还抱有幻想,认为在战时对英国政府的忠诚和付出能在战后获得回报,即对外保持奥斯曼帝国的领土完整,对内推进印度自治。

不过,随着战争的深入,少数印度穆斯林日益认识到最后一个独立的伊斯兰国家可能会消失,态度发生转变,开始响应圣战号召。一些宗教学生逃往阿富汗,试图为哈里发而战;军队也受到波及,一些穆斯林士兵擅自离开部队,甚至发动了兵变;极端主义者如穆罕默德·哈桑(Muhammad Hassan)也开始了一系列密谋和宣传,他企图与边境部落结盟,争取土耳其、阿富汗的帮助,力图推翻英国统治,但是阴谋暴露,土德搅动印度的计划也最终失败。②

二 哈里发运动的兴起

(一) 原因和开端

随着奥斯曼帝国的战败和一战的结束,列强磨刀霍霍准备瓜分奥斯曼帝国。这一方面是出于地缘政治与战略的考虑。对英国来说,帝国最重要的两头是英国本土和英属印度,而连接两者的生命线是埃及,战时的紧张局势一度威胁到埃及,使得英国有被一分为二的危险。出于这一考虑,战后英国不惜一切代价,企图控制海峡地区、美索不达米亚和南部黎凡特地区,为保卫埃及获取战略纵深。当然,这一地区重要的战略资源,如摩苏尔的石油和迪亚拉的棉花,也是英国重点考虑的。另一方面,战时列强签

---

① 该声明同时要求土耳其海峡中立化。参见"British War Aims," *The Times*, London, England, Monday, January 7, 1918, Issue 41680, p. 7。
② M. Naeem Qureshi, *Pan-Islam in British Indian Politics: A Study of the Khilafat Movement, 1918-1924*, pp. 40-42.

订的一系列秘密条约和若干保证,使协约国瓜分奥斯曼帝国不可避免:瓜分奥斯曼帝国的三个秘密条约,分别是《伦敦条约》《赛克斯-皮科协定》《圣·让·德·莫列纳条约》,此外还有两个保证,分别是保证阿拉伯独立的《侯赛因—麦克马洪通信》和承诺犹太复国主义在巴勒斯坦利益的《贝尔福宣言》。姑且不论这些条约之间的冲突之处,一旦这些战时承诺全部得到贯彻,奥斯曼帝国将被瓜分得一无所有。

鉴于之前伊斯兰国家被野蛮瓜分,这种即将到来的对奥斯曼帝国的瓜分,让印度穆斯林普遍如坐针毡:其一,奥斯曼帝国的处境直接关系到哈里发问题与圣地的保护问题,受到泛伊斯兰主义影响的印度穆斯林对这两大问题尤其敏感,他们认为苏丹-哈里发不能失去过多的领土,否则会没有能力履行自己的义务;其二,印度穆斯林担心,如果最后一个穆斯林强权分崩离析,会对印度穆斯林的政治地位产生非常不利的影响;其三,无论是乌莱玛阶层,还是西化的穆斯林精英,普遍感觉自己战时的忠诚和贡献被无视,英国政府的若干承诺也完全看不到兑现的希望,因而产生了深深的怨念。这两大群体之间的共鸣,虽然在这一阶段主要是私人之间的联系,但共同孕育了哈里发运动。

这种对奥斯曼帝国和自身命运的担忧,直接反映在1918年全印穆斯林联盟德里大会上。这次会议及其决议表达了印度穆斯林的三大目标:其一,维护奥斯曼帝国领土和主权的完整;其二,维持奥斯曼帝国哈里发及其世俗权力和权威;其三,保卫穆斯林的圣城,维持奥斯曼帝国对阿拉伯半岛和圣城的宗主权,反对外国势力控制。这三大目标成为接下来哈里发运动自始至终不懈奋斗的宗旨。由此,这次会议可以被视作哈里发运动的序章。①

1919年1月18日,巴黎和会正式召开。人们很快发现,以英国首相劳合·乔治和内阁重要成员寇松、贝尔福为首的绝大多数英国政要都坚定地

---

① R. K. Sinha, *The Turkey Question Mustafa Kemal and Mahatma Gandhi*, London: Adam Publications, 1994, p. 54; M. Naeem Qureshi, *Pan-Islam in British Indian Politics: A Study of the Khilafat Movement, 1918-1924*, p. 54; Ishtiaq Ahmad, "From Pan-Islamism to Muslim Nationalism: The Indian Muslim Response to the Turkish War of Liberation," *National Institute of Historical & Cultural Research*, 2015.

奉行亲希腊、反土的政策。英印政府派往巴黎和会的官方代表团，在英国穆斯林领袖的帮助下，尽力陈述印度穆斯林的诉求，但是他们的声音并未得到重视，这引起了印度穆斯林的失望和不满。正当此时，《罗拉特法案》（又称"平时戒严法"）在印度中央立法委员会通过，一系列谣言甚嚣尘上，认为这一法案是为了镇压印度穆斯林，以便于瓜分奥斯曼帝国。更为严重的是，1919年3月，英法允许希腊军队占领伊兹密尔及其周边地区，这极大地刺激了印度穆斯林的情绪，他们在全国举行了抗议活动，并伴随着一系列骚动。与此同时，以穆罕默德·查塔尼（Muhammad Chotani）为首的孟买富商率先成立了孟买哈里发委员会，以求专注于哈里发问题，开展有组织的运动，该组织成为之后各省和全国哈里发运动组织的原型。

然而，以上努力对英国政府的政策毫无影响，印度穆斯林终于认识到自己需要团结起来，以斗争来取得英国政府的让步，于是一个全印穆斯林的会议在1919年9月21日于勒克瑙召开。几乎所有重要的穆斯林领袖都参加了这一会议，主要分为三个派别：一是由封建王公和地主组成的忠诚派，他们是1857年大起义后英印政府重点争取的对象，因而一向忠诚于英国政府，并长期把持着穆斯林联盟的领导权；二是由律师、富商和在英国的穆斯林领袖组成的温和派，他们在一战前成为穆斯林联盟中的新领导集体，虽然比忠诚派更积极地参与穆斯林政治运动，但是主张以温和的手段、通过议会斗争来争取政治改革，简而言之就是将运动局限在高层，从未发动群众；三是由西化精英和乌莱玛组成的激进派，他们企图摆脱穆斯林联盟，建立新的组织机构，是后来哈里发运动的核心。

会议由阿卜杜·巴里和易卜拉欣·哈龙·加法尔（Ebrahim Haroon Jaffer）主持。鉴于全印穆斯林运动缺少组织、合作和指导，而一向负责领导印度穆斯林运动的穆斯林联盟由于运动的激进化趋势，不愿承担领导责任，因此，这次会议主要讨论的议题是团结全印度为哈里发问题而斗争的穆斯林，建立中央领导组织。尽管激进派进行了具有煽动力的发言，但还是与温和派达成了妥协。最终，这次大会通过了两项影响深远的决议：其一，建立协调斗争运动的中央组织；其二，以1919年10月27日为哈里发日，规定在此日为了哈里发的安全和哈里发权威的完整性祈祷与抗议。大会还承认孟买的哈里发委员会为中央组织,并努力在印度建立附属于中央哈里发委员会的分支,前者于1919年11月正式更名为印度中央哈里发委员会(CKC)。此外,该会议还起草了哈里发运动的宪章,重申了前一次穆斯林联盟会议的三大基本目标,并把印度的自治也列为该运动的重要目标之一。有了统一的目标和统一的动员机构之后,哈里发运动正式兴起,这次会议因而被认为是第一次哈里发运动大会。

(二) 哈里发运动初期的主要举措

哈里发运动初期,主要目标是争取协约国对奥斯曼帝国的宽大处置,主要采用和平、温和的抗争手段。在印度境内,哈里发运动者进行了一系列示威游行和联合休业、罢工,尤其第一次全印哈里发日是第一次组织动员大众的试验。在这场活动中,中央哈里发委员会在统一筹划的同时,发挥了地方的积极性,并发动了一系列宣传攻势,包括在主要城市巡游,以及在媒体、海报和传单上发表声明、表达诉求。这场活动取得了巨大的成功,当天几乎所有的商铺停止营业,所有的集市冷冷清清;在清真寺,什叶派和逊尼派一起为哈里发的命运而祈祷;在孟买、马德拉斯、加尔各答等大城市,数万名群众参加集会,聆听哈里发运动领导人的演讲;在穆斯林占大多数的乡村,则是由苏非派长者和地方宗教领袖领导抗议活动;甘地也表达了对该活动的支持,号召印度教徒参与哈里发日,"为印度教徒和穆斯林联合盖上神圣的印章"。[①] 同时,1920年1月19日,由安萨里博士领导的、代表印度教徒和穆斯林重要领袖的联合代表团于德里拜见了英印总督切姆斯福德勋爵(Lord Chelmsford),向总督解释了哈里发的重要性,重申了三大诉求,并恳请总督允许他们派遣代表团前往欧洲和美国。同时,他们警告总督,没有穆斯林会接受对哈里发的苛刻处置。总督不情愿地同意向伦敦表达穆斯林的诉求,并为穆斯林使团前往海外提供帮助,但是没有对土耳其的命运做出任何承诺。这一空洞的好言劝慰无法安抚穆

---

① M. Naeem Qureshi, *Pan-Islam in British Indian Politics: A Study of the Khilafat Movement, 1918-1924*, p.76.

斯林，第二天，他们公开声明，如果对奥斯曼帝国的和平条约不符合"穆斯林的宗教和情感"，他们将无法保证继续忠诚于英王。这一威胁引起了英印政府的不安，总督于1920年3月7日给印度事务大臣蒙塔古（Montague）的汇报中指出："这种对于不忠诚的公开表达，虽然是有条件的，但依然是一个威胁的信号，并无论如何会导致地方骚动。"①

印度境外，在英国的印度穆斯林领袖在欧洲展开了支持奥斯曼帝国的宣传活动，同时由于地理优势，他们能及时了解欧洲外交局势的发展，得以第一时间通知印度本土的穆斯林精英，可以说这些人孕育了哈里发运动的胚胎。早在1903年，伦敦泛伊斯兰主义协会就在伦敦成立，基德瓦伊担任书记，并创办了杂志《泛伊斯兰》（Pan-Islam），旨在向英国人民传达印度穆斯林的感受。巴黎和会之前，安萨里博士和阿杰马勒·汗（Ajmal Khan）在巴黎进行了卓越的组织工作，尝试唤起欧洲民众对哈里发问题的同情；基德瓦伊则及时向阿卜杜·巴里传递欧洲的消息，并敦促他采取行动。②

除此之外，哈里发运动者还组织印度穆斯林代表团前往欧洲进行游说。在得到总督的许可后，三个主要的印度代表机构（国大党、全印穆斯林联盟、中央哈里发委员会）在1919年12月的阿姆利则年会上，一致决定派出代表团前往欧洲，由刚刚获得释放的穆罕默德·阿里领导，向英国政府表明印度穆斯林的态度与诉求，争取英国政府宽大处理与土和约，并争取欧洲民意支持。而当代表团抵达伦敦的时候，首先，他们震惊于英国议会辩论中反土派对土耳其人无情的谴责，这些议员要求从欧洲（甚至伊斯坦布尔）赶走土耳其人。其次，代表团失望地发现，英国民意也没有什么区别：一些显贵组织了反土的公共集会，向即将举办伦敦会议的英国政府施压；知名学者和媒体宣扬反土情绪；狂热的宗教情绪火上浇油，一方面关于战争期间无助的基督徒被土耳其人屠杀的谣言甚嚣尘上，另一方面英国圣公会主教在布道中赋予了这场斗争十字架对抗新月的意

---

① M. Naeem Qureshi, *Pan-Islam in British Indian Politics: A Study of the Khilafat Movement, 1918-1924*, pp. 76-90.

② M. Naeem Qureshi, *Pan-Islam in British Indian Politics: A Study of the Khilafat Movement, 1918-1924*, pp. 20, 54.

义。最后，更令代表团绝望的是英国内阁的无情态度，尤其是秉持反土态度的两位重要决策者，首相劳合·乔治和外相寇松勋爵，他们之间唯一的区别是对待土耳其的严苛程度不同。①

尽管如此，代表团还是尽一切所能去完成这一不可能完成的任务。穆罕默德·阿里为了扭转局面，向英国政府和英国民众强调，哈里发是"我们信仰的守护者"，印度穆斯林代表对英国忠诚的穆斯林臣民，而不是代表土耳其政府说话，他们的诉求完全是出于宗教考虑，而不是政治考虑。面对英国政府，代表团与其进行了两次官方会谈。第一次是和费舍尔勋爵（Lord Fisher）会谈，他代表病休的印度事务大臣蒙塔古勋爵。在倾听了代表团的请求后，费舍尔犀利地提问，如果印度穆斯林不能接受英国在阿拉伯地区的政策，他们何谈对英王表示忠诚？穆罕默德·阿里指出，这是两个不同的问题，非穆斯林染指圣地是违反伊斯兰教义的，而只要印度穆斯林的宗教自由得到尊重，他们对英王的忠诚就不违反教义，而且是义务。费舍尔勋爵对这一回答表示满意，但并没有做出任何承诺，只是含糊地表示英国政府会考虑穆斯林的感受。第二次是1920年3月17日拜访固执且没有耐心的劳合·乔治，他毫无意愿履行自己在1915年1月5日做出的承诺，坚决要在奥斯曼帝国贯彻所谓的民族自决原则，以瓜分奥斯曼帝国。面对劳合·乔治提出的尖锐问题，即印度穆斯林是否反对阿拉伯人提出的独立诉求，代表团在表示肯定的同时做出了让步，提出在维护奥斯曼帝国领土完整的基础上，愿意尊重其非土耳其属地的自治权，并愿意调解阿拉伯人和土耳其人的矛盾，因为他们相信作为穆斯林的阿拉伯人的志愿"能够在土耳其拥有主权的体制里得到完全满足"。② 这一回答并不

---

① K. K. Aziz, *The Indian Khilafat Movement*, 1915 – 1933: *A Documentary Record*, Pak Publishers Ltd., 1972, pp. 60 – 64; Azmi Özcan, *Pan-Islamism: Indian Muslims, the Ottomans and Britain*, 1877–1924, p. 190; M. Naeem Qureshi, *Mohammed Ali's Khilafat Delegation to Europe*, Pakistan Historical Society, 1980, pp. 14–15; Ishtiaq Ahmad and Muhmud-ul-Hassan Butt, "From Pan-Islamism to Muslim Nationalism: Khilafat Movement and the Struggle for Pakistan," *Pakistan Journal of History and Culture*, (33) 2, 2012.

② Gail Minault, *The Khilafat Movement: Religious Symbolism and Political Mobilization in India*, p. 88.

能让劳合·乔治满意，同时也不能让阿拉伯人满意，因为代表团错误地认为阿拉伯民族主义与穆斯林的共同诉求并不冲突。印度穆斯林之所以如此支持土耳其，是因为作为土耳其苏丹的哈里发在他们眼中是穆斯林共同体的领袖，是穆斯林团结的象征。这一理念不仅基于宗教信仰，也包含深刻的印度语境：保卫哈里发，是唯一能够团结印度次大陆穆斯林的主题，这一团结可以弥补政治领域印度穆斯林的弱势地位，从而得以和英国政府、非穆斯林讨价还价。然而，阿拉伯民族主义者关注的是自身的民族利益，如果穆斯林团结意味着继续受土耳其人的奴役，他们会毫不犹豫地拒绝。这种差异使得印度穆斯林很难理解阿拉伯穆斯林会把种族和语言放在第一位进行考虑，更无法相信在阿拉伯穆斯林眼中，土耳其苏丹是剥削者与暴君。

在与英国政府商谈未果之后，代表团并没有放弃。他们先后前往巴黎、罗马拜访高官显贵，出席公共集会，甚至会见了教皇；同时，他们出版了一系列哈里发宣传小册子，创办了期刊《穆斯林观点》(*Muslim Outlook*)。代表团有意使自己的名字长期出现在报纸上，以增强关注度和影响力，为此，他们花费巨资在旅行、住宿、社交和宣传上，并为土耳其救济基金捐助了一笔巨款。但这些耗资不菲且账目不清的花费，为日后哈里发基金丑闻埋下了伏笔；更何况，代表团所做的一切是徒劳的，并没有改变协约国的政策，也未能争取对土和约的宽大处理。最后，他们于1920年10月两手空空回到了印度，这也标志着以和平请愿为主的传统的温和斗争方式彻底失败。①

---

① K. K. Aziz, *The Indian Khilafat Movement, 1915–1933: A Documentary Record*, p. 92; Azmi Özcan, *Pan-Islamism: Indian Muslims, the Ottomans and Britain, 1877–1924*, p. 193; Gail Minault, *The Khilafat Movement: Religious Symbolism and Political Mobilization in India*, pp. 87–90; M. Naeem Qureshi, *Pan-Islam in British Indian Politics: A Study of the Khilafat Movement, 1918–1924*, pp. 91–94; Ishtiaq Ahmad and Muhmud-ul-Hassan Butt, "From Pan-Islamism to Muslim Nationalism: Khilafat Movement and the Struggle for Pakistan," *Pakistan Journal of History and Culture*, (33) 2, 2012; Ishtiaq Ahmad, "From Pan-Islamism to Muslim Nationalism: The Indian Muslim Response to the Turkish War of Liberation," *National Institute of Historical & Cultural Research*, 2015.

（三）《色佛尔条约》

随着协约国与奥斯曼帝国和平条约签署日期的日益逼近，代表团的坏消息一个接一个传到了印度次大陆。预感到不利结果的印度穆斯林，不满情绪与日俱增。激进派在1920年2月的加尔各答哈里发大会上提出了极其激进的加尔各答决议，号召终止对英王的忠诚，不惜一切手段帮助哈里发。这一决议引起了温和派和甘地的不满，激进派因此被迫改变策略，决定把开展不合作运动置于首要位置，以争取甘地的支持。

1920年5月，《色佛尔条约》的草案出炉，并于5月15日刊登在印度报纸上。《色佛尔条约》对于奥斯曼帝国的处置极其严苛，印度穆斯林害怕的一切终于发生了。印度穆斯林领袖纷纷致电苏丹瓦伦代丁，恳请伊斯坦布尔政府不要签署和约；[①] 与此同时，他们也注意到在安纳托利亚逐渐壮大、以凯末尔为首的民族主义抵抗运动。1919年5月，凯末尔作为巡阅使在萨姆松登陆，萨姆松由此成为土耳其民族主义抵抗运动的起点，随后的阿姆西亚、埃尔祖鲁姆和锡瓦斯等会议及宣言奠定了民族主义抵抗运动的基础和共识，最终体现在最后一届奥斯曼帝国国会上出台的《民族公约》。[②] 随着协约国解散国会、占领伊斯坦布尔并缺席审判凯末尔党人死刑，一方面为了争取广大逊尼派、什叶派及苏非派（尤其是贝克塔西教团）教徒和领袖的支持，另一方面由于安纳托利亚成为穆斯林占绝对优势的领土，凯末尔公开声明，他们是为了拯救伊斯兰教及其领袖苏丹-哈里发而战，把矛头指向协约国及其傀儡政权伊斯坦布尔政府，并号

[①] Ishtiaq Ahmad and Muhmud-ul-Hassan Butt, "From Pan-Islamism to Muslim Nationalism: Khilafat Movement and the Struggle for Pakistan," *Pakistan Journal of History and Culture*, (33) 2, 2012; M. Naeem Qureshi, *Pan-Islam in British Indian Politics: A Study of the Khilafat Movement, 1918-1924*, p. 103.

[②] 伯纳德·刘易斯：《现代土耳其的兴起》，范中廉译，商务印书馆，1982，第256~259页；悉纳·阿克辛：《土耳其的崛起（1789年至今）》，吴奇俊、刘春燕译，社会科学文献出版社，2017，第143~169页；Stanford J. Shaw and Ezel Kural Shaw, *History of the Ottoman Empire and Modern Turkey*, Volume II, *Reform, Revolution, and Republic: The Rise of Modern Turkey, 1808-1975*, Cambridge University Press, 1977, pp. 340-348; Erik J. Zurcher, *Turkey: A Modern History*, I. B. Tauris, 2004, pp. 133-151。

召整个伊斯兰世界帮助他们反抗异教徒。① 这种存在于土耳其民族主义抵抗运动初期的伊斯兰特性是如此强烈，以至于不少参与其中的人坚信自己是为了伊斯兰教而反抗异教徒，而不是为了土耳其而反抗外国侵略者。② 这样一来，民族主义运动和哈里发运动就有了共同的目标。在《色佛尔条约》出台后，印度穆斯林领袖联系了凯末尔及其他土耳其领袖表达了支持。穆罕默德·伊克巴尔（Muhammad Iqbal）在拉合尔的巴德夏希（Badshahi）清真寺宣读凯末尔的声明，并热情洋溢地发表了演讲："让我们祈祷吧，兄弟们……愿安卡保佑伊斯兰最后战士的胜利。"③ 土耳其人则鼓励印度穆斯林继续开展亲土活动，尤其在印度本土鼓动，④ 开辟配合土耳其民族主义抵抗运动的第二战线。

然而，英国媒体和民众仍嫌《色佛尔条约》的处置不够重，更加剧了印度穆斯林的不满，他们怨恨自己的抗议完全被忽视。不仅激进派迫不及待地要求开展不合作运动，很多抱有怀疑态度的温和派受这一刺激也改变了立场，支持在甘地领导下开展不合作运动。

这样，《色佛尔条约》的出台成为一个分水岭，从此，哈里发运动的深度和广度都得到了进一步提升。在斗争目标上，印度穆斯林不仅对外争取拯救哈里发，谋求修改《色佛尔条约》，而且对内反对英国统治，追求印度的自治。为此，他们进一步对英国政府施压，采用了广泛动员大众的新型斗争方式，在共同的民族主义基础上与不合作运动走向合流。印度穆

---

① 昝涛：《全球史视野下的土耳其革命与变革——以民族主义、独立革命与世俗化为例》，《社会科学战线》2019 年第 3 期；Stanford J. Shaw and Ezel Kural Shaw, *History of the Ottoman Empire and Modern Turkey*, Volume Ⅱ, *Reform, Revolution, and Republic: The Rise of Modern Turkey, 1808-1975*, p. 349; Erik J. Zurcher, *Turkey: A Modern History*, p. 152; Azmi Özcan, *Pan-Islamism: Indian Muslims, the Ottomans and Britain, 1877-1924*, p. 187.

② Bernard Lewis, "The Ottoman Empire and Its Aftermath," *Journal of Contemporary History*, (15) 1, 1980, pp. 27-36.

③ Salih Pay, "The Support for the Caliphate from Indian Subcontinent to Anatolia and Muhammad Iqbal," *International Journal of Humanities and Social Science*, (5) 3, 2015.

④ Azmi Özcan, *Pan-Islamism: Indian Muslims, the Ottomans and Britain, 1877-1924*, p. 194.

斯林因而集体加入了印度民族主义运动，他们的政治热情如燎原之火燃遍了整个印度次大陆。

三 哈里发运动的发展与高潮

（一）希吉拉运动

印度穆斯林对《色佛尔条约》最初的回应是进行迁徙运动，即希吉拉运动，这是哈里发运动的一个插曲。在伊斯兰教义的传统解释中，世界被划分为和平之家（Dar al-Islam）和战争之地（Dar al-Harb）①，生活在战争之地的穆斯林只有两种选择，即吉哈德（jihad）或希吉拉（hijrat）；② 后者源自先知穆罕默德的希吉拉③，选择迁徙的穆斯林需要逃离战争之地，回到和平之家，积蓄力量，等待时机重新征服战争之地。由于印度穆斯林的统治者英国人威胁到了哈里发，不少人认为印度已经成为战争之地，且"鉴于我们的弱势地位，迁徙是唯一的选择"，一部分乌莱玛甚至颁布了法特瓦号召希吉拉。④ 与此同时，阿富汗埃米尔公开表达了对迁徙运动的支持，于是在1920年夏季，一场前往阿富汗的"出埃及记"浩浩荡荡地展开，有超过10万名穆斯林参与。⑤ 可是，阿富汗埃米尔只是为了在和英国的谈判中增加筹码，并不是真心实意支持，也没有做好准备。而迁徙的穆斯林多为底层，为出逃不惜低价变卖家产，却在路途中饱受恶劣天气、食物和饮水匮乏以及疲劳、疾病的折磨，死亡者不计其数。

---

① 或称为受异教徒统治的地方，包括伊斯兰教法没有得到贯彻的地方。参见伯纳德·刘易斯《现代土耳其的兴起》，第344页。
② Ishtiap H. Quershi, *Ulema in Politics*, The Inter Services Press Limited, 1972, p. 265.
③ 公元622年，为了摆脱麦加贵族的迫害，先知穆罕默德率领其追随者从麦加迁到麦地那，史称希吉拉，这一年被定为伊斯兰教历的元年。八年后，穆罕默德作为征服者重返麦加。
④ M. Naeem Qureshi, *Pan-Islam in British Indian Politics: A Study of the Khilafat Movement*, p. 120.
⑤ Sulṭān-I-Rome, "The Role of North-West Frontier Province in the Khilafat and Hijrat Movement," *Islamic Studies*, (43) 1, 2004, pp. 51-78.

即使千辛万苦到达阿富汗,也并没有得到优待,因而对于他们来说,这是一场噩梦。不过,这场运动毕竟显示了宗教情感的强大动力,启发了哈里发运动的领导者;同时,一批穆斯林经由阿富汗前往阿塞拜疆与土耳其,直接参与武装斗争,为哈里发而战,从而支援了土耳其民族主义抵抗运动。

(二) 不合作运动

希吉拉运动的失败并没有使哈里发运动丧失活力,相反,这一运动与不合作运动的正式合流,推动哈里发运动走向高潮。

共同的反英情绪和追求自治的目标,是印度教徒和印度穆斯林能够走向联合的基础,而甘地在其中发挥了至关重要的作用。甘地早就认识到土耳其问题对穆斯林的重要性,他一方面向印度穆斯林表达了对土耳其问题的同情,一方面在著作和讲话中号召印度教徒支持哈里发运动。而印度穆斯林意识到,要推动哈里发运动,就必须和印度教徒建立联盟,同时需要报答甘地的付出,因而他们率先表达了对甘地非暴力消极抵抗和不合作主义的支持。[1]

不过,甘地的努力在初期并没有得到很好的反馈,国大党中的印度教领袖普遍对哈里发运动不感兴趣,他们认为哈里发问题带有浓厚的伊斯兰教色彩,害怕穆斯林挑动阿富汗入侵,同时担心土耳其民族主义者的胜利会大大提高印度穆斯林的地位,因而与这一运动保持了一定距离。但是,旁遮普省发生的"阿姆利则惨案"改变了一切,随后出台的亨特报告为刽子手百般辩护并反诬印度人民要对这次屠杀负责更是火上浇油,引起了印度人民尤其是印度教徒的极大愤慨。甘地也抓住时机,将哈里发问题和旁遮普问题巧妙结合起来,指出支持哈里发运动也是为了解决旁遮普问题并实现自治 (Swaraj),从而极大地争取了印度教

---

[1] D. K. Joshi, "Gandhi's Attitude towards the Khilafat Movement (Summary)," *Proceedings of the Indian History Congress*, (54), 1993, pp. 489-490; M. Naeem Qureshi, "The Indian Khilafat Movement, 1918-1924," *Journal of Asian History*, (12) 2, 1978, pp. 152-168.

徒的支持。①

随着《色佛尔条约》的出炉，1920年5月28日，中央哈里发委员会发表宣言，声称："在这一问题上绝不妥协……穆斯林和印度教徒必须不与政府合作，直到正义最终到来。"与此同时，中央哈里发委员会同意了甘地的不合作计划，成立了由甘地、肖卡特·阿里、查塔尼等人组成的不合作运动委员会，讨论运动计划的具体执行。② 6月底，甘地和印度穆斯林领袖分别致信总督，抗议英国对土耳其的不公正对待，要求总督支持印度穆斯林的立场并敦促英国政府修改《色佛尔条约》，否则他们将在8月1日开展不合作运动。结果他们没有收到总督的回复。

于是，1920年8月1日，不合作运动正式开展，并很快得到了广泛的支持。以阿卜杜·巴里为代表的乌莱玛发布全体一致法特瓦（The Unanimous Fatwa of the Indian Ulama），③ 强硬宣称与政府合作违反伊斯兰教法，强调"（真正的穆斯林）是时候付出最大牺牲了"。④ 同时，1920年9月，在加尔各答举行的国大党讨论不合作运动的特别会议上，甘地派和穆斯林经过激烈的斗争，促使国大党通过决议支持不合作运动。而随着印度教徒加入不合作运动，这场抗争运动获得了巨大的能量，真正成为全印的民族主义运动。

不合作运动主要内容有8点：①退还英印政府所有荣誉头衔，辞

---

① Ishtiaq Ahmad and Muhmud-ul-Hassan Butt, "From Pan-Islamism to Muslim Nationalism: Khilafat Movement and the Struggle for Pakistan," *Pakistan Journal of History and Culture*, (33) 2, 2012; Benazir Banu, "Mahatma Gandhi and Turkish War of Independence," October 2014, Indialogue Foundation, http://indialogue.in/wp-content/uploads/2014/10/Mahatma-Gandhi-and-Turkish-War-of-Independence-by-Benazir-Banu.pdf.

② M. Naeem Qureshi, *Pan-Islam in British Indian Politics: A Study of the Khilafat Movement, 1918-1924*; Iftikhar Gilani, "Mahatma Gandhi: Turkish Contours of India's Independence Movement," February 10, 2019, Anadolu Agency, https://www.aa.com.tr/en/asia-pacific/mahatma-gandhi-turkish-contours-of-indias-independence-movement/1599549.

③ Gail Minault, *The Khilafat Movement: Religious Symbolism and Political Mobilization in India*, p.121.

④ Azmi Özcan, *Pan-Islamism: Indian Muslims, the Ottomans and Britain, 1877-1924*, p.193.

去所有荣誉职位；②抵制英印政府公债；③抵制英印政府法庭，另建民族司法体系；④抵制英国政府控制和援助的学校；⑤抵制改革委员会选举；⑥抵制英印政府社交聚会和其他类似行动；⑦拒绝在美索不达米亚和协约国控制下的土耳其领土担任军官和文官；⑧抵制英货（swadeshi）。① 为顺利开展不合作运动，不合作运动者提出了三大口号，涉及人、钱和军需品，② 即发动群众、募集资金和推行手纺车。为此，在城市里，运动的主要领导人，如阿里兄弟和甘地，四处巡游，举办集会，发表演讲，进行募捐；在乡村，乌莱玛和苏非派大师通过布道，强调参加不合作运动是宗教义务，从而动员广大村民。此外，最为重要的是抵制英货运动，该运动取得了前所未有的成功：本土的手纺车和手织棉布得到推广，英国织布进口量下降，英国支柱产业之一的纺织业受到威胁。甘地认为，抵制英货运动是"拯救哈里发的唯一方式，因为能够消除邪恶和援助安卡拉"，③ 而采用其他暴力方式会遭到政府无情镇压，并不能切实帮助安卡拉。

合流的哈里发运动与不合作运动，前所未有地团结和动员了整个印度穆斯林，西化精英、乌莱玛和广大穆斯林群众全都热情参与其中。能取得这一成功，除了宗教号召的影响，还得益于以下五个因素。其一，结合了当地具体的经济问题，如利用土地问题争取旁遮普农民参与哈里发运动，利用劳工问题争取旁遮普农民参与不合作运动。其二，发动了学生运动。这些致力于成为公务员的中产阶级青年，不仅在自律和自我牺牲上成为其他人的榜样，还为志愿者运动提供了大量新鲜血液，更在参与政治活动的过程中政治意识觉醒。其三，组建新兴志愿者团体。在哈里发运动期间，穆斯林志愿者运动发展迅速。这些志愿者接受统一的

---

① M. Naeem Qureshi, *Pan-Islam in British Indian Politics: A Study of the Khilafat Movement, 1918-1924*, p. 110.
② Gail Minault, *The Khilafat Movement: Religious Symbolism and Political Mobilization in India*, p. 132.
③ M. Naeem Qureshi, *Pan-Islam in British Indian Politics: A Study of the Khilafat Movement, 1918-1924*, p. 203.

训练，穿上统一的带有伊斯兰象征的服装，很好地发挥了彰显运动力量、维持运动秩序、更深层次动员群众的作用。他们的主要职责有：维持政治集会秩序并护送来访领导，参与并组织示威，使用铁腕强迫他人参加抗议和联合休业、罢工，在地方筹集资金。其四，发挥妇女的作用。妇女的支持体现在用自己的首饰为运动提供支持，鼓励家中男性参与政治运动，在家中开展抵制外货运动。这些妇女在家中，一方面在宗教、道德和文化层面引导男性，一方面号召男性保卫国家，从而把政治活动带入了家庭；同时，她们也在外参加有限的政治活动，从而得以在社会上承担更多责任。其五，大力发动大众媒体进行宣传，包括报纸杂志、宣传小册、诗歌和辩论文章，通过宣传穆斯林在危险之中动员广大群众，鼓励他们坚持斗争到最后一刻，尤其重要的是乌尔都语诗歌，它是印度穆斯林主要的文学表达形式，带有强烈的感情色彩，能直达广大穆斯林内心。

（三）英印政府的应对

多点开花的不合作运动，使英印政府焦虑日增。与此同时，土耳其民族主义者的兴起，迫使协约国于1921年2月召开了伦敦会议商谈局势。总督切姆斯福德抓住机会，向蒙塔古建议允许印度穆斯林派遣一个小型代表团前往伦敦陈愿，其目的是制造穆斯林和印度教徒的矛盾。经劳合·乔治同意，代表团于3月12日抵达伦敦，此时已经是会议的末期。代表团被要求提交备忘录表达他们的主张，可是当天会议已经做出了决定，他们的到来毫无作用。虽然英国在修改后的条约中做出了一些让步，但是明显不能让穆斯林满意。这一插曲不仅使英印政府的离间阴谋失败，而且火上浇油，一部分哈里发运动者威胁要进行圣战，印度乌莱玛协会则宣布运动的目标是争取完全独立，把反对者定义为叛徒。在这一情况下，英印政府只好利用国家机器加大镇压力度，禁止集会，镇压游行，加强巡逻，查封媒体并逮捕运动领袖，然而情况丝毫没有得到改善，切姆斯福德也因此下台。

继任总督雷丁勋爵继承了前任分而治之的政策，有意识地制造穆斯林和印度教徒的裂痕。他挑动穆罕默德·阿里发表支持圣战的言论，以引起印度教徒对于阿富汗入侵的恐惧。在媒体的添油加醋下，总督要求阿里公开道歉，否则就予以起诉；在甘地的建议下，阿里兄弟发表了道歉声明。这一行为在穆斯林中引起了轩然大波，被认为是怯懦的表现，总督则幸灾乐祸，认为是自己的胜利。阿里兄弟愤怒地回应道，自己只是对印度教徒道歉而不是对政府道歉，他们与甘地的关系也不可避免地产生了裂痕，这被视为哈里发运动和不合作运动的第一次分裂。但是，英印政府的残酷镇压和英国对希腊的军事援助激起了民愤，不合作运动仍然继续，总督没有收获更多成果。

（四）对土耳其独立战争的援助

哈里发运动者在印度开辟第二战线的同时，直接在道义和物质上支援、配合土耳其民族主义抵抗运动，其中最重要的举措是筹集援助资金。

印度穆斯林对土耳其的资金援助早有先例，哈里发运动的领导者，如阿里兄弟，更是直接参与过为土耳其救济基金、红十字会和克尔白之仆协会募捐活动，有着丰富的经验，因而1920年1月他们就开始为哈里发运动募集资金，其中一部分直接捐献给红新月会和土耳其救济基金。最初主要的捐助者是查塔尼这样的富商，他们早就不满英国操纵汇率使卢比贬值，以掠夺印度财富，刺激英国的出口。后来为了削弱他们的影响，阿里兄弟决定直接面向民众，采用了三种方式进行募捐。其一，训练了一批志愿者进行深入村落对家家户户的募捐游说，他们模仿阿里兄弟，身穿卡其色制服或绿色阿拉伯风格长袍，戴上装饰着新月的臂章，头顶土耳其费兹帽，具有极强的宗教象征，因而得到了穆斯林群众的热烈响应。其二，威逼利诱小商贩在特定日期捐献一部分利润。其三，发售类似货币的票据，分为1卢比、5卢比和10卢比。这些票据在大小上和官方卢比纸币类似，但是印着克尔白的图像和用乌尔都书写的《古兰经》引文；它们集中在募捐活动上发售，阿里兄弟甚至只和募捐者握手；这些广泛流通的票据是如此受欢迎，以至于被许多捐赠者当作真实货币。印度穆斯林积极地响应募捐的号召,为此不惜挨饿,连印度教徒也为安卡拉基金和士麦那基金贡献了一部分捐款。①

到1921年初,虽然大量资金的确用于捐赠红新月会和土耳其救济基金、欧洲哈里发运动的宣传以及国内的不合作运动,但是由于一直没有公开账目,引起了大众的怀疑。为打破怀疑,进一步提高人们募捐的积极性,士麦那基金和安卡拉基金被先后设立。前者用于救济土希战争的受害者;后者表面上用于援助土耳其难民,实则直接用于援助安卡拉政府。这样,印度穆斯林以英国货币或印度穆斯林女性捐助的金银首饰,为安卡拉政府提供了急需的资金。前者为建立土耳其大国民议会提供了资金支持,后者为土耳其商业银行(Türkiye iş Bankası)提供了黄金储备。② 到1923年,多达2090219卢比(约合125000英镑),加上其他资金,包括安卡拉基金1449197卢比、士麦那基金605447卢比,③ 捐助给了土耳其,其中大部分用来武装土耳其国民军,为土耳其民族独立战争的胜利做出了重要的贡献。

除了物资援助,一小部分印度穆斯林还直接前往中亚、土耳其作战。罗易曾记述他在中亚遇到来自印度的一小队穆斯林,他们就是被动员去保卫哈里发的。④

---

① Gail Minault, *The Khilafat Movement: Religious Symbolism and Political Mobilization in India*, p. 136; M. Naeem Qureshi, *Pan-Islam in British Indian Politics: A Study of the Khilafat Movement, 1918 - 1924*; R. K. Sinha, *The Turkey Question Mustafa Kemal and Mahatma Gandh*, Adam Publications, 1994, p. 109; Benazir Banu, "Mahatma Gandhi and Turkish War of Independence," October 2014, Indialogue Foundation, http://indialogue.in/wp-content/uploads/2014/10/Mahatma-Gandhi-and-Turkish-War-of-Independence-by-Benazir-Banu.pdf.
② Ishtiaq Ahmad and Muhmud-ul-Hassan Butt, "From Pan-Islamism to Muslim Nationalism: Khilafat Movement and the Struggle for Pakistan," *Pakistan Journal of History and Culture*, (33) 2, 2012.
③ 昝涛:《全球史视野下的土耳其革命与变革——以民族主义、独立革命与世俗化为例》,《社会科学战线》2019年第3期;M. Naeem Qureshi, *Pan-Islam in British Indian Politics: A Study of the Khilafat Movement, 1918-1924*, p. 351。
④ 昝涛:《全球史视野下的土耳其革命与变革——以民族主义、独立革命与世俗化为例》,《社会科学战线》2019年第3期。

四　哈里发运动的衰落与消亡

（一）哈里发运动的衰落

1. 印度穆斯林的激进化与公民不服从运动

1921年，土希战争进一步扩大，在以英国为首的协约国的默许下，希腊从其占领的伊兹密尔向内陆步步推进。希腊人的威胁和英国人对前者的支持，以及有关英国占领圣城的谣言，使哈里发运动者群情激奋，不可避免地走向激进化，有些人甚至喊出了"消灭伊斯兰敌人"的口号；他们要求立即进入不合作运动的下一阶段，即公民不服从运动。1921年7月8日于卡拉奇举行的哈里发大会，在穆罕默德·阿里的提议下，通过了至关重要的两点决议：其一，宣布穆斯林在英国军队中服役是违反伊斯兰教法的；其二，强调如果英国政府与安卡拉政府发生冲突，印度穆斯林将立刻推动公民不服从运动，并将在年末举行的印度民族大会上宣布印度完全独立。为配合卡拉奇决议，一批乌莱玛也发表了支持卡拉奇决议的法特瓦，他们援引《古兰经》的指示"故意杀死穆斯林的人会堕入永恒地狱"和先知的教诲"谁拿起武器与穆斯林为敌，他就不再是穆斯林"。① 与此同时，哈里发运动者在国内外印度士兵和警察中积极开展活动，广泛传播卡拉奇决议和上述法特瓦，并花费大量资金贿赂士兵，得到了一定程度的同情和响应——少量士兵因此逃离了部队，在土耳其前线的印度士兵有时竟"误射"希腊军队。② 这一方面引起了英印政府的紧张，其立刻采取行动镇压不合作运动与哈里发运动，另一方面导致了穆斯林与印度教徒之间的分歧，这两者共同对运动造成极大的负面影响。在穆斯林激进派的逼迫下，甘地决定在巴多利试点率先推动公民不服从运动。即使这样，穆斯林

---

① Gail Minault, *The Khilafat Movement: Religious Symbolism and Political Mobilization in India*, p. 139.
② 昝涛：《全球史视野下的土耳其革命与变革——以民族主义、独立革命与世俗化为例》，《社会科学战线》2019年第3期。

的激进化还是使得暴力不可避免,最终导致了乔里乔拉(Chauri Chaura)惨案的发生。1922年2月11日,甘地认为"这一惨案违反了非暴力抗争政府的规则",① 因而决定无限期推迟公民不服从运动,随后甘地和主要穆斯林领袖遭到英印政府逮捕,不合作运动和哈里发运动受到沉重打击。不过,印度穆斯林仍然继续推进哈里发运动,坚持穆斯林版本的不合作运动,甚至联系凯末尔商讨重启希吉拉。

2. 英印政府电报事件

所幸,印度穆斯林的抗争取得了一定成效,直接导致了英印政府电报事件的发生。1921年11月17日,威尔士亲王爱德华访印,迎接他的却是联合休业、罢工,与此同时,不合作运动支持者和反对者发生暴力冲突并造成了人员伤亡。② 大失颜面的英印政府决定"采取铁腕手段以维持政府权威",③ 放任地方政府各行其是,宣布志愿组织违法,并逮捕志愿者和运动领袖。每天都有数百人被捕,监狱人满为患,而不合作运动者却并没有被吓倒,前赴后继掀起一波又一波的抵抗;与此同时,温和派也被推到了政府的对立面,英印政府处于崩溃的边缘。

焦头烂额的英印政府准备采用一切手段为亲王访印扫清障碍,企图与不合作运动者谈判,承诺愿意撤销志愿活动禁令,释放所有囚犯并进行宪制改革,可是并没有得到回应。与此同时,焦虑且绝望的总督雷丁清楚地意识到印度的动荡局势主要归因于"穆斯林的狂热和骚动",④ 而《色佛尔条约》是印度穆斯林不满的根源。为安抚印度穆斯林,平息国内动乱,他于1922年2月28日——协约国外长巴黎会议召开的前夜——正式向印

---

① Sulṭān-I-Rome, "The Role of North-West Frontier Province in the Khilafat and Hijrat Movement," *Islamic Studies*, (43) 1, 2004.
② Abdul Rauf, "Khilafat Movement in the North West Frontier Province A Historical Perspective," *Journal of the Research Society of Pakistan University of the Punjab*, (36) 3, 1999, pp. 29–47.
③ Reading to Montagu, November 24, 1922, IOL & R, Reading Papers.
④ Viceroy to Sec. of State (for the Prime Minister), Tel. no. 282, March 13, 1922, IOL&R, Reading Papers. 报告显示,所有政治犯中75%~80%是穆斯林。参见 Reading to Peel, June 8, 1922, IOL & R, Reading Papers。

度事务部大臣蒙塔古发出电报,要求对《色佛尔条约》进行合理的修改。雷丁在电报中指出,为安抚印度穆斯林的不满情绪并回馈他们的战争贡献,英国政府应撤出伊斯坦布尔、承认苏丹对圣地的宗主权并归还土耳其伊兹密尔和色雷斯——这基本满足了哈里发运动的诉求。雷丁警告道,如果不修改《色佛尔条约》,"(印度穆斯林的)愤愤不平……会在印度导致危险的后果"。①

蒙塔古于3月1日收到电报,立刻递交内阁传阅审核,因为雷丁请求刊登部分内容,以向印度穆斯林显示自己已经尽最大努力为他们陈愿。3月4日,周末去乡下度假的蒙塔古收到了英印政府的一封电报,要求他尽早回复。② 他没想到,这一电报是英印政府内政部因担忧甘地被捕引发骚动,未知会总督,擅自代表英印政府发出的。③ 鉴于事态紧急,蒙塔古没有选择咨询劳合·乔治或内阁其他成员,而是直接授权刊登总督的第一份电报。

这封支持印度穆斯林的电报于3月8日在印度媒体上刊登,④ 让英国政府十分尴尬与愤怒,因为这暴露了英国政府和英印政府的分歧。由于法国政府早已奉行亲土政策,这一分歧会在即将到来的巴黎会议上削弱英国政府反土政策的影响力,让土耳其人如虎添翼。因而,面对英印政府的请求,劳合·乔治强硬地回应:"无论如何,英国政府的政策丝毫不会受到印度骚动的影响。"⑤ 蒙塔古也被迫辞职。不过,这封电报虽然没有从根本上改变英国政府的态度,却赢得了印度穆斯林的普遍好评,显示了他们对英印政府施压的成效,也显示了英印政府争取他们支持的诚意。因而,

---

① Viceroy to Sec. of State, Tel. no. 266-S, February 28, 1922, Reading Papers.
② Viceroy to Sec. of State, Tel. no. 285-S, March 4, 1922, Reading Papers.
③ Viceroy to Sec. of State (for Lord Privy Seal), Tel. no. 292, March 15, 1922, Reading Papers.
④ M. Naeem Qureshi, *Pan-Islam in British Indian Politics: A Study of the Khilafat Movement, 1918-1924*, p. 319.
⑤ Azmi Özcan, *Pan-Islamism: Indian Muslims, the Ottomans and Britain, 1877-1924*, p. 197; M. Naeem Qureshi, "The Indian Khilafat Movement, 1918-1924," *Journal of Asian History*, (12) 2, 1978, pp. 152-168.

印度穆斯林中的温和派转向和英印政府合作，哈里发运动者内部出现分裂，印度穆斯林与甘地和印度教徒的联盟也逐渐破裂。

归根到底，哈里发运动与以不合作运动为代表的民族主义运动不是完全同一的，穆斯林虽然积极参与了不合作运动，但是对不合作运动有着自己的理解。它们的不同，首先表现在方式上。穆斯林并没有那么重视和坚持非暴力的原则，不合作运动在他们看来只是抗争的一个手段而不是唯一手段。这导致他们和甘地、印度教徒之间始终存在分歧。甘地作为中间人受到两面夹击，一方面印度教徒要求坚守非暴力的原则，另一方面日益不耐烦的穆斯林要求采取更加激进的方式。甘地深知，自己能获得领导权主要是受到穆斯林的支持，但这种支持是有条件的，只有推动运动进一步往下走，他才能真正领导这一运动。甘地为了巩固领导地位，只能先接受条件，自始至终踌躇地推动不合作运动缓慢前进，并最终以乔里乔拉惨案为借口终止了不合作运动。其次体现在目的上。如前所述，虽然哈里发运动和不合作运动有着同样的民族主义色彩，具有同样的反英情绪和追求自治的目标，但前者毕竟还是一场以宗教作为旗帜的穆斯林政治运动，具有鲜明的教派主义色彩。印度穆斯林出于共同的反英情绪、共同的自治目标，全身心投入以不合作运动为代表的印度民族主义运动，是为了获得对后者的领导权，从而在自治后掌握更大的话语权。随着不合作运动的失败，印度民族主义大联盟彻底破裂，但哈里发运动并没有随着不合作运动的消亡而消亡，穆斯林组织继续在外维护哈里发的地位，在内推动穆斯林版本的不合作运动。

3. 土耳其民族独立战争的胜利与查纳克危机

1922年8月，养精蓄锐一年的土耳其民族主义军队对士气低落、军心涣散的希腊军队展开全面反击，即伟大进攻（Büyük Taarruz）。凯末尔向土耳其军队发布了他最著名的指令："士兵们，你们的首要目标是地中海，前进！"[①] 土耳其军队一路势如破竹，于9月初收复了安纳托利亚的

[①] Stanford J. Shaw and Ezel Kural Shaw, *History of the Ottoman Empire and Modern Turkey*, Volume Ⅱ, *Reform, Revolution, and Republic: The Rise of Modern Turkey, 1808–1975*, p. 362.

全部失地。凯末尔军队胜利的消息让全印度穆斯林欢欣鼓舞，他们争相赞美凯末尔是"引领一群英雄的英雄"，从耻辱中拯救了哈里发。① 伊克巴尔热情地赞扬道："凯末尔是伟大的名字！"②

但是，以英军为主的协约国军队仍驻扎在伊斯坦布尔和海峡区，9月24日，凯末尔军队向海峡地区挺进，引发了英土查纳克危机（Chanak Crisis），战争似乎一触即发。③ 面对这一危机，同样紧张的印度穆斯林中的温和派和激进派做出了不同的反应。温和派经过上次电报事件，意识到他们无法改变英国政府的政策，决定在即将到来的可能冲突中，阻止英国军队中来自印度的武装力量与安卡拉为敌，并在帝国立法会议中提出了这一议案；同时，印度立法机构中的25名成员组成代表团在西姆拉（Shimla）拜见了总督，不过后者表示爱莫能助。激进派则计划组织一支援助土耳其民族主义者的穆斯林志愿军，即安卡拉军。④ 中央哈里发委员会授权成立了筹划安卡拉军委员会，并号召全印度的穆斯林"为了神圣的民族和宗教义务"踊跃参军。⑤

最终，在英土双方的努力下，危机成功解除，协约国与土耳其于1922年10月11日在穆达尼亚港签订了停战协议。查纳克危机中英国遭

---

① *Times of India*, September 20, 1922; M. Naeem Qureshi, *Pan-Islam in British Indian Politics: A Study of the Khilafat Movement, 1918–1924*, p. 240.

② Salih Pay, "The Support for the Caliphate from Indian Subcontinent to Anatolia and Muhammad Iqbal," *International Journal of Humanities and Social Science*, (5) 3, 2015.

③ 悉纳·阿克辛：《土耳其的崛起（1789年至今）》，第195~196页；Stanford J. Shaw and Ezel Kural Shaw, *History of the Ottoman Empire and Modern Turkey*, Volume Ⅱ, *Reform, Revolution, and Republic: The Rise of Modern Turkey, 1808–1975*, p. 363; Erik J. Zurcher, *Turkey: A Modern History*, 2004, pp. 155–156; Ishtiaq Ahmad, "From Pan-Islamism to Muslim Nationalism: The Indian Muslim Response to the Turkish War of Liberation," *National Institute of Historical & Cultural Research*, 2015.

④ Azmi Özcan, *Pan-Islamism: Indian Muslims, the Ottomans and Britain, 1877–1924*, p. 197; Ishtiaq Ahmad, "From Pan-Islamism to Muslim Nationalism: The Indian Muslim Response to the Turkish War of Liberation," *National Institute of Historical & Cultural Research*, 2015; Ishtiaq Ahmad and Muhmud-ul-Hassan Butt, "From Pan-Islamism to Muslim Nationalism: Khilafat Movement and the Struggle for Pakistan," *Pakistan Journal of History and Culture*, (33) 2, 2012.

⑤ *Times of India*, September 20 and 21, 1922.

到孤立，标志着英国近东反土政策彻底失败，并直接导致了劳合·乔治政府的倒台。这位固执地奉行亲希腊、反土政策的战后英国外交掌舵者，于10月28日辞职，印度穆斯林为之欢呼。不过，查纳克危机的解除和凯末尔领导下土耳其民族主义者的胜利，使不少人觉得哈里发运动的部分主张已经实现了，剩下的问题也会在随后进行的和谈会议上解决。于是，哈里发运动开始出现内转的趋势，哈里发运动者真正的分歧已经变成了是否参加议会选举这一内部事务，由此引发的党派纷争进一步消耗了运动的能量。

（二）哈里发运动的消亡

1. 哈里发和苏丹的分离

随着土耳其民族主义独立战争的胜利，印度穆斯林和土耳其民族主义者的分歧越来越大。归根到底，哈里发运动是受到泛伊斯兰主义影响的印度穆斯林政治运动。首先，哈里发运动具有泛伊斯兰主义的底色，以宗教-哈里发作为动员旗帜；运动的大部分参与者受到泛伊斯兰主义的影响，或热情地投入哈里发运动和不合作运动，或通过希吉拉逃离战乱之地，去往和平园地；运动的领导人则利用泛伊斯兰主义来团结印度穆斯林大众，以服务于他们的政治目的。虽然不同的穆斯林群体（西化精英、乌莱玛和广大穆斯林群众）对于哈里发有着不同的理解，但是在他们的共同努力下，泛伊斯兰主义的情感越燃越旺，最终发展成了一场政治运动。更为重要的是哈里发运动的印度语境：哈里发运动者追求的是团结和动员在印度次大陆处于弱势地位的穆斯林，换言之，即泛印度的伊斯兰；比起能不能拯救哈里发，哈里发运动者更关注的是印度穆斯林的利益和未来。这场以宗教为旗帜的印度穆斯林政治运动，具有鲜明的本土主义色彩。

无论是泛伊斯兰主义，还是印度穆斯林的诉求，和土耳其民族主义本质上是冲突的，后者不是为恢复哈里发的世俗权力而战，而是为建立土耳其民族国家而战，哈里发只是土耳其民族主义者尤其是凯末尔党人手中一张临时的牌。起初，哈里发运动者和土耳其民族主义者有着共同的敌人——英帝国主义，两者得以共同反抗殖民统治。土耳其民族主义者有意识地利用泛伊斯兰主义和作为伊斯兰世界团结象征的哈里发来争取全世界穆斯林的支持。而哈里发运动者则利用拯救哈里发来保卫印度穆斯林的利益,这样一来,泛伊斯兰主义在印度就有了民族主义的特征;哈里发运动者的理由是,泛伊斯兰主义的实质就是摆脱外国统治,因为只有实现印度的独立才能拯救哈里发,拯救处于殖民统治压迫下的伊斯兰世界。① 穆罕默德·阿里指出,只有印度在印度人手中,哈里发问题才能得到解决。② 而一旦土耳其民族主义者取得了民族独立,建立了民族国家,出于自身民族利益和自身实力的考虑,他们并不愿承担保卫哈里发的重任,也不关心哈里发对印度穆斯林的重要意义,因而两者不可避免地会分道扬镳。

随着《穆达尼亚停战协议》的签订,双方决定在洛桑召开和平谈判会议。协约国坚持邀请安卡拉和伊斯坦布尔两个政府一起参加,这使民族主义者勃然大怒,他们决定彻底结束两个政府的局面。1922 年 11 月,土耳其大国民议会宣布分离苏丹与哈里发,并废除了苏丹和君主制;哈里发虽然得到了保留,但是丧失了所有世俗权力,且由大国民议会从奥斯曼家族成员中选出。苏丹瓦伦代丁出逃,末代哈里发阿卜杜勒·迈吉德二世即位。这一剧变对印度穆斯林产生了很大冲击,不仅因为伊斯兰历史上政教是紧密联系的,这种政教分离的二元论从未出现在历史上;③ 而且因为这是他们长期以来所反对的,并牵扯到了哈里发运动的根基。他们提出的三大基本诉求,是为了保卫哈里发的世俗权力,使其既能作为精神领袖,又能作为一个强大且独立的君主,有能力履行保卫伊斯兰教的义务。

因而,印度穆斯林一开始怀疑和否认,认为这是欧洲帝国主义者的离间谣言;当他们意识到这是事实的时候,一些乌莱玛立马宣布这一行为违反了伊斯兰教法(印度乌莱玛协会),一些穆斯林领袖私下写信给伊斯梅

---

① Mushirul Hasan, "Pan-Islamism versus Indian Nationalism? A Reappraisal," *Economic and Political Weekly*, (21) 24, 1986; M. Naeem Qureshi, "The Indian Khilafat Movement, 1918-1924," *Journal of Asian History*, (12) 2, 1978.

② Letterhead of Anjuman, ABP; Gail Minault, *The Khilafat Movement: Religious Symbolism and Political Mobilization in India*, p. 91.

③ A. C. Niemeijer, *The Khilafat Movement in India, 1919-1924*, pp. 40-43.

特帕夏等土耳其民族主义领导者，劝他们重新考虑他们的决定。但是大部分人接受了这一既成事实，主要出于现实政治考虑：一方面，他们已经给了土耳其民族主义解放运动如此大的援助，开弓没有回头箭，只能继续坚持下去；另一方面，他们意识到，在即将到来的洛桑会议上，印度穆斯林和土耳其民族主义者的争论只会让协约国敌人受益。

于是，他们只能自我安慰并为这一决定辩解，主要论点有三。首先，苏丹一直是协约国的傀儡，出于自身利益和协约国合作，批准了《色佛尔条约》并公开反对民族主义者，如果不是后者在安卡拉的反抗，这个国家已经被苏丹带上了毁灭之路。① 其次，他们尝试把苏丹和哈里发的分离合理化：有人认为废除的只是苏丹的世俗权力，哈里发成为立宪君主，他的世俗权力仍然得到了保留，而土耳其政府是其捍卫者；也有人认为土耳其人只是为了帮助哈里发摆脱统治土耳其国家的负担，使其集中精力处理伊斯兰世界的事务。最后，他们指出选举哈里发是回归了早期伊斯兰教的优良传统，从而增强而不是削弱了哈里发的地位。

因而，1922年12月27日于加雅举行的哈里发会议，表明了对于这一改变的谨慎欢迎，决议授予凯末尔"伊斯兰之剑"（Saif al-Islam）和"哈里发勇士"（Mujahid al-Khilafat）的称号，赞美凯末尔作为胜利者为伊斯兰和亚洲带来了荣耀；在场的印度穆斯林接受并庆祝新哈里发的即位，决定在祷告（kutba）中诵念阿卜杜勒·迈吉德二世的名字；他们同时指出，保卫伊斯兰既是印度穆斯林的义务，也是凯末尔的义务。印度乌莱玛协会也表达了对凯末尔和大国民议会的支持，但同时指出，希望土耳其民族主义者"在帮助土耳其、伊斯兰和伊斯兰各民族摆脱个人和官僚主义统治的同时，能够保全《古兰经》所规定的哈里发的威望和实权"。②

---

① Azmi Özcan, *Pan-Islamism: Indian Muslims, the Ottomans and Britain, 1877–1924*, p. 198.
② *Resolutions of the Jamiat al-Ulama-e-Hind and All-India Khilafat Conference*, Gaya, December 1922, IAR 1922–1923, Ⅰ, pp. 917–927, 937–943; M. Naeem Qureshi, *Pan-Islam in British Indian Politics: A Study of the Khilafat Movement, 1918–1924*, p. 249.

2. 洛桑谈判

1922年11月21日，洛桑谈判正式开启，但是由于协约国的强硬态度，谈判一度陷入僵局，这引起了印度穆斯林的不满和不安，他们摒弃了所有异见，再次团结起来支持土耳其政府。在哈里发加雅会议通过的决议中，哈里发运动者再次表达了自己的三大诉求，并指出："倘若协约国尤其是英国的不公正态度，导致和土耳其战争的发生，那么，印度穆斯林会立刻开展公民不服从运动。"① 这一信息毫无疑问地传达到了伦敦，虽然不清楚在多大程度上影响了英国政府的决策，但是，许多英国人都把印度穆斯林的态度当作决定性因素之一。

1923年7月24日，《洛桑条约》正式签订，土耳其一方面在摩苏尔问题上向协约国妥协，另一方面彻底放弃了阿拉伯半岛。土耳其大国民议会经过激烈的辩论，最终于1923年8月批准《洛桑条约》，哈里发运动也进入最后阶段。相当大一部分穆斯林接受《洛桑条约》作为解决土耳其问题的最后方案，他们祝贺哈里发和凯末尔，为土耳其独立运动的胜利欢呼和庆祝，同时，他们更加团结在政府一边，感激英印政府支持穆斯林的态度，并表达了他们的意愿，赞美英国与土耳其的和平谈判取得成功，因而，他们对哈里发运动进一步丧失了兴趣。总督在报告中指出："从印度人的角度来看，我确信，和平将会使我们赢得除激进派外所有的总数6000万~7000万的印度穆斯林，并极大地巩固英国在印度的统治。"② 但是，哈里发运动的领导者并没有放弃，他们指出，有关阿拉伯半岛的安排不符合印度穆斯林的诉求，因而有理由继续进行斗争，直到阿拉伯半岛问题彻底解决。

3. 废除哈里发与哈里发运动的结束

1923年10月29日，土耳其共和国正式建立，完全剥夺了哈里发的世俗权力，这引起了印度穆斯林的担忧。因而，两位有影响力的穆

---

① Shan Muhammad, *The Indian Muslims: A Documentary Record, 1900-1947*, Meenakshi Prakashan, 1985, pp.183-187; Azmi Özcan, *Pan-Islamism: Indian Muslims, the Ottomans and Britain, 1877-1924*, p.199.

② Reading to Peel, July 26, 1923, IOL & R, Reading Papers.

斯林领袖阿加汗（Aga Khan）和阿默尔·阿里（Ameer Ali），联合致信伊斯梅特帕夏，主要内容包括四点：其一，哈里发如今处境尴尬，威严受损，影响力大不如前；其二，"印度穆斯林同情和支持土耳其民族，是因为（印度穆斯林）相信（土耳其民族主义者）不仅是为了他们的独立而奋斗，也是为了保卫和保全象征穆斯林团结的（哈里发）制度而奋斗"，印度穆斯林的付出需要得到回报；其三，哈里发对于全世界穆斯林至关重要，对他的打击不仅不符合沙里亚法，也会对伊斯兰教产生不可估量的负面影响；其四，土耳其政府通过重建哈里发的权威，能够维持"伊斯兰世界宗教和道德的团结"，同时，作为土耳其民族的一员，哈里发能给土耳其国家带来力量和尊重，"使其在伊斯兰国家中独占鳌头"。①

在土耳其，这份信件率先由伊斯坦布尔的媒体刊登，这引起了安卡拉的勃然大怒，其认为这是外在势力干涉土耳其内政的阴谋。他们斥责阿加汗和阿默尔·阿里是异教徒（heretic），质疑他们讨论逊尼派哈里发的资格，② 因为他们都是什叶派且一向忠于英国政府；同时，印度穆斯林被指责为英国的代理人，企图推翻土耳其共和国，重建奥斯曼帝国。③ 于是，1924年3月，大国民议会正式废除了哈里发制度，驱逐了奥斯曼家族的所有成员。④ 事实上，凯末尔等人早有意愿废黜哈里发，原因有五点：其一，安卡拉政府不想和哈里发分享土耳其国家的最高权威；其二，哈里发可能成为政治反对派集合的中心，从而破坏土耳其内外政治团结；其三，哈里发制度与共和政体不兼容，且会阻碍即将进行的世俗化改革；其四，土耳其民族国家不愿意也没有能力承担保卫哈里发的重任，哈里发对其来说是一个负担；其五，哈里发的存在，会使基

---

① Ameeer Ali and Aga Khan, "Unity of Islam," *The Times*, London, England, December 14, 1923, Issue 43524, p. 10.
② 昝涛：《全球史视野下的土耳其革命与变革——以民族主义、独立革命与世俗化为例》，《社会科学战线》2019年第3期。
③ Azmi Özcan, *Pan-Islamism: Indian Muslims, the Ottomans and Britain, 1877-1924*, p. 201.
④ Bernard Lewis, *The Emergence of Modern Turkey*, Oxford University Press, 1963, p. 263.

督教欧洲尤其是英国怀疑土耳其共和国存在泛伊斯兰主义的野心。因而，印度穆斯林领袖的信件，为凯末尔等人提供了一个借口和机会，使他们得以顺利废除哈里发制度。

哈里发制度的废除，对哈里发运动造成了沉重的打击，如果哈里发都已经不存在，那么哈里发运动有何继续下去的理由？此外，哈里发运动者的偶像凯末尔打破了他们的圣像哈里发，他们要么被迫反对长期以来支持的土耳其，要么就只能支持废除哈里发的行为，这使他们处于左右为难的境地。大部分印度穆斯林，从乌莱玛、政治家到穆斯林大众，不仅无法承受失去被视为伊斯兰教不可或缺的哈里发，也愤慨自己为土耳其民族主义运动付出的牺牲被无视，他们普遍认为，土耳其政府的这一行为是武断、超越权限和亵渎神灵的。不过，也有少部分人表达了对这一行动的理解：阿扎德指出，哈里发制度没有被废除，而是寄生在最强大的伊斯兰国家，即土耳其国家及其代表大国民议会身上，他强调，要让土耳其人自己决定自己的命运，印度穆斯林应该更加专注自己的未来；① 穆罕默德·伊克巴尔则尝试从教法角度论证这一行为的合理性，指出这是伊智提哈德（Ijtihad）② 权力的运用。③

其实，对印度穆斯林来说，重要的不是谁成为哈里发，而是必须有一个哈里发存在，因为在他们眼中，除了哈里发，没有其他能够团结印度穆斯林的象征。为了挽救哈里发制度，印度穆斯林先是请求土耳其政府重新考虑自己的决定，接着请求凯末尔本人接受哈里发的头衔，最后尝试重新选举一个哈里发，但都无果而终，哈里发运动最终消亡了。

---

① Gail Minault, *The Khilafat Movement: Religious Symbolism and Political Mobilization in India*, pp. 204–205; Azmi Özcan, *Pan-Islamism: Indian Muslims, the Ottomans and Britain, 1877–1924*, pp. 203–204.
② 伊斯兰法律术语，指独立推理或完全发挥法学家智慧，以尝试解决法律问题。
③ Muhammad Iqbal, *The Reconstruction of Religious Thought in Islam*, Kitab Bhavan, 2000, p. 157; Salih Pay, "The Support for the Caliphate from Indian Subcontinent to Anatolia and Muhammad Iqbal," *International Journal of Humanities and Social Science*, (5) 3, 2015; Azmi Özcan, *Pan-Islamism: Indian Muslims, the Ottomans and Britain, 1877–1924*, p. 204.

结　语

综上所述，哈里发运动是一场失败的运动。它对外没能成功保卫哈里发，对内没能永久地团结印度穆斯林和巩固与印度教徒的联盟。在和英土关系的互动中，一方面，哈里发运动没能影响到英国对土政策及其实践，劳合·乔治领导的英国政府坚定地推行反土政策，几乎没有考虑印度穆斯林的诉求，甚至最后《洛桑条约》取代《色佛尔条约》，也更多是土耳其民族主义者自己斗争的结果。另一方面，这场运动对土耳其民族主义者的决策影响也十分有限，初期他们出于保卫哈里发的共同目标尚能团结在一起，后来因为两场运动的本质分歧而一拍两散；他们只能被动地接受安卡拉政府的决定，甚至他们拯救哈里发的努力反而导致了哈里发被彻底废除。

然而，一方面，英国政府，或者说英印政府，对于印度穆斯林的诉求不是毫不关心，事实上，穆斯林的这场政治运动成为英印政府和印度事务部忧虑的主要方面，因而，虽然两者对于白厅的影响有限，但还是尽己所能地向英国政府陈情，尝试修改和约，表达了对印度穆斯林的同情，同时，经过这场政治运动，英印政府无法再采用以前的方式统治印度，不得不向印度精英妥协。另一方面，哈里发运动唤醒了印度人对土耳其问题的关注，很大程度上支援了土耳其民族主义解放运动，并促使凯末尔党人在初期打出了保卫哈里发的旗号。因而，这场运动在历史上留下了浓墨重彩的一笔。

今天，我们无论是讨论南亚的历史，还是土耳其的民族独立运动，都需要克服其内设的某种民族主义或民族国家的叙事，应该同时从全球史强调互动与联系的角度予以考察，以开阔历史的视野，在这方面，哈里发运动无疑是一个重要的切入点。[①]

[①] 昝涛：《全球史视野下的土耳其革命与变革——以民族主义、独立革命与世俗化为例》，《社会科学战线》2019年第3期。

19世纪初德意志犹太人民族认同的成因

——以路德维希·伯尔纳为例

邢益波[*]

摘 要 民族这一概念历来虽有不同的界定与侧重,但大体有三点共性:存在于群体之中、有着相对确定的边界、内部存在共同的认同。其中,认同发挥着关键性作用。在19世纪初的德意志,犹太人再次面临如何保持对自身民族属性的认同这一问题,在其中的代表路德维希·伯尔纳的民族认同的形成过程中,公民权利的得而复失、反动的社会氛围、出版行业的兴盛以及"他者"发挥了巨大作用,而这些成因也被这一时期的德意志犹太人所共享:公民权利的得而复失是这一群体的共同经历;反动的社会氛围同样笼罩在这一群体的周身;以伯尔纳为代表的犹太裔知识分子在公共空间的声音,借由印刷、造纸技术的突破以及大量出版从业人员得以更为快捷地在该群体中传播,并产生重要影响;"他者"的敌意或推动民族间宽容的尝试也深刻影响着这一群体。这些共同构成了19世纪初德意志犹太人民族认同的成因。

关键词 路德维希·伯尔纳 德意志 犹太人 民族认同 公民权利

---

[*] 邢益波,北京大学历史学系博士研究生。

"犹太人"作为一个民族，指的是以色列12支派中的犹大支派所传下的后代，而在多数犹太历史经典作品中，它的起源被追溯到了《圣经》时代。在历史上，这一民族曾有四种称谓，分别是希伯来人、以色列人、犹大人和犹太人。其中，犹太人这一称谓最初为希腊、罗马人的蔑称，到2世纪后才逐渐失去原初的贬义并通行于世界。在汉语语境中，这一民族曾出现过"一赐乐业""铁屑""术忽"等称谓，直到清朝道光前后才正式使用"犹太人"这一称呼。① 在19世纪以前，流散在世界各地的犹太人逐渐形成了三大支系：阿什肯纳兹人、赛法尔迪人和东方犹太人。其中的阿什肯纳兹人主要指的是居住在整个日耳曼地区的犹太人，这一支系随着时间推移逐步成为最为重要且人数最多的一支。② 在19世纪初，由于宗教宽容、领土变动以及政治变革等因素，犹太人逐渐向德意志聚集并达到了一个高峰。与此同时，通过哈斯卡拉运动（Haskalah）拥抱德意志主流群体的犹太人也在这一时期面临新的问题，即如何保持对自身民族属性的认同。其中，19世纪初著名的讽刺作家路德维希·伯尔纳（Ludwig Börne）因其犹太裔知识分子的特殊身份、对现实的强烈关注，以及对犹太解放、德意志统一、平等和自由等诸多诉求的跨时代洞见而影响巨大，其自身犹太民族认同的形成也十分具有典型性。

在此之前，学界关于伯尔纳的研究主要聚焦于其犹太性、政治性和

---

① 徐新、凌继尧主编《犹太百科全书》，上海人民出版社，1993，第335、338页。关于犹太历史的经典作品，根据施罗默·桑德的梳理，最早可以追溯到1世纪约瑟夫斯（F. Josephus）的《上古犹太史》，之后则有18世纪早期巴斯那热（J. Basnage）的《从耶稣基督到现时代的犹太史：作为对约瑟夫斯历史的补充和继续》，约斯特（I. M. Jost）于1820年开始出版的《从马加比家族时代到我们时代的犹太人的历史》，他在30年代还出版了《犹太民族通史》，以及格拉茨（H. Graetz）在19世纪50年代开始出版的《从最古时代到当下的犹太史》，之后尤其随着犹太复国主义的兴起，犹太民族的历史书写越来越多。在这些作品中，多数都是从《圣经》时代开始写起，以此作为民族的起源，其中较为例外的是前述的约斯特于1820年出版的作品，不过在其30年代的作品中，《圣经》时代又重新复位，这也从侧面反映出了19世纪初德意志犹太人群体民族认同的特殊性与复杂性，见桑德《虚构的犹太民族》，王崇兴、张蓉译，上海三联书店，2012，第47~64页。
② 《中国大百科全书》第27卷，中国大百科全书出版社，2009，第103页；徐新、凌继尧主编《犹太百科全书》，第418页。

文学性这三大特性上，关于犹太性的研究主要出现在20世纪80年代。这一时期，德国的历史学家克勒策尔（W. Klötzer）和城市史学家申贝斯（H. O. Schembs）同时注意到法兰克福犹太巷的特殊性及其对伯尔纳犹太性的塑造，美国马萨诸塞大学的莱亚（C. A. Lea）则研究了伯尔纳对于犹太人的认同与批判并存的特殊现象，英国历史学家菲格斯（O. Figes）更进一步，研究了其中批判性的成因。在此之后，北卡罗来纳大学的赫斯（J. M. Hess）在1992年的文章中，从语言转变的角度研究了伯尔纳的犹太认同困境，而笔者在2019年与北京大学徐健教授合写的文章中，则从世界主义的角度研究了伯尔纳这一困境的出路。① 基于此前的研究，结合伯尔纳的日记、信件以及公开发表的文章等原始材料，笔者拟以伯尔纳为例，研究这一特殊历史时期德意志犹太人民族认同的成因。具体来说，本文拟首先对民族与认同概念进行界定，继而结合19世纪初德意志的特殊历史背景分析伯尔纳民族认同的成因，最后给出一般性结论。

一 民族与认同

德语中的Nation一词源于拉丁语nātiō（出生）。根据霍布斯鲍姆的考证，其最初指的是血统来源。在中古时期的日耳曼地区，该词几乎只在上

---

① Wolfgang Klötzer,„ Frankfurt am Main zu Börnes Lebenzeit,“ in Estermann Alfred, Hrsg., *Ludwig Börne：1786-1837*, Frankfurt am Main：Buchhändler-Vereinigung GmbH, 1986, S. 227-239; Hans-Otto Schembs,„ Die Frankfurter Juden zur Zeit Ludwig Börnes,“ in Estermann Alfred, *Ludwig Börne：1786-1837*, S. 239-247; Charlene A. Lea, "Ludwig Börne：Jewish Emancipationist or Jewish Anti-Semite？" *Seminar 16* (1980), pp. 224-234; Orlando Figes, "Ludwig Börne and the Formation of a Radical Critique of Judaism," *The Leo Baeck Institute Year Book*, Vol. 29, Issue 1, January 1984, pp. 351-382; Jonathan M. Hess, "Ludwig Börne's Visit to the Anatomical Cabinet：The Writing of Jewish Emancipation," *New German Critique*, No. 55, Winter 1992, pp. 105-126; 徐健、邢益波：《"犹太"与"德意志"双重认同张力下的出路——路德维希·伯尔纳的世界主义思想》，黄燎宇主编《北大德国研究》第8卷，北京大学出版社，2019，第135~150页。

等社会中使用，迟至16世纪，它才出现了民族的概念。① 在18世纪，Nation 在地域上的限制逐渐被打破，继而成为市民的集合，意指共享道德和法律。② 从18世纪后半叶开始，欧洲进入了柯塞勒克所谓的从前现代向现代转型的"鞍型期"（Sattelzeit），这一时期的诸多概念脱离了原先的"经验空间"，拥有了新的"期待视野"。③ 与此同时，受启蒙运动和法国大革命等的影响，Nation 跟诸如"人民"和"公民"等词一起，进入政治语汇中。到19世纪，这一概念有了进一步发展，比如萨维尼将民族视为精神共同体通过共同语言逐步稳固和发展的结果；密尔则是通过民族情感来界定民族，强调了隶属于同一民族的认同感；勒南将集体认同视为民族划分的依据，认为民族的形成是日常民族自决的结果。④

在民族这一概念的上述发展历程中，我们能够看出，直到19世纪，其更多强调通过主观认同来界定。到了现代，受民族主义影响，民族的概念引发了更多界定和讨论，实非笔者能够穷尽，在此仅就其中几位与本文具体语境相关的重要学者的观点做一梳理。第一位对民族观念界定颇有影响的是德国历史学家梅尼克。在梅尼克看来，民族有许多重要且本质的基础或特征，不过这些并不具有普适意义，每一个民族仍具有完全个别和独

---

① Eric J. Hobsbawm, *Nation and Nationalism Since 1780: Programme, Myth, Reality*, Second Edition, Cambridge: Cambridge University Press, 1990, pp. 14–16.

② Johann Heinrich Zedler, *Grosses vollständiges Universal-Lexicon aller Wissenschafften und Künste*, Bd. 23, 1731–1754, S. 901–902, https://www.zedler-lexikon.de//index.html?c=blaettern&seitenzahl=468&bandnummer=23&view=100&l=de, 2021年11月14日。

③ Otto Brunner, Werner Conze und Reinhart Koselleck, Hrsg., *Geschichtliche Grundbegriffe: Historisches Lexikon zur politisch-sozialen Sprache in Deutschland*, Bd. 1, Stuttgart: Ernst Klett Verlag, 1972, S. XV; Reinhart Koselleck, *Vergangene Zukunft. Zur Semantik Geschichtlicher Zeiten*, Frankfurt: Suhrkamp, 1979, S. 349–375; 方维规：《历史的概念向量》，生活·读书·新知三联书店，2021，第30页。

④ Friedrich Carl von Savigny, *System des heutigen Römischen Rechts*, Erster Band, Berlin: Veit und Comp, 1815, S. 19; John Stuart Mill, *Utilitarianism, Liberty and Representative Government*, London [u.a.]: Dent, 1910, pp. 359–366; Ernest Renan, "WHAT IS A NATION? (QU'EST-CE QU'UNE NATION? 1882)," in M. Giglioli, ed., *What Is a Nation? and Other Political Writings*, New York Chichester, West Sussex: Columbia University Press, 2018, pp. 247–263.

特的一面。除去一些特例后，梅尼克将民族大致分为文化民族（Kulturnation）和国家民族（Staatsnation），前者主要基于某种共同的文化经历而凝聚，后者则是建立在普遍的政治历史与法则的统一力量之上。①

另一位对民族概念有颇多建树的学者是霍布斯鲍姆，不过他在其《民族与民族主义》一书中，并没有给民族一个先验的定义。在霍布斯鲍姆看来，概念绝非漫无目标的玄学思辨，而是根源于特定地域，成长于特殊社会背景，成形于既定的历史时空。尽管在他看来民族是通过民族主义想象得来的产物，但是将民族性窄化成单一面向绝不可能，不论是在政治上还是在文化上。② 近年来，还有一位知名的学者围绕民族的概念做过颇为新颖的解读，他就是本尼迪克特·安德森。在安德森看来，民族是一种想象的政治共同体，同时它是被想象为本质上有限且享有主权的共同体。安德森主张，在历史上，直到三个根本且古老的文化概念（手抄本语言成为真理的一部分、人的效忠层级而向心、日常的宿命论）丧失了对人心灵的控制后，想象民族的可能性才会出现。民族这一共同体最初是通过文字的阅读来想象，而18世纪初兴起的两种想象形式，即小说与报纸，为再现民族这种想象的共同体提供了技术手段。③

与此同时，安德森这种想象的共同体概念在与犹太民族相关的研究中也有着回响，其中最具代表性的便是历史学家桑德（S. Sand）的《虚构的犹太民族》。在桑德看来，民族并非自生自发，而是借助统一集体记忆的发明来建构的，它有不同于其他社会集团的几大特征：全体成员共享且同质的大众文化、公民平等的观念、文化-语言统一体的存在、自我意识下的归属感、共同的疆域、内部更为紧密的经济活动。④ 而在犹太视角下，山东大学的刘新利教授基于对《犹太辞典》的研究，根据不同的学

---

① Friedrich Meinecke, *Weltbürgertum und Nationalstaat*: *Studien zur Genesis des deutschen Nationalstaates*, Berlin, Boston: Oldenbourg Wissenschaftsverlag, 2019, S. 9-12.
② Eric J. Hobsbawm, *Nation and Nationalism Since 1780*, pp. 6-8.
③ Benedict Anderson, *Imagined Communities*: *Reflections on the Origin and Spread of Nationalism*, Revised Edition, London, New York: Verso, 1991, pp. 6-7, 33-35.
④ 桑德：《虚构的犹太民族》，第18、20页。

科视角，梳理出了犹太人对于民族的四种区分：第一种是将民族看作国家的前阶段，是人们生活的共同体；第二种是将民族认作自然客观的生存现象，认为共同的语言和种源使人们结成民族；第三种是将民族当作主观意志的结果，认为通过人们主观上的归属感，并通过宣布成员资格的意志而构成民族；第四种是将民族阐述为主客观因素的综合结果，认为一个人民群体在主观上明确自己的归属感，在客观上具备共同的语言和共同的种源，就形成了民族。①

基于上述学者的观点，笔者认为民族无论是建构的产物，还是真实的存在，它都有着至少三点共性：首先是存在于群体之中；其次是有着相对确定的边界；最后是内部存在共同的认同。其中，笔者认为发挥关键性作用的是认同。德语中的 Identität（认同）一词来自拉丁语 idem（同一、同样），它可以被概括为三重含义：第一是身份，对于某人是谁的界定；第二是同一性；第三是一种内在的统一。② 20 世纪以来，以认同作为研究范式较多出现在心理学和社会科学领域，概括来说，这些研究主要将身份认同分为两类：一是自我认同；二是社会认同。其中，社会认同作为一种范式研究，根据林·亨特的考证，最早可以追溯到 20 世纪 60 年代和 70 年代，是在美国随着黑人与妇女争取公民权运动以及同性恋解放运动而产生。③ 而其作为一种理论则可以追溯到 1986 年波兰社会心理学家塔吉夫（H. Tajfel）和英国社会心理学家特纳（J. C. Turner）所写的《跨族群行为的社会认同理论》一文，塔吉夫和特纳在该文中将社会认同界定为个体意识到自己在群体中所具备的资格。④ 而当这种个体意识与民族概念相结

---

① 刘新利：《德意志历史上的民族与宗教》，商务印书馆，2009，第 475 页。
② 杜登在线德语辞典"Identität"条目，https://www.duden.de/rechtschreibung/Identitaet，2021 年 11 月 14 日；赵登荣、周祖生主编《杜登德汉大词典》上册，北京大学出版社，2013，第 1170 页。
③ Lynn Hunt, *Writing History in the Global Era*, New York [u.a.]: Norton, 2014, pp. 17-18.
④ H. Tajfel and J. C. Turner, "The Social Identity Theory of Intergroup Behavior," in S. Worchel and W. G. Austin, eds., *Psychology of Intergroup Relation*, Chicago: Hall Publishers, 1986, pp. 7-24.

合，便形成了所谓的民族认同，即个体意识到在有着相对确定边界的民族之中所具备的资格。

结合19世纪初德意志犹太人的具体语境，原先通用的意第绪语、犹太教的宗教习俗以及隔都等有形或无形的边界随着世俗化的深入以及德意志各邦国相继的改革而逐步消解，这对该群体保持民族认同无疑造成了挑战，而在这样的背景下他们是如何重塑对犹太民族的认同的，其中有哪些因素在发挥着作用，便是下文通过伯尔纳的个案研究重点要解决的问题。

二 伯尔纳民族认同的成因

美茵河畔的法兰克福（Frankfurt am Main）在历史上首次被提及是在公元794年2月22日，在当时查理大帝的一份文件中提到"在美茵河畔的一个地方，被称为法兰克福"。[①] 而在查理大帝和加洛林王朝，以及后来的萨克森王朝统治时期，都曾鼓励犹太人移民，也给予了犹太商人诸多优惠政策。950年前后，犹太人开始在德意志的施佩耶尔、美因茨以及沃尔姆斯附近定居，逐渐形成了前文提及的阿什肯纳兹人这一支系以及阿什肯纳兹文化。12世纪下半叶，来自沃尔姆斯的一群犹太商人开始在法兰克福定居，他们借助帝国的保护和商业特权很快发展起来。这一时期的法兰克福也成为一个重要的帝国城市。[②]

不过，这种现状很快被黑死病的暴发打破。欧洲在这一时期出现了排犹的高潮，法兰克福的犹太人也受到了残忍的迫害和驱逐，直到1360年，他们才在严格的监管下，重新得以在这座城市生存。这种严格监管最突出的表现便是他们在1460年被限定生活在一小块指定的犹太巷（Judengasse）里，犹太巷的空间也被禁止扩大。起初，只有大约110名犹太人生活在

---

① Engelbert Mühlbacher, ed., *Die Urkunden Pippins, Karlmanns und Karls des Großen*, Hannover: Hahn, 1906, p.238.
② 刘新利:《德意志历史上的民族与宗教》，第380~381页。

此，自此以后，这里便成了犹太人在法兰克福的唯一定居点。在18世纪后半叶，由于启蒙运动和法国大革命的影响，德意志地区犹太人的受压迫状况得到了一定的改善，比较典型的例子是柏林，不过这种改善并没有影响到法兰克福。随着人口的逐年增长，犹太巷的生存条件愈加恶劣。①

正是在这样的背景下，伯尔纳于1786年5月6日出生在法兰克福犹太巷的第118号，他是银行家雅各布·巴鲁赫（Jakob Baruch）和尤丽叶·巴鲁赫（Julie Baruch）夫妇的第三个孩子。伯尔纳这个名字是他改宗受洗之前所取，在这之前的32年里，他一直用的是其父亲给他取的犹太名——尤达·勒夫·巴鲁赫（Juda Löw Baruch），有时他的家人也叫他勒布（Löb）或者路易斯（Louis）。② 通过家庭和犹太教的传统教育、犹太巷的日常生活以及意第绪语的使用等，伯尔纳完成了早期对自我身份的界定与认知。

在此期间，法兰西第一共和国的立法机构在1791年正式承认了犹太人所有的公民权益，而在法国统治下的所有地区，如莱茵兰、威斯特伐利亚、瑞士以及意大利北部，情况也是如此。③ 随着战争的到来，法兰克福犹太巷的现状也被彻底打破。在法兰克福，一个新的莱茵邦联建立起来。④ 作为莱茵邦联的"第一亲王"，达尔伯格（M. von Dalberg）就任不久便采取措施来改善犹太人的地位，减轻他们所受到的压力。1808年，伯尔纳在日记中写道："大家都在自由地评论新的命令，即对法兰克福犹

---

① Estermann Alfred, *Ludwig Börne：1786 – 1837*, S. 227 – 235, 239 – 247, 240 – 241; Liliane Weissberg,„ Ein Medizinstudent in Berlin：Louis Baruch führt Tagebuch, " in Frank Stern und Maria Gierlinger, Hrsg. , *Ludwig Börne：Deutscher, Jude, Demokrat*, Berlin：Aufbau Verlag, 2003, S. 19–20.
② Estermann Alfred, *Ludwig Börne：1786–1837*, S. 19.
③ Jacob Katz, *From Prejudice to Destruction：Anti – Semitism, 1700 – 1933*, Cambridge：Harvard University Press, 1980, p. 52.
④ 1806年7月，在拿破仑的策动下，巴伐利亚国王、符腾堡国王、巴登大公、黑森-达姆斯塔特大公以及拿骚的几位公爵、列支敦士登侯爵等16个德意志邦国的代表，在巴黎签署了《莱茵邦联议定书》，正式宣布：自1806年8月1日起，放弃德意志帝国的爵位，脱离帝国，组成莱茵邦联，设两院制的议会于法兰克福。见郑寅达《德国史》，人民出版社，2014，第158~166页。

太人的保护……"①

在此之前，由于是犹太人，其他学科对伯尔纳来说求学无门，而此次政策的松动，让伯尔纳得到机会在海德堡转读官房学（Kameralistik），从而可以上自己感兴趣的法律、政治、财政、政府研究等课程。1808年8月，伯尔纳顺利获得了哲学博士学位。② 1810年，根据拿破仑的命令，莱茵邦联完全废除了加在奴隶和犹太人身上的束缚。1811年12月，法兰克福的犹太巷以44万古尔盾的代价换取了完全的公民权利。犹太人的身份在当时的德意志诸邦国也相继得到了平等的认可，在伯尔纳毕业后，他的父亲为他谋得了在法兰克福警察局一个不大的职位——录事（Polizeiaktuar），伯尔纳的日常工作便是坐在法兰克福旧市政厅的一间房间里，发护照，查证件，做记录。③ 在此期间，伯尔纳开始以一个犹太作家的身份露面，成为《法兰克福日报》（Frankfurter Tageblattes）的撰稿人。这些犹太公民权利的实践，无疑有效增强了伯尔纳对自我的认知，然而这种认知并未扩大到对整个犹太群体的认同，在伯尔纳的书信中，甚至提到自己在"离开法兰克福后，从看到商人和犹太人所谓的生活时起，对他们的反感就达到了顶点"。④ 不过，形势很快发生了变化。

1813年，全德意志境内燃起了反法的烽火。3月16日，普鲁士向法国宣战。次日，普鲁士国王发表《告我人民》，呼吁全体国民不分等级，通力合作，不怕牺牲，为解放祖国而战，因为"如果想继续成为一个普鲁士人，一个德意志人"，这种牺牲绝对必要。从这时起，许多地方的德意志人自发起来反对法国占领者，汉堡、不来梅和德累斯顿等地都燃起了

---

① Ludwig Börne, „Jugendschriften. 1808," in Inge Rippmann und Peter Rippmann, Hrsg., *Sämtliche Schriften*, Neu bearbeitet, Erster Band, Frankfurt/Main: Joseph Melzer Verlag, 1977, S. 14.
② Inge Rippmann und Wolfgang Labuhn, Hrsg., „*Die Kunst-eine Tochter der Zeit*": *Neue Studien zu Ludwig Börne*, Bielefeld: Aisthesis Verlag, 1988, S. 206–207.
③ Karl Gutzkow, *Börnes Leben*, Karl-Maria Guth, Hrsg., Berlin: Hofenberg, 2017, S. 70–72.
④ Georg Brandes, *Das junge Deutschland*, Übersetzt von Linden, W. 30, Berlin: Barsdorf, 1904, S. 48.

民族起义的烽火。① 在勃兰兑斯看来，当时把敌人驱逐出国土的民族情感里，包含有两种完全不同的成分：一种是历史而回溯的倾向，它不久发展成为浪漫主义；另一种是激进而向前的倾向，它发展成为自由主义。当反动势力到来时，它得到浪漫主义者的大力支持，而热爱自由的人们在反对拿破仑的战争期间，自然也像浪漫主义者一样仇恨法国。但是，在他们的爱国主义激情中，又逐渐产生出对于新闻自由、君主立宪和选举权等方面的愿望和要求。②

正是在这样一个特殊的历史时期，伯尔纳对于犹太的民族认同开始觉醒。结合这一时期的具体语境，其成因主要有以下四个方面。首先是公民权利的得而复失。1813 年，当俄奥两国以及普鲁士的军队甫一开进法兰克福，维持了七年的达尔伯格亲王的统治便宣告结束。法兰克福大公国（Großherzogtum Frankfurt）也从众多的德意志邦国中勾掉，旧的宪法很快重新生效，至于犹太巷的那 44 万古尔盾，也被一笔勾销。这种公民权利的得而复失让伯尔纳明显感受到了民族身份所带来的影响，正如其在著名的《巴黎书简》中所言：

> 因为我不再是公民的奴仆，我也不愿再为诸侯的奴仆；我只想要完全的自由。我已为自己从头建造了一座自由之屋；跟我一样做吧，你们不应满足于用新的砖瓦修葺坍塌的市政建筑的屋顶。我求求你们了，不要再因犹太的身份而将我轻视!③

与此同时，伯尔纳的公职以及日报撰稿人的身份也都相继被取消。在之后的 1816 年，伯尔纳开始自筹自撰自发一些小册子，借此表达他对犹太民族的强烈情感。比如其在《为了犹太》的开篇中便写道："犹太群体现在必须从被动接受的客体转变为主动反应的主体，接着赢得真正的善

---

① 郑寅达：《德国史》，第 183 页。
② Georg Brandes, *Das junge Deutschland*, S. 16.
③ Ludwig Börne,„Vierundsiebzigster Brief. Paris, Dienstag, den 7. Februar 1832," in Inge Rippmann und Peter Rippmann, *Sämtliche Schriften*, Dritter Band, S. 511–514.

意，因为那些能够做着这些美梦的人，已经不再做梦了。"① 毋庸置疑，这种民族认同在伯尔纳身上的展现，与其公民权利的得而复失关系密切。

其次是当时的反动氛围，这为伯尔纳的民族认同提供了很大的动力。青年德意志的领军人物卡尔·古茨科（Karl Gutzkow）曾在为伯尔纳所写的传记中写道："信使在举行着臭名昭著的反动会议的维也纳和其他城市之间疾驰，它们在倾注了鲜血的大地上撕开一道道细沟，把陈腐和特权的种籽重新播撒。"② 正是通过这场维也纳会议，德意志邦联应运而生。与此同时，在拿破仑帝国瓦解之后，一个由俄普奥三国共同组成的神圣同盟也建立起来。③ 自从神圣同盟成立以来，一种巨大而系统的反动力量便笼罩在德意志这片土地上。他们的目的就是要把凡是被革命和拿破仑所冲击的一切都加以巩固，或重新建立起来。正如勃兰兑斯所言，"为自由而进行的战争（Freiheitskrieg）一经结束，他们的目标就变成像结束战争一样去结束自由"。④ 这种反动最直接的影响便是迫使伯尔纳改宗。1818 年，为了能够在公共空间为自己的犹太民族发声，伯尔纳选择了改宗。在这一年的 4 月，伯尔纳在《法兰克福日报》上刊登了自己改宗的消息，自此伯尔纳这个新的名字出现在报刊的作者栏里。

从这一年的夏天起，伯尔纳成了一个独立的新闻记者。在此之前，他只能不时地发表一些小册子，现在他出版了几乎全由他一个人写的杂志《天平》（*Die Wage*）。而在 19 世纪的欧洲，杂志和报纸上的小故事要比任何其他书籍形式都拥有更广泛的阅读群体，对于这些作者来说，他们的作品能够起到很好的政治宣传作用。⑤ 这份以"市民生活、科学和艺术"为副标题的杂志，很快为伯尔纳赢得了很大的声誉。勃兰兑斯因此将其誉为具有德国文学风格的新闻记者第一人，而将这份定期刊物变成了一种力

---

① Ludwig Börne,„ Für die Juden. Jugendschriften. 1816, " in Inge Rippmann und Peter Rippmann, *Sämtliche Schriften*, Erster Band, S. 170.
② Karl Gutzkow, *Börnes Leben*, S. 161-162.
③ 郑寅达：《德国史》，第 185~189 页。
④ Georg Brandes, *Das junge Deutschland*, S. 1-2.
⑤ Maria Wagner, "Mathilde Anneke's Stories of Slavery in the German-American Press," *MELUS*, Vol. 6, No. 4, Non-Traditional Genres, Winter, 1979, p. 9.

量,更是开创了德国的先河。① 在《天平》里,伯尔纳不仅是编辑,还是出版商和撰稿人。在反动的氛围中,书报检查极其严格,所以想要公开谈论政治绝非易事,正如伯尔纳所言:"政治?在德意志,人们绝无可能对此公开发表任何真实而清晰的见解,即便是比沉默的大多数更好的我,也只能成为一名政治的形而上学者(Metaphysiker)。"② 有鉴于此,伯尔纳在《天平》中发表了许多评论绘画、诗歌和戏剧的作品,并通过这种形式,将自己犹太的民族认同隐喻其中。③ 正如赫斯教授注意到的,其中最典型的例子便是解剖室的隐喻:

> 您来到一间解剖室参观,看到了心脏。为了更好地观察研究,这颗心脏被分成了很多份,就连细微的血管和血液流经的沟壑也清晰可见。然而,此时血液已不再流动,这颗心脏也不再跳动。无论是喜悦还是哀愁,它都感觉不到,就连求得安慰也成了奢望。接着您会重返人海之中,像原先一样,无情而少教。诗人口中裸露的胸房真的要比那具死了的标本有用吗?④

诸如此类的例子在《天平》中还有很多,在反动的氛围下,被再次褫夺了公民权利的犹太民族,在伯尔纳看来便如这解剖室里的心脏一般,血液不再流动,心脏也不再跳动。而这种感同身受,无疑对伯尔纳摆脱犹太人个体性的束缚,将视野拓宽到整个犹太民族有着强大的推动作用。

此外,对伯尔纳的民族认同产生重要影响的还有这一时期出版行业的兴盛。19世纪初,德意志开始向工业化过渡,这一过程颇为缓慢,直到19世纪30年代,德意志的工业革命才真正开始。不过在这一时期,印刷

---

① Georg Brandes, *Das junge Deutschland*, S. 63-64.
② Ludwig Börne,„ An Jeanette. Nr. 6, Stuttgart. Den 11. Sept. 1821," in Inge Rippmann und Peter Rippmann, *Sämtliche Schriften*, Vierter Band, S. 358.
③ Leland De La Durantaye, "The Art of Ignorance: An Afterword to Ludwig Börne," *Harvard Review*, No. 31, 2006, pp. 77-82.
④ Ludwig Börne,„ Das Jude, Schauspiel von Cumberland. 1819," in Inge Rippmann und Peter Rippmann, *Sämtliche Schriften*, Erster Band, S. 286.

和造纸技术在德意志却大为提高，这为阅读文化的进一步普及和发展提供了可能，当时文化精英与民众的互动有赖于书报，除此之外并没有其他普及的大众媒介。1811年发明的快速印刷机，将印刷能力提高了10倍。造纸业在这一时期也实现了技术突破，大幅降低了纸张的成本。技术的提升使一个遍布德意志全境的图书出版发行机制得以初步形成。① 与此同时，德意志出版行业的从业人数在这一时期达到了100万以上，这在整个德意志工商业从业人员中的占比达到了约45%。② 这些都使新知识和新思想得以在德意志迅速传播。另外，报刊因其时效性和综合性也受到了大众的欢迎。

在伯尔纳民族认同形成的过程中，其为犹太解放在公共空间发表的大量文章以及与读者之间快速有效的互动是非常重要的因素，而这一切都是在出版行业兴盛的前提下得以实现的。德国报刊史学家基希纳（J. Kirchner）注意到，伯尔纳是在比德迈耶和王朝复辟时期拥有最广泛读者的记者之一。③ 而知名的特赖奇克——一个在其著作中甚少提及犹太人的反犹史学家，亦在其19世纪德国历史的书写中，将伯尔纳誉为报刊文艺栏写作的领袖人物，这是颇为难得的。④ 与此同时，伯尔纳的读者绝非囿于进步人士的圈子，有不少知名的保守派代表亦是其忠实的读者。在这些保守派读者中，最有代表性的就是根茨（F. v. Gentz）。著名的犹太沙龙女主人范哈根（R. Varnhagen）在写于1819年5月18日的一封信里，谈及了根茨推荐《天平》一事："根茨将《天平》誉为最近一段时期写得最有才气、最为机智的文章，是自莱辛以来无出其右的佳作。"⑤

最后一点是"他者"的影响。这一时期不仅有前述反动氛围影响下

---

① 郑寅达：《德国史》，第143页；刘慧儒、范大灿：《德国文学史》第三卷，译林出版社，2007，第4~8、230~231页。

② Jürgen Kocka, *Das lange 19. Jahrhundert: Arbeit, Nation und bürgerliche Gesellschaft*, Stuttgart: Klett-Cotta, 2001, S. 48.

③ Joachim Kirchner, *Das deutsche Zeitschriftenwesen. Vom Wiener Kongress bis zum Ausgange des 19. Jahrhunderts*, Bd. 2, Wiesbaden: Otto Harrassowitz, 1962, S. 59-60.

④ Heinrich von Treitschke, *Treitschke's History of Germany in the Nineteenth Century*, Eden Paul and Cedar Paul, trans., London: Jarrolds Publishers Limited, 2012, p. 323.

⑤ Georg Brandes, *Das junge Deutschland*, S. 64.

所产生的来自"他者"的敌意,也有一些"他者"基于善意试图削弱犹太人的民族性,推动民族间的宽容,但是结果却常常适得其反。在伯尔纳发表的针对坎伯兰(R. Cumberland)剧作的长评《犹太人》(Das Jude)中,可以明显看出"他者"对其自身民族认同带来的影响。他在其中反问道:"坎伯兰得看到多少不幸的人民受苦,才能意识到可怖的犹太苦难(Judenschmerz),才能听到那痛苦的呻吟?他又得经历多少该死的无辜事件,才能最终发现一桩无辜,才能在图画中描绘真正无辜的人群?"① 在这一时期,受到宗教宽容的影响,这类戏剧在德意志并不少见,比较出名的还有莱辛的剧作《智者纳坦》,尽管莱辛试图在剧中塑造犹太人的正面形象,但是在当时这类作品并未得到犹太人的认可,个中原因或许正如伯尔纳所言:"所有这些对犹太人的描绘,都只是将其视为抽象概念上的人。人们可以想到它(犹太人),但它却不是实际的存在,而是基督徒想象的产物。真是难为你们了。"②

正是在以上四点原因,即公民权的得而复失、反动的社会氛围、出版行业的兴盛以及"他者"的共同影响下,伯尔纳逐渐摆脱掉了原先只关注自我的局限,将视野拓展到其自我认同背后所包含的整个犹太民族,而在为犹太民族的解放思考和公开运用理性的过程中,其对犹太民族的认同又得到了进一步强化。

三 结语

正如前述,尽管不同学者对于民族的概念有着不同的界定与侧重,但是它大体具有以下三点共性:存在于群体之中;有着相对确定的边界;内部存在共同的认同。其中,笔者认为发挥关键性作用的是最后一点,而结合20世纪以来心理学和社会科学领域对于认同研究范式的界定,笔者将民族认同界定为个体意识到在有着相对确定边界的民族之中所具备的资

---

① Ludwig Börne,„ Das Jude, Schauspiel von Cumberland. 1819, " S. 286-287.
② Ludwig Börne.„ Das Jude, Schauspiel von Cumberland. 1819, " S. 289.

格。在19世纪初的德意志，一方面，由于宗教宽容、领土变动以及政治变革等因素，犹太人逐渐向此聚集；另一方面，原先通用的意第绪语、犹太教的宗教习俗以及隔都等有形或无形的边界随着世俗化的深入，以及德意志各邦国相继的改革而消解，这些都对该群体保持民族认同造成了巨大挑战。

在伯尔纳的个案中，具体来说，公民权利的得而复失迫使伯尔纳跳出对自我身份的认知，开始思考犹太人作为一个群体的命运；当时反动的社会氛围则为伯尔纳犹太民族的认同提供了强大的动力；19世纪初期印刷、造纸技术的突破以及大量从业人员带来的出版行业的兴盛为其在公共空间实践犹太民族身份以及与读者的有效互动提供了客观的条件；"他者"的敌意或推动民族间宽容的尝试则为伯尔纳的民族认同提供了鲜明的对比与刺激。正是在以上四点原因的共同影响下，伯尔纳逐渐摆脱了只对自我身份关注的局限，将视野拓展到其认同背后所包含的整个犹太民族，而在为犹太民族的解放思考和公开运用理性的过程中，其对犹太民族的社会认同又得到了进一步强化，这些共同构成了其民族认同的成因。

伯尔纳民族认同的成因也在某种程度上被这一时期的德意志犹太人所共享。公民权利的得而复失是这一群体的共同经历，反动的社会氛围同样笼罩在这一群体的周身，以伯尔纳为代表的犹太裔知识分子在公共空间的声音借由印刷、造纸技术的突破以及大量从业人员得以更为快捷地在这一群体中传播，并产生重要影响，"他者"的敌意或推动民族间宽容的尝试也深刻影响着这一群体。这些共同构成了19世纪初德意志犹太人民族认同的成因，也使这一群体因哈斯卡拉运动而在一定程度上中断的民族认同重新复位。

学术评论

世俗主义与印度的选择
——评《印度教民族主义与印度殖民后期的政治语言》

张 婧*

自独立以来,印度这个多宗教、多民族的国家一直在探索一条世俗化的道路,但在莫迪治下,宗教似乎与政治越来越紧密地结合在一起。2019年印度人民党（简称"印人党"）再次赢得联邦大选后,莫迪政府得以在第二任期内更加大胆地践行其政治纲领,象征印度教民族主义的"橙黄化"前所未有地渗入了印度的政治、司法、教育、婚恋等方方面面。印度教民族主义作为凝聚国家共识的有效手段,给印度社会的宗教宽容氛围和文化多元性带来越来越明显的负面影响。在印人党一揽子"解决"历史遗留问题的背后,却是印度社会的进一步割裂与对立。

与此同时,印人党调低了"印度教特性"的调门,转而以世俗主义的"正统"自居,强调国大党一直采取的是"伪世俗主义"（pseudo-secularism）。换言之,尼赫鲁时期进步、科学、理性的自由主义理想在印度独立后的发展中,逐渐转向了保守的文化民族主义,但"世俗主义"却仍然被应用于世俗化进程备受挑战的社会现实。作为西方近代产生的"舶来品",世俗主义的意涵在印度不断经历了变迁和阐释,其含混的指涉体现了这一观念在印度发展的独特路径。近年来,印度作为一个影响力日益提升的后发展国家,其世俗化道路的明显转向成为各方关注的焦点。

---

* 张婧,中国社会科学院信息情报研究院编辑,北京大学区域与国别研究院博士后。

很多人不禁疑惑，印度还是一个世俗国家吗？或者说，印度独立后世俗主义的意识形态何以发生印度教转向？针对这一问题，利兹大学历史系教授威廉·古尔德于 2004 年出版的作品《印度教民族主义与印度殖民后期的政治语言》[1] 提供了独特的思考角度，且对理解印度"世俗主义"的历史语境有所助益。该著作着眼于印度殖民统治后期的历史，以独立前印、穆宗教社群冲突的核心地区联合省（现北方邦）作为研究对象，深入探讨了独立前印度国民大会党（Indian National Congress，简称"国大党"）在世俗主义与印度教民族主义政治语言之间的选择与权衡。

一 回归传统：宗教-世俗框架内的本土动员

殖民时期，英印政府延续了本国的自由主义传统，通过一种独特的帝国统治意识形态来彻底改造印度。这一居高临下的帝国使命将"宗教"和"世俗"领域从印度社会中区别出来，并施加一种中立态度来对待各宗教的分野。自19世纪末开始，殖民政府的世俗主义策略越来越被印度民族主义者视为分而治之的阴谋，因而很多本土知识分子将目光放回到印度的传统文化，试图从中汲取民族独立运动的思想道德资源。

在这样的语境下，印度前现代社会不同宗教和谐共处的传统得到了强调。在印度众多政治精英看来，这种古已有之的特质是印度世俗主义区别于西方世俗内涵的独特性之所在。正因为此，传统宗教资源反而被用来构建一种普遍的世界观，与殖民者所代表的现代性抗衡，形成印度由殖民地向民族国家转型的隐喻。这一以文化为导向，在国家线性历史发展之外的替代性叙述构成了印度世俗主义的"复线历史"。

根据古尔德的研究，在甘地领导的不合作运动伊始，联合省国大党组织以灵活的方式对大众熟悉的宗教元素加以运用，塑造印度的民族认知。

---

[1] William Gould, *Hindu Nationalism and the Language of Politics in Late Colonial India*, Cambridge: Cambridge University Press, 2004.

比如，联合省国大党常常借助印度教僧侣、苦修者以及伊斯兰教大学者等宗教"圣人"传播国大党的思想；或通过宗教集会和节日组织大规模活动，在印度教寺庙或清真寺传递政治信息，表达政治诉求。同样，古代典籍中的意象也常被用来服务于现实政治，强化民族认同感，如罗摩（Rama）的英雄形象与罗波那（Ravana）的"恶魔"属性轻易地就构成了印度与殖民者之间"敌强我弱"的关系对比和善恶对立的道德定位，这样的逻辑可以促使人民自发地抵制外国商品，有利于不合作运动的开展。当然，其中还包括护牛运动等更具争议性的策略，国大党以玷污宗教感情和社会改革之名，攻击屠宰牛的行为，抵制使用牛油、牛皮制成的外货，进而反对外国统治。

古尔德认为，理解国大党对印度教元素的运用有一个重要的前提，即印度教无法代表一类具有同一性的宗教社群，印度教徒以及印度教民族主义等概念也就并不具备一个清晰的边界，因而在国大党开放的政治空间内，这种宽容的印度教民族主义表现为一种弹性、松散的形式。印度教哲学作为一个整体纳入国家概念和组织架构之中，这便使世俗的含义因带有"印度性"而超越了殖民者对宗教和世俗的二元划分。但问题是，尽管国大党具有倡导世俗和宗教宽容的初衷，民族主义运动却无法构成一种共同的经验，民众对于运动差异性的理解需要借助宗教具象化的过程获得积极的反馈，这反而"打破了在当地的宗教动员任何可能的禁忌"，[①] 为印度教的同质性想象推波助澜。

更重要的是，从动员的角度来说，官方阐释与本土实践的多线对话导致了实际效果的偏差。比如，国大党也试图利用清真寺开展活动，但在具体的操作中，却往往因演奏、歌舞等有损肃穆氛围的行为招致穆斯林的敌意，增加穆斯林对国大党世俗性的疑虑。这种宗教的同质化现象自1932年英印政府颁布"社群裁定"（Communal Award）及各党派参加省议会选举后更加明显。换言之，国大党希望从印度本土文化出发回归世俗主义传

---

① William Gould, *Hindu Nationalism and the Language of Politics in Late Colonial India*, p. 9.

统,但这一努力最终还是演变成在殖民语境中的宗教范畴内所进行的尝试。

在英国民主和宗教-世俗的二分框架内,国大党的失败源于过度关注本土世俗语言与印度教政治语言之间相互重叠的部分,而有意无意地忽视了印度教民族主义自身潜在的身份政治属性。归根结底,前现代社会各宗教共享的意识形态边界已经随着殖民进程的展开被清晰地界定、划分,国大党的实践虽然意在恢复印度古代自治的社会文化系统,却仍旧没能打破殖民的政治文化建构和权力格局,反而沿着单一宗教和固化阶级的轨道越走越远。至独立前夕,印度教已经不再表现为一个平和、包容的文化政治体系,而逐渐成为一个好战、暴力的社群认同。独立后,殖民后期回归文化传统的这段"复线历史"虽成为被线性历史表述压抑的历史记忆,但在印度现代化国家的发展进程中,它总是能被重新创造与利用,以"宗教"的不同形式不断地参与历史的重构。

二 塑造"他者":世俗主义与印度穆斯林的分化

与很多历史学家倾向于认为印度的印穆矛盾是一个长时间段的社会变化不同,古尔德通过他的研究指出,20 世纪 20~40 年代的社会运动助推了印度穆斯林的分化,国大党亦有意无意地塑造了穆斯林的"他者"地位。比如,1905 年由于孟加拉分治而掀起高潮的司瓦德西运动(Swadesh,即国货运动)使生产、买卖和身着印度自产布越发成为凝聚民族认同的重要象征,至 20 年代甘地第一次不合作运动开始逐渐成为普遍的社会共识。不过,司瓦德西运动的发展建立在民族文化重建和印度教复兴的基础之上,在这一前提之下,很多穆斯林在罢工罢市的社会抵制浪潮中无法融入其中。更严重的是,部分穆斯林的商店因为贩卖外国布而被强制封锁,但有些纠察行为却是以为国家牺牲为名而实施的商业竞争,这无疑加剧了穆斯林对国大党的不信任感,以至于在 30 年代初的联合省,本来参与度就不高的穆斯林甚至在一些地方自发地开展反不合作运动,以此表达对国大党和印度教组织的不满。

国大党对不可接触者雄心勃勃的地位提升计划同样使穆斯林被孤立。1932年社群协定为少数群体（包括贱民、穆斯林、佛教徒、基督徒、锡克教徒等）划分单独选举区，国大党表面上对穆斯林设置单独选区不表明立场，但坚决反对不可接触者成为政治上的少数。对此甘地身体力行，争取"哈里真"的权利，为这些"受迫害的群体"分区选举而绝食抗议。① 哈里真运动影响广泛，但甘地通过他所谓纯粹的宗教手段正面回应殖民主义带来的政治问题，也将不可接触者的政治身份纳入了印度教系统，使之不再成为宗教社群意义上的少数。以此为基础，在雅利安社（Arya Samaj）等印度教组织的动员和各类印地语报刊的宣传下，旨在赋予不可接触者权利的社会改革（如允许不可接触者进入寺庙等）在联合省如火如荼地展开，这些改革不同程度地指向了印度教统一的隐喻，也将国大党与印度教组织联系得更加紧密。

国大党同样希望通过抵制外国布和提升不可接触者地位等大规模运动争取穆斯林的支持，其初衷是发起全面的社会改革，但效果往往无法令人满意，甚至加剧了穆斯林的不安全感。30年代后，国大党领导人还制定了穆斯林的动员方案，比如甘地旨在改善教育水平的沃尔塔计划（Wardha Scheme）②，以及尼赫鲁的"穆斯林群众接触计划"（Muslim Mass Contact Programme），但这些努力最终因缺乏乌尔都语媒体的宣传、县、镇等下级组织重视不足以及资金短缺等种种因素，沦为穆斯林联盟攻击国大党为印度教政党的理由。

1937年2月，国大党在单独选区战绩不佳，旁遮普、信德、孟加拉等省的多数席位被当地的穆斯林政党获得。联合省国大党虽成功组建省政府，但由于最终没能与真纳领导的穆斯林联盟组阁，加剧了印度教徒与穆

---

① 迫于各方压力，态度强硬的贱民领袖安倍德卡尔最终妥协，以增加贱民种姓议席为条件与国大党签订浦那协议（Poona Pact）。
② 沃尔塔计划是甘地负责的教育计划，内容包括：在全国范围内实行七年义务教育制，教学媒介为母语，要求用印度斯坦语（学生可任选印地语或乌尔都语字体）教学，强调手工实践和建设性纲领，以及非暴力的思想。但这一计划被穆斯林联盟指责为借机推广印地语和损害穆斯林文化，最终遭遇失败。

斯林的宗教冲突。① 印度的穆斯林并非一个同质的宗教共同体，而是以社群认同作为首要基础，内部具有多样性特征。比如，相比逊尼派穆斯林，什叶派穆斯林更亲国大党，但 1937 年议会选举失利的穆斯林联盟将强化伊斯兰教认同作为政党策略后，对国大党试图争取什叶派穆斯林和其他穆斯林社群的做法强烈指责。1940 年的拉合尔决议则将国大党意识形态的含混性带入了一个新的阶段。从此时起，建立巴基斯坦成为穆斯林联盟的政治纲领，真纳作为穆斯林"唯一的代言人"得到了穆斯林大地主和卡克萨勒（Khaksar）等穆斯林独立组织的支持，同时穆斯林联盟在各地庆祝"巴基斯坦日"，赢得了越来越多的穆斯林追随者。作者指出，穆斯林联盟的崛起建立在国大党对印度教文化符号的广泛运用之上，但当其明确地将印度穆斯林与伊斯兰教和巴基斯坦联系在一起时，国大党也只得被迫采取了更为狭义的"印度教"立场，使印度教徒与穆斯林之间更加割裂。

经过了 40 年代极端的社会氛围，印度首任总理贾瓦哈拉尔·尼赫鲁在独立之时坚定地选择了一条世俗化的道路。在他的领导下，经历了分治之痛的印度将世俗主义作为立国根基。但古尔德的著作令人信服地表明，自甘地的非暴力不合作运动开始至独立前夕，世俗主义的宽容性已无力为印度的政体加持，以此对抗激进、暴力的宗教民族主义。从这个意义上说，尼赫鲁的世俗主义思想也是建立在殖民后期的历史语境和政治语言基础之上的，印度的世俗主义仍旧是弹性、松散和易变的。

独立后，尼赫鲁希望通过加强国家的控制和监督，来保障宗教自由平等，使穆斯林等少数群体不受歧视，这种强调宗教多元化的世俗主义观念得到了很多学者的肯定。但从印度穆斯林的角度来看，穆斯林仍然没有摆脱"他者"的身份。哥伦比亚大学哲学系教授阿吉尔·比尔格拉米指出，

---

① 已有一些观点指出，联合省没能与穆斯林联盟联合组阁是国大党的失误，成为日后国大党没能阻止巴基斯坦方案形成和印度分治的重要根源之一。参考 Bimal Prasad, "Congress Versus the Muslim League, 1935 - 1937," in Richard Sisson and Stanley Wolpert, eds., *Congress and Indian Nationalism: The Pre-Independence Phase*, Berkeley: University of California Press, 1988, Note.1, pp. 326-327。

尼赫鲁虽具有良好的动机，但与其说其深层的缺憾在于，独立后他没能在不同的社群之间提供一种自下而上的对话机会，毋宁说他的世俗主义虽被赋予了程序上的优先权，却没有获得持久的实质性权威。① 换言之，在现代政体的机制下，"世俗主义"需要确立一种宗教少数共同体内部的民主规范和共识。可做到这点障碍重重，以穆斯林为例，自由主义的都市中产穆斯林根本不能也不希望成为农村地区绝大多数穷苦穆斯林的代表，他们进入组织性空间参与共同体建制十分困难，所以在谁能代表少数群体的问题上必须要寻找一个更有效的方式来进行协商。② 可以说，独立后的印度没能利用民主进程来整合社会资源，推动世俗化的发展，致使其公民意识始终让位于多样的政治身份认同。

三 政治语言的深层矛盾：世俗主义还是印度教民族主义？

在以往的历史研究和历史书写中，印度教民族主义往往是雅利安社、印度教大斋会（Hindu Mahasabha）等印度教社会团体的"专利"，与国大党无关。古尔德对这种预设发起了挑战，不过他认为国大党作为一个非同质化的政党，其灵活的印度教民族主义语言与 V.D. 萨瓦尔卡尔（Vinayak Damodar Savarkar）等印度教组织领导人所倡导的更加强硬、排外的印度教民族主义仍是迥然有别。书中指出，本土民族主义运动的组织者和参与者很多都是与国大党合作密切的外围印度教组织，或是国大党内的志愿团体。在他们的支持下，国大党得以在短时间内扩大支持率，但也使其在一定程度上与印度教民族主义出现政治语言上的重叠，在涉及穆斯林、基督徒等少数群体的问题上态度暧昧。20 世纪初，这些与国大党有松散联系的印度教团体在国大党广泛意识形态的大伞之下表现活跃，比如

---

① Akeel Bilgrami, "Secularism, Nationalism, and Modernity," in Rajeev Bhargava, ed., *Secularism and Its Critics*, New Delhi: Oxford University Press, 1998, pp.380-417.

② Partha Chatterjee, *The Politics of the Governed: Reflections on Popular Politics in Most of the World*, New York: Colombia University Press, 2004, pp.126-130.

雅利安社在大力支持不合作运动的同时于20年代发起了"净化"① 运动，构成了加剧穆斯林不安的众多因素之一。

国大党与印度教组织的紧密联系是其共同的利益和目标所决定的。以雅利安社为例，在意识形态方面，联合省国大党对印度传统文化和古代文明的复兴与其有着相似的旨归；在政治组织方面，国大党需要志愿者组织扩大影响力，年轻人和女性也是联合省国大党吸纳的主要对象。雅利安社有很强的动员力，它在联合省（主要是西部）创建了以印度教传统形制为基础的学院教育（gurukul），使其成员成为青年运动中一支较为活跃的力量，积极参与甘地的坚持真理和不合作运动，为1937年国大党的选举摇旗呐喊。雅利安社与国大党在规划和训练青年志愿者方面也互通有无，其成员广泛加入如印度斯坦服务团（Hindustan Sewa Dal）等国大党志愿组织。然而，特别是到了30年代末，雅利安社的某些分支越发激进，甚至将人种论带入印度民族主义，使国大党受到牵连，其强调的世俗性也备受指摘。正由于这个原因，国大党亦有意地与某些印度教组织拉开距离，比如1938年12月，国大党工作委员会就将与其合作密切的印度教大斋会认定为社群主义政党（communalist party），但随着穆斯林联盟的崛起，国大党又与大斋会在"一个印度"的原则上存在共识，需要后者提供支持，因此二者的关系实为剪不断理还乱。

至于国大党内部，激进的印度教团体也同样存在并发挥着重要作用。古尔德通过联合省几位国大党领导人的例子证明，保守派或国大党"右翼"基于不同社群的政治动员也能够使用社会主义（在尼赫鲁的思想中，社会主义是世俗主义的重要方面）的政治语言。对联合省国大党而言，印度教民族主义的意识形态可以与其他意识形态结合，进而对政治生活产生普遍影响。森布尔纳南德（Sampurnanand）和布鲁绍德姆·丹顿（Purushottam Tandon）是两个典型的例子，二者都主张将以吠檀多思想为核心的印度教复兴与基于印度教社会的费边主义改革合而为一，只不过前者以理论创建为主，后者则是实践派。但从丹顿的政治活动来看，印度教

---

① Shuddhi，意为净化，指使改宗伊斯兰教、基督教等外来宗教的印度人重新信仰印度教。

复兴主义与社会主义的叠加所建构的模型更多地指向一个印度教国家，自40年代开始，丹顿本人的政治立场更加激进，在分治的社会氛围中，他成立了半军事化的印度保卫队（Hind Rakshak Dal），并通过联合省国大党的羽翼为国民志愿服务团（Rashtriya Swayamsevak Sangh）等团体的活动提供帮助，以此反对甘地的非暴力思想，强调印度教徒在国家层面作为一个整体的团结。由此可见，联合省国大党不仅在成员组成上与印度教组织有很大程度的重叠，其政治活动更是强化了印度教民族主义在印度政治中的作用，使"世俗"的界限更为模糊。

古尔德认为，在宽泛的民族主义纲领之下，国大党地方组织的实际举动与官方宣扬的世俗性总是出现不一致的情况，这使国大党最终还是成为事实上的"印度教利益的保护者"。[1] 本书虽然将叙述的时间点停留在了20世纪40年代，但纵观印度独立后的发展，国大党言行无法一致的深层矛盾始终存在于国家现代化进程之中。即便印度独立后采取了清晰的世俗主义意识形态，却依然无法改变殖民时期"世俗主义"产生与发展的历史语境，导致世俗主义既无法嵌套进西方模式，又因承载了过多的实质性内涵而不堪重负。在尼赫鲁治下，民族运动时期活跃的印度教组织在国家的控制下发展趋于停滞，但印度的世俗主义还是呈现出结构性的困境：若世俗主义意味着宗教与国家的分离，则印度教多数很容易通过宗教自由权对国家的权力进行利用或制约，进而强化宗教间已有的地位差异，宗教平等无从保障。若世俗主义指向国家的中立，一方面，印度的现实使国家与宗教在方方面面缠结在一起，形成众多"灰色地带"；另一方面，由于既有资源的倾斜，印度很难奉行中立和"等距"的原则。也是因为此，尼赫鲁时期国家的仲裁和干预常常是有选择性的，这导致国大党常常被指责为偏袒或讨好穆斯林等宗教少数群体。

如果说尼赫鲁时期尚可以通过国家的干预推进国家的世俗化发展，那么随着国大党政治力量的式微，英迪拉·甘地和拉吉夫·甘地不得不在世

---

[1] William Gould, *Hindu Nationalism and the Language of Politics in Late Colonial India*, p. 251.

俗主义的意识形态下留住印度教徒的选票。1966年11月,印度爆发了近十万人规模的护牛运动,参与者要求全国范围内颁布屠宰牛的禁令,为此英迪拉·甘地呼吁还未立法的邦不要忘记其宪法职责。① 至1971年,英迪拉·甘地因护牛问题对印度教徒的倾斜愈发明显,她将母牛哺育小牛犊的图案作为国大党的竞选标志,使神牛这一民族运动时期敏感的符号回归公共视野。到了1986年,拉吉夫·甘地同意开放巴布里清真寺的大门,供印度教徒敬拜,② 打开了阿约提亚寺庙之争的"潘多拉魔盒"。正是在英迪拉·甘地的推动下,1976年第42次宪法修正案首次将"世俗"一词引入宪法,但印度不久之后就爆发了旁遮普锡克教徒的卡利斯坦运动、印控克什米尔穆斯林的分离主义运动,以及印度社会针对民法统一、保留席位等议题掀起的轩然大波。80年代穆斯林妇女沙·巴诺(Shah Bano)的离婚案③更是凸显了国大党政府在争取印度教徒和保持世俗主义之间的左右为难,这些都使印度"世俗主义"的表述显得愈发尴尬、刺眼,而这在很大程度上源于印度的领导层对于宗教与政治的关系始终缺乏一以贯之的理解和实践。

四 重回世俗主义传统:当代印度民族国家建构

古尔德的著作为理解印度独立前后的民族主义路径提供了一个很好的维度。以本书的研究审视印度独立后的政治进程或可发现,从国大党

---

① Ian Copland, "History in Flux: Indira Gandhi and the 'Great All-Party Campaign' for the Protection of the Cow, 1966-8," *Journal of Contemporary History* (49) 2, 2014, p.428.
② Sarvepalli Gopal, ed., *Anatomy of a Confrontation: The Babri Masjid-Ramjanmabhumi Issue*, New Delhi: Penguin Books, 1991, p.191.
③ 1978年,62岁的穆斯林妇女沙·巴诺在被丈夫以三声Talaq(意为离婚)的方式赶出家门,并不再给予每月200卢比的抚养费后,将丈夫告上法庭,要求其继续负担这笔费用。1980年,中央邦高等法院裁定沙·巴诺的丈夫向其支付每月179.2卢比的抚养费。1985年,最高法院做出决定支持这一判决,引发众多穆斯林保守力量的反对,他们称此举是对伊斯兰教法的侵害。1986年,时任总理的拉吉夫·甘地为避免引起宗教冲突,经由议会通过了《穆斯林妇女(离婚权利保护法)》,使法院的裁决失效。

的世俗主义到印人党的印度教民族主义,其政治语言均存在一定程度的重叠。自1992年阿约提亚的寺庙之争起,北方邦等地频发的宗教冲突无非殖民后期印度教民族主义的政治语言在今日印度的回响罢了。事实上,早在20世纪60年代,在尼赫鲁世俗主义仍被官方加以宣传和弘扬之时,学术界已经在针对印度是不是一个世俗国家而产生不同的观点,[①]而90年代至今,为印度世俗主义辩护的空间则越来越局限。印度世俗主义的内涵虽然含混,但有一点是肯定的,那就是在政治层面,反对带有宗教倾向的政党或组织通过煽动宗教情绪,制造与其他宗教共同体敌对的政治手段。随着印度人民党的崛起,狭隘的印度教民族主义乘着印度教复兴的浪潮再度强势回归,进一步模糊了独立时世俗主义与宗教民族主义的界限。

古尔德没有就印度民族主义和政治语言的发展进行进一步的预测与分析,但印度独立至今再次陷入了古尔德所描述的殖民后期民族建构的恶性循环。2020年7月,要求删去宪法序言中"世俗"和"社会主义"表述的请愿书甚至被提交到了印度高等法院。从国家层面对穆斯林进行妖魔化、边缘化的行为也愈加突出。在世俗主义普遍失落的当下,一些学者也在寻找着理论上突围的可能性。其中颇具代表性的包括阿西斯·南迪和T. N. 马丹等学者的"反世俗主义"观点,他们认为理性、进步的世俗主义观念在印度遭遇了"水土不服",进而应该再次回归宗教宽容的社会传统,从宗教中重新汲取世俗主义的文化和道德资源,为世俗主义搭建一个适合本土发展的理论框架。[②]

针对这一将世俗主义的现代性面向加以批判的论点,古尔德通过历史地解释30~40年代国大党世俗主义语言模糊性的原因,指出反现代性的

[①] 参见 Donald Eugene Smith, *India as a Secular State*, Princeton: Princeton University Press, 1963; V. P. Luthera, *The Concept of Secular State and India*, London: Oxford University Press, 1964。

[②] 参考 Ashis Nandy, "The Politics of Secularism and the Recovery of Religious Tolerance," *Alternatives* (13) 2, 1988, pp. 177-194; T. N. Madan, *Modern Myths, Locked Minds: Secularism and Fundamentalism in India*, New Delhi: Oxford University Press, 2009, pp. 238-265。

立场其实与联合省民族主义者关于宗教传统的设想并无二致。① 因此问题随之而来，根据古尔德的研究，印度殖民后期的发展路径同样是回到本土的宗教文化传统，这一"复线历史"没有被湮没，相反它将自身投射为一种超越历史的存在，以统一的印度教文明的形态再次参与了国家的自我表述。当今的"印度教多数主义"就是传统与现代力量关联的最好例证，印度教传统并没有必然地站在世俗主义对立面，它反而完美契合、复制了西方现代化的制度程序，通过赋予国家权力合法性，为公共领域的印度教意识形态正名。因此，如何防止文明传统和历史的本质化，使其避免回到40年代那种狭隘、排他的民族身份认同，才是重回文化传统的意义所在。

在很多学者看来，回归传统的本质是恢复多元化的政治图景和宽容的社会氛围。阿马蒂亚·森（Amartya Sen）称其为一种争鸣、说理和为多样性辩护的能力。② 历史学家罗米拉·塔帕尔则将印度本土的宗教形容为一种"马赛克式的拼贴"。③ 以此为核心，西方学者试图从普遍主义的视角寻找印度世俗主义的出路。哲学家查尔斯·泰勒指出，通过西方国家的实践，唯有"重叠共识"（overlapping consensus）才是世俗主义得以发展的方向。泰勒注重从不同价值体系的内在道德根源中寻找共同的准则，由此他强调持不同观点和信仰的人需要在既定的分歧中互相尊重、彼此理解，通过对话和协商达成妥协。④ 政治理论家拉吉夫·帕尔格瓦则更加具体地阐释了印度世俗主义传统的独特性：印度的路径既封装了西方世俗主义的过去，又反映了世俗主义的未来。印度世俗传统在融合了多种价值的基础上，在公共政治中注入道德品格，这种"有原则的距离"（principled distance）是国家根据不同宗教文化的背景、性质和现状，在政策和法律

---

① William Gould, *Hindu Nationalism and the Language of Politics in Late Colonial India*, p. 5.
② 参考阿马蒂亚·森《惯于争鸣的印度人：印度人的历史、文化与身份》，刘建译，中国人民大学出版社，2018。
③ Romila Thapar, *Indian Society and the Secular*, Gurugram: Three Essays Collective, 2016, pp. 45-62.
④ Charles Taylor, "Modes of Secularism," in Rajeev Bhargava, ed., *Secularism and Its Critics*.

层面弹性地调整其或干预或中立的姿态。这一宽容机制虽不具备稳定的特征，但也是其模糊性和跨文化性提供了西方世俗主义"变体"所不具备的力量。①

古尔德的《印度教民族主义及其印度殖民后期的政治语言》通过鲜活的历史事件展现了印度反殖民斗争如何从重回文化传统发展到极端民族主义的过程。遗憾的是，独立后印度虽然选择了世俗主义的意识形态，但依然无法摆脱殖民后期民族主义发展的影响，国家既难以与宗教分离，也无力进行有效的干预，导致世俗主义深陷国家自主权与公民自由权的两难之中。但应该看到的是，包括殖民后期在内，印度世俗主义的历史语境提供了理解印度宗教传统的多重维度。世俗主义更应该被视作一个丰富、复杂和完整的学说，因为在很长一段时间内，其践行者和批评者始终着眼于西方的经验，而忽视了中国、印度这些东方文明内在的普遍性理论资源。在全球化主导的当今世界，即使是世俗主义理论和实践较为成熟的西方国家也面临着多种族、多宗教共存的潜在冲突，正是亚洲文明中关于世俗传统的"史前史"提供了一重超越西方框架和批判视野的可能性，也为全球文化的重建贡献了一种新的思路，而这恰恰是重回世俗主义传统的题中应有之义。

---

① Rajeev Bhargava, "The Distinctiveness of Indian Secularism," *Critique Internationale* (35) 2, 2007, pp. 121-147.

Table of Contents & Abstracts

Introduction

Zan Tao / 1

Topic Discussion

Book Transmission and Knowledge Exchange in East Asia in the 8th Century: The Date of *Fengxie Zhangshu Jizhuan Mulu*

Liang Xiaoyi/ 10

Abstract: There is a document known as *Fengxie Zhangshu Jizhuan Mulu* (奉写章疏集传目录) in the Shousouinmonjo (正仓院文书) which was considered as a list of gogatsutsuitachikyou (五月一日经), the Sutra copied in Japan in the early 8th century. There was no sufficient materials to confirm the year that the list was written. However, this article gives the clue that the list was written between AD755-763, as an unpredicted effort throughout the study of a Sutra known as Brahmajaia-sūtra (梵网经). Furthermore, this article point out that the commentaries of Brahmajaia-sūtra written in China and Korea were introduced into Japan in a particular order which was not the same as the commentaries were produced. The later

229

commentaries by Korean monk was introduced into Japan, faster than the earlier commentaries that were established in China.

Keywords: The Shousouinmonjo; Brahmajaia-sūtra; Japan; Korea; Jianzhen

A Tentative Discussion on the Process of Dissemination, Publication and Acceptance of Academic Notes in the Ming Dynasty in the Edo Period in Japan: Focusing on Yang Shen's Works

Shi Yun/ 31

Abstract: This study examined the existing library books and the literature of the Edo period regarding Yang Shen, the purpose of which is to explore the process of dissemination, publication and acceptance of academic notes in the Ming Dynasty during the Edo period in Japan, from the perspective of book sharing. With the help of frequently merchant ship trade, Yang Shen's works were widely spread in the Edo period. In addition to many Ming and Qings' editions, there were also various manuscripts and block-printed editions, which generally had the characteristics of large time span and variety of versions. Judging from the cognition and acceptance process of Japanese scholars' to Yang Shen's theory, Japanese scholars have already pay attention to the study of Confucian classics in Ming Dynasty and also absorb new interpretations from it in an early period. That's directly affected the development of Confucianism in the Edo period. On the other hand, influenced by many factors, the acceptance process of Yang Shen's works and the academics of the Ming Dynasty was "tortuous" and "one-sided" in Japan, and thus lead to the results of "misreading" and "elucidation" were, on some level, triggered self-realization of ideology and culture in Japan. This also reconfirms the rationality of the Japanese "semi-periphery" theory of Kojin Karatani from another angle.

Keywords: Academic Notes of Ming Dynasty; Japan; Edo Period; Yang Shen

Study on the Trend of "Returning Rites" Thought in East Asia in the 17th Century from the Perspective of "Extension of Knowledge" Theory: Centered on Chen Qianchu, Yun Baekho and Ito Jinsai

Liu Ying/ 48

Abstract: For a long time, the argument of "investigation of things" (格物) has been litigated. The fact that it has become the focus topic of scholars is inseparable from the upgrading of the "Four Books" (四书) led by the *Great Learning* (大学), therefore, scholars have been discussing it a lot. Since the 17th century, however, there has been a trend of "returning rites" (返礼学) thought in East Asia, which is often represented by opposition to Zhu Xi (朱熹) 's modification of Classics, and the ultimate destination of this trend points to the revival of the classical rites. But there is still a lack of in-depth research on this trend of thought, so this paper takes the theory of "extension of knowledge" (格物致知) as the entry point, through the analysis of Chen Qianchu (陈乾初), Yun Baekho (윤백호) and Ito Jinsai (伊藤仁斋) 's criticism of Zhu Xi' annotations and even the *Great Learning*, so as to highlight the deconstruction process of the "Four Books" and also outline the general state of the trend of "returning rites" thought. An in-depth analysis of the trend of "returning rites" thought can not only inspire us to rethink the internal logic of the development form Neo-Confucianism to Evidential Scholarship (朴学), but also provides a new way to reflect on the "de-Neo-Confucianism" in the history of Confucianism in Joseon Dynasty and the "Ancient School" in the history of Confucianism in Edo period.

Keywords: Extension of Knowledge; *Great Learning*; Chen Qianchu; Yun Baekho; Ito Jinsai

Yeonhaeong and Kihi: The Kihi Performance during the Yeonhaeong and the Mission's Dramatization in the Late Joseon Korea

Wang Yuanzhou/ 78

Abstract: During the Qing Dynasty, prostitutes were provided to the Joseon Korea's missions to China in the courier stations along the way from Sŏhŭng to Uiju, and accompanied by music performance, which was known as Ki'ak（妓乐）. Among all kinds of Ki'ak, Dae'akbu（大乐府）which was also called Kihi（妓戏）as the rudiment of opera, was a large-scale performance form favored by the missions. The famous Kihi programs in the late Joseon Korea, such as Keom'mu（剑舞）, Pokurak（抛球乐）, Hangjangmu（项庄舞）and Yiseon'ak（离船乐）, were often performed for the missions. These Kihi programs weren't only driven by the missions to flourish, but also took the mission itself as the theme of the performance, such as Yiseon'ak. Through the emotions rendered by the Kihi performance and the psychological feelings of the audience, we can also experience the changes of social psychology in the late Joseon Korea.

Keywords: Joseon Korea; Kihi Pormance; Yeonhaeong

Three Notes on the Bai-teng (Bach Dang) Battle between the Yuan Dynasty and Annam

Dang Baohai/ 105

Abstract: The Bai-teng (Bach Dang) Battle in 1288 is not a key battle of the second Yuan-Annam war. Before the Bai-teng Battle, the Yuan army is already defeated by the Annamites. The main reason of the Yuan navy's disastrous defeat is the absent of cooperation between the Yuan infantry and the navy. Zhang Wenhu, the commander of Yuan grain fleet, does not join the Bai-teng Battle. Thousands of Yuan prisoners of war are repatriated by Annam government, but the important Yuan generals, including Omar and Fan Ji, are assassinated in Annam.

Keywords: The Bai-teng (Bach Dang) Battle; Annam; Zhang Wenhu; Omar; Fan Ji

"East Asia" during the Sino-Japanese War: On the Thoughts of
Ozaki Hotsumi

Gu Lingjie/ 123

Abstract: As an intellectual who was active during the Sino-Japanese war, Ozaki Hotsumi is a typical research subject when Chinese and Japanese scholars engage in historical dialogue on "East Asia". Around the concept of "East Asia" in Ozaki Hotsumi's ideas, this paper is divided into three levels: "East Asia" as a concept, as a reality and as an imagined being, in order to re-interpret Ozaki Hotsumi's understanding of East Asia. To be specific, from paying attention to the existing Chinese national problems to ignoring the ongoing Sino-Japanese war, his political thinking centered on "East Asia" has been extending. At the same time, it has gradually transformed into an imagined community based on ignoring the reality. In conclusion, even though Ozaki Hotsumi is more revolutionary than his contemporaries, his understanding of "East Asia" was deteriorating to some extent.

Keywords: Ozaki Hotsumi; East Asia; Sino-Japanese War; Asianism

On Colonial History of Fertilizer: A Game on Fertilization in the
Sugarcane Industry in Taiwan during the Japanese Occupation Period

Shi Fangzheng/ 138

Abstract: This paper analyzes the game between the sugar companies and the farmers about fertilization in the sugarcane industry in Taiwan during the Japanese occupation period. The establishment of sugarcane fertilizer agriculture in Taiwan made the use of fertilizer become the core factor of sugarcane increase, which provided the premise for the game around fertilization. The land system of Japanese-occupied Taiwan and the production relations of sugarcane agriculture provided the space and institutional basis for the competition between the sugar companies and the farmers. Although the sugar companies adopted a systematic policy to promote fertilization, it was confronted with characteristic resistance due to the contradiction between its single goal of increasing production and the diversified real economic life of farmers. The game between the fertilization promotion of the companies and the resistance of the farmers reflects the dual nature of the contradiction faced by the Japanese colonial capitalism when it carried out economic infiltration in colonies.

Keywords: Colonial Economy; Sugarcane Agriculture; Fertilization Game; Taiwan during the Japanese Occupation Period

The Discussion of the Khilafat Movement and Anglo-Turkish Relations after the First World War

Lu Yujia/ 163

Abstract: Based on the Pan-Islamism and Indian Nationalism, the Khilafat movement was a political movement launched by Indian Muslims. The perplexing situation in Turkey in the years following World War I and the fate of Ottoman Sultan as Caliph of Islam poked the nerves of Indian Muslims and steered the Khilafat movement repeatedly at critical points, but there is no doubt that the movement has strong Indian characteristics: defending the Caliph is the cornerstone for protecting the interests of Indian Muslims, who were suffering from threat posed by the Hindu majority and the British governors. Meanwhile, the Khilafat movement also had a deep interaction with two interrelated and interactive aspects of Anglo-Turkish relations after World War I: One is the policy and practice of Britain towards Turkey, and the other is the national liberation movement of Turkey. It can be said that the ebb and flow of the Khilafat movement was closely linked to the changes of Anglo-Turkish relations in the post World War I era.

Keywords: The Khilafat Movement; Anglo-Turkish Relations; Indian Muslims; Pan-Islamism

The Causes of the National Identity of German Jews in the Early 19th Century: Taking Ludwig Börne as an Example

Xing Yibo/ 201

Abstract: Although the concept of the "Nation" has different definitions and emphases, it generally has three characteristics in common: it exists in the group; it has a relatively definite boundary; and there is a common identity in such group. Within them, common identity plays a key role. In the early 19th century, German Jews were again faced with the problem of how to maintain their own national identity. In the process of the formation of the national identity of the typical representative, Ludwig Börne, the civil rights were lost after having got it, the reactionary social atmosphere, the prosperity of the publishing industry and "the Other" played significant roles. Meanwhile, these causes were also shared by the German Jews in that period: the gain and loss of civil rights was the common experience of this group; the reactionary social atmosphere was also shrouded in this group; the voices of Jewish intellectuals like Börne in the public sphere were spread more quickly in this group through the breakthrough of printing and papermaking technology and numerous publishing practitioners; the hostility of "the Other" or their attempts to promote tolerance among nations in Germany also profoundly affected this group. All these together constituted the causes of the national identity of German Jews in the early 19th century.

Keywords: Ludwig Börne; Germany; Jews; National Identity; Civil Rights

Discussion Review

Secularism and India's Choices: A Review on *Hindu Nationalism and the Language of Politics in Late Colonial India*

Zhang Jing/ 216

图书在版编目(CIP)数据

北大史学. 第 26 辑, 海上丝绸之路与跨国史专号 / 北京大学历史学系主办. --北京: 社会科学文献出版社, 2023.12
　　ISBN 978-7-5228-2744-5

　　Ⅰ.①北… Ⅱ.①北… Ⅲ.①史学-世界-文集②史评-世界-文集 Ⅳ.①K0-53

中国国家版本馆 CIP 数据核字(2023)第 216657 号

北大史学　(第 26 辑)
海上丝绸之路与跨国史专号

主　　办 / 北京大学历史学系
主　　编 / 赵世瑜

出 版 人 / 冀祥德
责任编辑 / 陈肖寒
文稿编辑 / 徐　花　梅怡萍　柴　乐
责任印制 / 王京美

出　　版 / 社会科学文献出版社·历史学分社 (010) 59367256
　　　　　 地址: 北京市北三环中路甲 29 号院华龙大厦　邮编: 100029
　　　　　 网址: www.ssap.com.cn
发　　行 / 社会科学文献出版社 (010) 59367028
印　　装 / 唐山玺诚印务有限公司

规　　格 / 开本: 787mm×1092mm　1/16
　　　　　 印张: 15　字数: 230 千字
版　　次 / 2023 年 12 月第 1 版　2023 年 12 月第 1 次印刷
书　　号 / ISBN 978-7-5228-2744-5
定　　价 / 89.00 元

读者服务电话: 4008918866

版权所有 翻印必究